NCS
공항철도

직업기초능력평가

서원각 goseowon.com

PREFACE

우리나라 기업들은 1960년대 이후 현재까지 비약적인 발전을 이루었다. 이렇게 급속한 성장을 이룰 수 있었던 배경에는 우리나라 국민들의 근면성 및 도전정신이 있었다. 그러나 빠르게 변화하는 세계 경제의 환경에 적응하기 위해서는 근면성과 도전정신 이외에 또 다른 성장 요인이 필요하다.

최근 많은 공사·공단에서는 기존의 직무 관련성에 대한 고려 없이 인·적성, 지식 중심으로 치러지던 필기전형을 탈피하고, 산업현장에서 직무를 수행하기 위해 요구되는 능력을 산업부문별·수준별로 체계화 및 표준화한 NCS를 기반으로 하여 채용공고 단계에서 제시되는 '직무 설명자료'상의 직업기초능력과 직무수행능력을 측정하기 위한 직업기초능력평가, 직무수행능력평가 등을 도입하고 있다.

공항철도에서도 업무에 필요한 역량 및 책임감과 적응력 등을 구비한 인재를 선발하기 위하여 고유의 직업기초능력평가를 치르고 있다. 본서는 공항철도 채용대비를 위한 필독서로 공항철도 직업기초능력평가의 출제경향을 철저히 분석하여 응시자들이 보다 쉽게 시험유형을 파악하고 효율적으로 대비할 수 있도록 구성했다.

신념을 가지고 도전하는 사람은 반드시 그 꿈을 이룰 수 있습니다. 처음에 품은 신념과 열정이 취업 성공의 그 날까지 빛바래지 않도록 서원각이 수험생 여러분을 응원합니다.

STRUCTURE

CHAPTER 01 의사소통능력

01 의사소통과 의사소통능력

01 의사소통과 의사소

(1) 의사소통

① 개념 : 사람들 간에 생각이나
사소통은 조직과 팀의 효율
달 과정이라고 할 수 있다.

② 기능 : 공동의 목표를 추

18 PART II. NCS 직업기초능력평가

CHAPTER 02 수리능력

출제예상문제

1 다음은 어느 회사 전체 사원의 SNS 이용 실태를 조사한 자료이다. 이에 대한 설명 중 옳은 것은?

사용기기	성명	SNS 종류	SNS 활용형태	SNS 가입날짜	기기 구입비	앱 구입비
스마트폰	김하나	페이스북	소통	2013.08.01	440,000원	6,500원
스마트폰	김준영	트위터	소통	2014.02.02	420,000원	12,000원
태블릿PC	정민지	페이스북	교육	2014.01.15	400,000원	10,500원
컴퓨터	윤동진	블로그	교육	2015.02.19	550,000원	14,500원
스마트폰	이정미	트위터	소통	2013.10.10	380,000원	6,500원
태블릿PC	박지혁	페이스북	취미	2014.02.28	440,000원	14,500원
컴퓨터	김영지	트위터	교육	2014.01.10	480,000원	18,000원
컴퓨터	한아름	블로그	취미	2013.09.11	580,000원	10,500원

66 PART II. NCS 직업기초능력평가

사용기기	성명
스마트폰	김하나
스마트폰	김준영
태블릿PC	정민지
컴퓨터	윤동진
스마트폰	이정미

NCS 핵심이론정리

NCS 직업기초능력 핵심이론
을 체계적으로 정리하여 단기
간에 학습할 수 있도록 하였
습니다.

NCS 핵심예상문제

적중률 높은 영역별 출제예상
문제를 수록하여 학습효율을
확실하게 높였습니다.

NCS 정답 및 해설

문제의 핵심을 꿰뚫는 명쾌하
고 자세한 해설로 수험생들의
이해를 돕습니다.

CONTENTS

PART

I

공항철도 소개

CHAPTER

01

기업소개 및 채용안내

01 **기업소개**

(1) 미션 및 비전

미션	비전
행복한 동행! AREX	가장 안전하고 빠른 길, 공항철도

① 미션 … 공항철도가 가는 길은 고객과 함께하는 '행복한 동행'입니다.

ⓐ 고객은 공항철도의 안전하고 빠른 서비스를 누림으로써 행복을 느끼고 공항철도는 고객의 행복을 통해 성취감을 갖게 되어 궁극적으로 고객과 공항철도가 공동 운명체로서 함께하는 것을 의미합니다.

ⓑ 공항철도는 인천국제공항과 서울 도심을 가장 빠르게 잇는 특화철도로서의 설립목적에 맞게 사업을 충실히 수행하면서, 노선 주변의 풍부한 관광자원을 활용한 관광철도, 빠른 속도와 편리한 환승 등 지역 간 빠른 이동수단인 도시철도 기능을 수행하여 고객의 행복을 창출하는 것이 우리의 사명입니다.

② 비전 … 공항철도는 도심 상호간과 도심과 공항 간을 가장 안전하고 빠르게 연결하는 교통수단이라는 포부를 비전에 담았습니다.

ⓐ 가장 : 끊임없는 개발과 노력을 통해 공항철도가 더욱 성장하여 최고의 기업이 되고자 하는 의지를 담았습니다.

ⓑ 안전 : 철도의 강점을 극대화하여 구현하는 절대안전에 대한 의지를 강조하였습니다.

ⓒ 빠른 : 공항철도의 정시성과 신속성을 강화하기 위한 의지를 강조하였습니다.

ⓓ 길 : 도심과 도심, 도심과 공항, 그리고 노선주변 관광자원 등이 공항철도를 통해 유기적으로 연결되어 만남과 즐거움, 여행과 휴식 등이 있는 공간, 플랫폼(열차, 역사 및 그 안의 편의시설)을 의미합니다.

(2) 핵심가치

고객만족	절대안전

① **고객만족** … 공항철도가 지향하는 최상위 가치로서, 고객이 공항철도에서 펼쳐지는 일상을 통해 행복을 느끼게 하겠다는 의지를 담았습니다.

② **절대안전** … 다중이 이용하는 시설이 지녀야하는 절대적이고 중요한 가치로서, 고객이 공항철도를 신뢰하게 하기 위하여 우리 임직원이 무결점 안전을 실현하겠다는 의지를 담았습니다.

(3) 경영목표 및 경영철학

경영 목표	안전사고 [ZERO] 철도안전최고등급 [A]	정시운행률 [99.99%] 서비스평가최고등급 [1등급]	신성장 사업개발 [5건] 운행시간 단축 [52분→39분]	자립경영 [달성] 노사문화 [大賞]
경영 철학	혁신경영	현장경영	책임경영	소통경영

① **혁신경영** … 직원 각자가 투철한 주인의식을 가지고 자율적이며 헌신적으로 패러다임을 선도하는 것입니다.

② **현장경영** … 직원간의 가치로서, 고객과 만나는 역과 열차, 그리고 안전을 책임지는 유지보수 현장의 의견을 경청하고 업무에 반영함으로써 고객가치를 극대화하는 것입니다.

③ **책임경영** … 이해관계자를 위한 가치로서, 확고한 주인의식을 기반으로 솔선수범하고 맡은 바 소임에 최선을 다하는 것입니다.

④ **소통경영** … 회사가 지속적으로 발전하기 위한 가장 기반적인 가치로서, 임직원간, 이해관계자 및 고객과의 관계에서 상호 이해하고 존중 할 수 있도록 역지사지와 배려의 마음자세로 지속적인 관계 증진을 도모하는 것입니다.

(4) 전략방향 및 과제

사람·기술중심 안전 선도	고객중심 경영강화	미래성장 경쟁력 확보	신뢰기반 상생경영 정착
• 안전관리 첨단·과학화 • 철도안전 인프라 확충 • 자율적 안전문화 선진화	• 열차 운행관리 최적화 • 고객 이용편의 향상 • 고객 서비스품질 제고	• 기업 혁신성장 선도 • 신성장 사업 발굴 • 브랜드 인지도 향상	• 경영 효율성 증대 • 행복한 일터 조성 • 사회적 책임 선도

채용안내

(1) 인재상

구성원이 반드시 갖춰야 할 기준과 행동규범으로 공항철도 비전달성을 위하여 자신에 대한 책임, 조직/고객에 대한 책임, 국가와 사회발전에 책임을 지는 AREX人을 말한다.

A	Admire Customer : 고객을 존중하고, 중시하는 AREX人
R	Responsibility of Safety : 안전을 책임지는 AREX人
E	Enhance Communications : 열린 마음으로 소통과 협력에 힘쓰는 AREX人
X	eXcellent eXpert : 전문분야에서 글로벌 최고 전문성을 가진 AREX人

(2) 채용안내(2021년 상반기 정기채용 기준)

① 채용분야 및 채용인원

구분	채용분야		채용직급	채용인원	비고
공개 경쟁	사무영업		인턴사원	12명	채용연계형 인턴
	IT	N/W·보안·개인정보		2명	
		S/W개발·운영·유지보수		4명	
	승무			20명	
	기술	기계설비	일반직 6급	1명	수습기간 약 2개월
		차량		1명	
제한 경쟁	사무영업(장애인)			1명	
	사무영업(보훈)			1명	

※ 채용분야(응시직종) 간 중복지원은 불가(1인 1분야만 지원 가능)
※ 제한경쟁분야 「장애인」 전형 및 「보훈」 전형은 대상자 간의 경쟁으로, 해당 지원자는 공개경쟁 사무영업 분야에도 지원할 수 있으나(일반지원자와 경쟁), 중복 지원은 불가
※ 채용분야에 적격자가 없을 경우 선발하지 않을 수 있으며, 제한경쟁분야 「장애인」 전형 및 「보훈」 최종 합격자가 채용인원에 미달 시 공개경쟁 동일분야에서 추가채용 할 수 있음
※ 채용연계형 인턴은 평가 후 당사 인력운영현황을 고려하여 일반직(6급)으로 채용할 수 있음
※ 채용연계형 인턴기간은 약 3개월(사무영업, IT), 약 4개월(승무) 예정

② 응시자격

구분		자격기준
공통 사항	연령	• 만18세 이상~만60세 미만(1962.01.01.~2003.12.31. 출생자)
	병역	• 남자의 경우 병역필 또는 면제자
	응시 제한	• 공통 : 공항철도 인사규정 제11조에 의한 결격사유 해당자 • 승무 : 철도안전법 제11조(운전면허의 결격사유)에 해당하는 자
	근무	• 근무부서에 따라 주·야간, 교대(교번)근무, 현업근무가 가능한 자
승무		• 제2종 전기차량운전면허 자격증 보유자 • 철도적성검사(운전) 판정결과 유효한 자(21. 3. 8. 기준)
기계설비		• 관련 학과 전공자 : 기계, 전기, 승강기 등
N/W·보안·개인정보		• IT 관련 학과 전공자 : 컴퓨터공학, 정보통신학, 소프트웨어공학, 전자계산학 등
S/W개발·운영·유지보수		
사무영업 (장애인)		• 장애인고용촉진 및 직업재활법 시행령 제3조에 해당하는 자로 현장 직무수행(고객 구급 등 안전관리, 시설물 관리 등) 가능한 자 • 철도종사자(신호취급) 신체검사 결격사유에 해당되지 않는 자
사무영업 (보훈)		• 관련 법률에 따른 취업지원대상자로 현장직무수행(고객 구급 등 안전관리, 시설물 관리 등)이 가능한 자 • 철도종사자(신호취급) 신체검사 결격사유에 해당되지 않는 자

③ 우대사항

㉠ 기본 응시자격을 충족하고 전형별 만점대비 40% 이상 득점자에 한해 적용

㉡ 가점 적용기준

구분	부여가점	대상전형	비고
사무영업 / IT / 기계설비 분야	만점의 3%	서류	관련학과 전공 및 유경험자
장애인	만점의 5%	서류, 필기, 면접	관계법령에 따른 대상자
취업지원대상자(보훈)	만점의 5%, 10%		

• 사무영업 : 경영, 경제, 법학, 행정, 회계, 세무 관련 학과(복수전공 인정, 부전공 불인정)
• 기계설비 : 승강기 안전관리 기술자 자격 보유
• N/W·보안 : IT인프라(네트워크/보안장비) 구축/운영, 침해사고 대응, 모의해킹, 보안컨설팅 유경험자
• IT(S/W) : ERP/그룹포털 구축 또는 운영, MS-SQL 개발 및 운영 유경험자
• 제한경쟁(장애인) 전형은 장애인 가산점을 부여하지 않음
• 장애인과 취업지원대상자(보훈) 가산점이 중복될 경우 유리한 가점 1개만 적용
• 장애인, 보훈대상은 접수 마감일 이전 취득 된 것에 한함

④ 전형절차

원서 접수	〉	서류 전형	〉	필기 전형	〉	AI 직무 역량평가	〉	심층 면접	〉	신체검사 철도적성검사	〉	합격

㉠ 서류전형

- 평가항목 : 직무적합요건(학력사항, 학점, 자격증, 어학), 자기소개서, 가점
- 합격결정 : 가점을 포함한 직무적합요건+자기소개서 점수 고득점순
- 합격인원 : 채용예정인원의 15배수 범위 내

　※ 입사지원서 및 자기소개서 오기재, 불성실 작성 시 탈락 처리

㉡ 필기전형

- 평가과목 : 인성검사, NCS직업기초능력평가, 전공
- 평가문항 : 인성검사(30분), NCS + 전공(90분)

구분	인성검사	NCS 직업기초능력검사	전공
문항 수	250	50	30

- 시험과목

구분		해당과목
NSC	전 분야	의사소통능력, 수리능력, 문제해결능력, 대인관계능력, 정보능력
전공	사무영업	경영 · 경제 / 법학 · 행정 / 회계 · 세무 중 선택 1
	N/W · 보안 · 개인정보/IT(S/W)	컴퓨터일반
	승무	전기일반 · 기계일반
	기계설비	전기일반 · 기계일반
	차량	전기일반 · 기계일반

　※ 전공과목을 선택하는 분야는 조정점수 적용

- 인성검사 : 직무수행 등에 요구되는 기본 인성 측정 (참고자료로 활용)
- 합격결정 : 가점포함 필기시험 점수 고득점 순

　※ 만점의 40% 미만 득점 시 탈락

- 합격인원 : 채용예정인원의 2배수 범위 내

　※ 채용인원이 소수인 경우 : 1명(6배수), 2명(5배수), 3명(4배수), 4명(3배수)

㉢ AI 직무역량평가

- 대상자 : 필기전형 합격자
- 평가방법 : 평가기간 중 개인별로 AI 직무역량평가 사이트 접속 후 평가

　※ 접속주소, ID, 응시비밀번호, 주의사항은 메일, 문자 등으로 안내 예정
　※ 지원자가 평가참여를 위한 기본환경 사전 준비 필요(컴퓨터&노트북, 화상캠, 오디오, 이어폰 등)

- 평가절차

자기소개	기본질문	성향파악	상황대처	보상선호	전략게임	심층대화
면접방식	면접방식	인적성검사	면접방식	응답선택	AI 게임	면접방식

ⓛ 심층면접
- 대상자 : 필기전형 합격자 중 AI 직무역량평가 참여자
- 평가항목 : 문제해결 및 업무수행능력, 직무전문성, 고객지향, 조직적응 등
- 면접방법 : 조별 집단면접(多:多)
- 합격결정 : 가점 포함 서류(10%) + 필기(40%) + 심층면접(50%) 총점 고득점 순
  ※ 면접점수 만점의 40% 미만 득점 시 탈락
- 합격인원 : 채용예정인원의 1배수(채용 예정자)

ⓜ 신체검사 및 철도적성검사
- 대상자 : 심층면접 합격자
- 신체검사 : 철도종사자 신체검사, 공무원 채용 신체검사

구분	대상분야
철도종사자 신체검사	사무영업, 승무
공무원 채용 신체검사	N/W · 보안 · 개인정보, IT(S/W), 기술(기계설비, 차량)

- 철도적성검사 : 사무영업(신호기 등 취급업무), 승무(운전업무)

⑤ 근무조건

㉠ 채용형 인턴사원
- 인턴기간

구분	운영기간
사무영업, N/W · 보안 · 개인정보, IT(S/W)	약 3개월
승무	약 4개월

- 보수기준 : 21년도 최저임금 월급(1,822,480원) 적용, 법정수당 별도 지급
- 평가 후 당사 인력운영현황을 고려하여 일반직(6급)으로 채용할 수 있음
- 근무형태 : 일근, 교대, 교번근무
- 근무장소 : 공항철도 사업장 내 및 용유차량기지

㉡ 일반직(6급) 수습
- 수습기간 : 약 2개월
- 보수기준 : 당사 보수규정 및 동 세칙에 따름
- 근무형태 : 일근, 교대근무
- 근무장소 : 공항철도 사업장 내 및 용유차량기지

관련기사

공항철도 교육기부활동을 랜선으로 만난다!

인기 유튜버 '1등 미디어'와 함께하는 공항철도 교육기부 체험 활동

공항철도(AREX)는 오는 14일부터 20일까지 교육부와 한국과학창의재단에서 개최하는 '2020 온라인 교육기부 박람회'에 참가한다.

교육기부박람회는 교육 기부 문화 확산을 위해 학생들의 상상력과 창의력을 높일 수 있는 다양한 프로그램을 소개하고, 진로교육과 체험활동에 참여해볼 수 있는 행사이다. 올해는 코로나19로 인해 오프라인 행사가 진행되지 않고, 홈페이지와 유튜브, 인스타그램 등을 통해 랜선으로 체험활동을 즐길 수 있다.

이번 박람회 참가를 위해 공항철도는 지난 4일 인기 유튜버 '1등 미디어'의 주인공인 '문과1등'과 '이과1등'을 초대해 '기관사 체험'을 주제로 랜선 체험영상을 제작했다. 이날 유튜버들은 공항철도 기관사들이 실제 교육을 받는 곳인 모의운전연습기실에서 현직 기관사의 지도하에 열차를 직접 운전해보았다. 또한 직접 구성한 유쾌한 원고로 감성방송을 선보이며 촬영장에 웃음을 자아내기도 했다.

공항철도 교육기부박람회 영상은 2020 대한민국 교육기부 박람회 홈페이지 '열린마루' 메뉴의 '랜선나들이/토크쇼' 코너에서 볼 수 있다.

또한 온라인 박람회 참가자들을 대상으로 12월 14일부터 31일까지 인스타그램 인증사진 이벤트가 함께 진행된다. 공항철도 영상을 시청한 인증사진을 해시태그 '#공항철도체험학습#랜선나들이'와 함께 인스타그램에 올리고, 공항철도 공식 인스타그램의 이벤트 안내 게시물에 이벤트 참가완료 댓글을 남기면 된다.

김한영 공항철도 사장은 "공항철도의 특색있는 자원들을 두루 활용해 학생들의 직업관 형성에 보탬이 되는 교육적 가치를 발굴하는 데 계속해서 노력하겠다."라고 말했다.

- 2020. 12. 16.

면접질문
- 기업의 사회적 책임에 대한 자신의 견해를 밝히시오.
- 코로나 시대에 본사가 지친 국민들을 위해 할 수 있는 일을 말해 보시오.

공항철도 수능 대비 특별수송대책 마련

수능 응시생 열차 이용에 차질이 없도록… 전 분야 비상인력 대기
시험장 인근 마곡나루역~운서역 지상구간 운행시 경적 사용 자제

공항철도는 2021학년도 대학수학능력시험 당일 수험생들의 원활한 열차이용을 위해 ▲ 역무, ▲ 시설, ▲ 신호, ▲ 차량, ▲ 관제, ▲ 승무 등 전 분야에 걸친 특별수송대책을 마련했다고 밝혔다.

지난 11월 26일부터 공항철도 14개 역사와 전동차, 선로변 시설물에 대한 일제 점검을 실시했다. 공항철도 전 구간을 도보로 순회하며 전차선과 선로의 상태를 직접 확인하고, 계양변전소 등 8개 전기시설물의 점검을 마쳤다. 또한 신호장치와 통신설비, 방송시스템의 작동상태를 확인하고, 제동장치와 출입문 등의 전동차 설비도 다시 한 번 점검했다.

아울러 수능일 열차 운행에 영향을 줄 수 있는 당일 새벽 시간대 선로 내 작업을 전면 제한하고, 첫 차부터 차질 없이 운행될 수 있도록 했다. 또한 비상상황 발생에 대비하여 예비 열차를 비상대기시킨다.

특히 시험장 인근 지상구간을 운행하는 마곡나루역에서 운서역 구간은 경적 사용을 자제하고, 기관사가 출입문을 여닫을 때 내리지 못한 승객이 없는지 꼼꼼하게 한 번 더 확인하도록 하여 공항철도를 이용하는 수능 수험생들에게 불이익이 생기지 않도록 했다.

공항철도 전 역사에는 비상인력을 배치해 열차 운행 및 승하차 시 지연이 발생하지 않도록 철저히 대비하고, 긴급한 상황이 생기면 주변 콜택시, 점보택시 등의 대체교통수단을 활용해 즉시 시험장으로 이동할 수 있도록 편의를 제공한다. 승강기, 무빙워크 등 승하설비 유지보수 담당자들도 각 역에 대기하며 비상상황에 철저히 대비한다.

공항철도 김한영 사장은 "수능 응시생들의 신속하고 안전한 수송을 최우선으로 두고 다각적인 수송 지원책을 마련했다."며 "코로나19로 힘든 여건 속에서도 노력해 온 수험생들이 본인의 능력을 십분 발휘할 수 있기를 기원한다."라고 말했다.

– 2020. 12. 1.

면접질문
• 수능과 같은 상황에서 철도 운행에 있어 가장 중점적으로 확인해야 할 사항은 무엇이라고 생각하는지 말해 보시오.
• 본사에서 진행할 수 있는 수험생을 위한 이벤트 아이디어를 제안해 보시오.

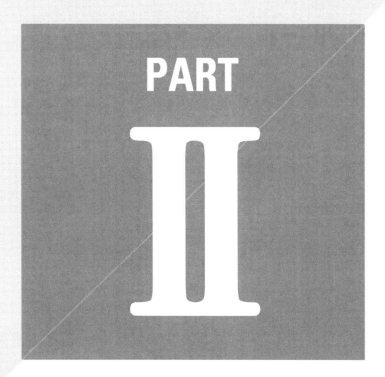

PART II

NCS 직업기초능력평가

의사소통능력

01 의사소통과 의사소통능력

(1) 의사소통

① 개념 : 사람들 간에 생각이나 감정, 정보, 의견 등을 교환하는 총체적인 행위로, 직장생활에서의 의사소통은 조직과 팀의 효율성과 효과성을 성취할 목적으로 이루어지는 구성원 간의 정보와 지식 전달 과정이라고 할 수 있다.

② 기능 : 공동의 목표를 추구해 나가는 집단 내의 기본적 존재 기반이며 성과를 결정하는 핵심 기능이다.

③ 의사소통의 종류

    ㉠ 언어적인 것 : 대화, 전화통화, 토론 등

    ㉡ 문서적인 것 : 메모, 편지, 기획안 등

    ㉢ 비언어적인 것 : 몸짓, 표정 등

④ 의사소통을 저해하는 요인 : 정보의 과다, 메시지의 복잡성 및 메시지 간의 경쟁, 상이한 직위와 과업지향형, 신뢰의 부족, 의사소통을 위한 구조상의 권한, 잘못된 매체의 선택, 폐쇄적인 의사소통 분위기 등

(2) 의사소통능력

① 개념 : 의사소통능력은 직장생활에서 문서나 상대방이 하는 말의 의미를 파악하는 능력, 자신의 의사를 정확하게 표현하는 능력, 간단한 외국어 자료를 읽거나 외국인의 의사표시를 이해하는 능력을 포함한다.

② 의사소통능력 개발을 위한 방법

    ㉠ 사후검토와 피드백을 활용한다.

    ㉡ 명확한 의미를 가진 이해하기 쉬운 단어를 선택하여 이해도를 높인다.

    ㉢ 적극적으로 경청한다.

    ㉣ 메시지를 감정적으로 곡해하지 않는다.

02 의사소통능력을 구성하는 하위능력

(1) 문서이해능력

① 문서와 문서이해능력

  ㉠ 문서 : 제안서, 보고서, 기획서, 이메일, 팩스 등 문자로 구성된 것으로 상대방에게 의사를 전달하여 설득하는 것을 목적으로 한다.

  ㉡ 문서이해능력 : 직업현장에서 자신의 업무와 관련된 문서를 읽고, 내용을 이해하고 요점을 파악할 수 있는 능력을 말한다.

예제 1

다음은 신용카드 약관의 주요내용이다. 규정 약관을 제대로 이해하지 못한 사람은?

> [부가서비스]
> 카드사는 법령에서 정한 경우를 제외하고 상품을 새로 출시한 후 1년 이내에 부가서비스를 줄이거나 없앨 수가 없다. 또한 부가서비스를 줄이거나 없앨 경우에는 그 세부내용을 변경일 6개월 이전에 회원에게 알려주어야 한다.
>
> [중도 해지 시 연회비 반환]
> 연회비 부과기간이 끝나기 이전에 카드를 중도해지하는 경우 남은 기간에 해당하는 연회비를 계산하여 10 영업일 이내에 돌려줘야 한다. 다만, 카드 발급 및 부가서비스 제공에 이미 지출된 비용은 제외된다.
>
> [카드 이용한도]
> 카드 이용한도는 카드 발급을 신청할 때에 회원이 신청한 금액과 카드사의 심사기준을 종합적으로 반영하여 회원이 신청한 금액 범위 이내에서 책정되며 회원의 신용도가 변동되었을 때에는 카드사는 회원의 이용한도를 조정할 수 있다.
>
> [부정사용 책임]
> 카드 위조 및 변조로 인하여 발생된 부정사용 금액에 대해서는 카드사가 책임을 진다. 다만, 회원이 비밀번호를 다른 사람에게 알려주거나 카드를 다른 사람에게 빌려주는 등의 중대한 과실로 인해 부정사용이 발생하는 경우에는 회원이 그 책임의 전부 또는 일부를 부담할 수 있다.

① 혜수 : 카드사는 법령에서 정한 경우를 제외하고는 1년 이내에 부가서비스를 줄일 수 없어.

② 진성 : 카드 위조 및 변조로 인하여 발생된 부정사용 금액은 일괄 카드사가 책임을 지게 돼.

③ 영훈 : 회원의 신용도가 변경되었을 때 카드사가 이용한도를 조정할 수 있어.

④ 영호 : 연회비 부과기간이 끝나기 이전에 카드를 중도해지하는 경우에는 남은 기간에 해당하는 연회비를 카드사는 돌려줘야 해.

[출제의도]
주어진 약관의 내용을 읽고 그에 대한 상세 내용의 정보를 이해하는 능력을 측정하는 문항이다.
[해설]
② 부정사용에 대해 고객의 과실이 있으면 회원이 그 책임의 전부 또는 일부를 부담할 수 있다.

답 ②

② 문서의 종류

    ㉠ **공문서** : 정부기관에서 공무를 집행하기 위해 작성하는 문서로, 단체 또는 일반회사에서 정부기관을 상대로 사업을 진행할 때 작성하는 문서도 포함된다. 엄격한 규격과 양식이 특징이다.

    ㉡ **기획서** : 아이디어를 바탕으로 기획한 프로젝트에 대해 상대방에게 전달하여 시행하도록 설득하는 문서이다.

    ㉢ **기안서** : 업무에 대한 협조를 구하거나 의견을 전달할 때 작성하는 사내 공문서이다.

    ㉣ **보고서** : 특정한 업무에 관한 현황이나 진행 상황, 연구·검토 결과 등을 보고하고자 할 때 작성하는 문서이다.

    ㉤ **설명서** : 상품의 특성이나 작동 방법 등을 소비자에게 설명하기 위해 작성하는 문서이다.

    ㉥ **보도자료** : 정부기관이나 기업체 등이 언론을 상대로 자신들의 정보를 기사화 되도록 하기 위해 보내는 자료이다.

    ㉦ **자기소개서** : 개인이 자신의 성장과정이나, 입사 동기, 포부 등에 대해 구체적으로 기술하여 자신을 소개하는 문서이다.

    ㉧ **비즈니스 레터(E-mail)** : 사업상의 이유로 고객에게 보내는 편지다.

    ㉨ **비즈니스 메모** : 업무상 확인해야 할 일을 메모형식으로 작성하여 전달하는 글이다.

③ **문서이해의 절차** : 문서의 목적 이해 → 문서 작성 배경·주제 파악 → 정보 확인 및 현안문제 파악 → 문서 작성자의 의도 파악 및 자신에게 요구되는 행동 분석 → 목적 달성을 위해 취해야 할 행동 고려 → 문서 작성자의 의도를 도표나 그림 등으로 요약·정리

(2) 문서작성능력

① 작성되는 문서에는 대상과 목적, 시기, 기대효과 등이 포함되어야 한다.

② **문서작성의 구성요소**

    ㉠ 짜임새 있는 골격, 이해하기 쉬운 구조

    ㉡ 객관적이고 논리적인 내용

    ㉢ 명료하고 설득력 있는 문장

    ㉣ 세련되고 인상적인 레이아웃

다음은 들은 내용을 구조적으로 정리하는 방법이다. 순서에 맞게 배열하면?

> ㉠ 관련 있는 내용끼리 묶는다.
> ㉡ 묶은 내용에 적절한 이름을 붙인다.
> ㉢ 전체 내용을 이해하기 쉽게 구조화한다.
> ㉣ 중복된 내용이나 덜 중요한 내용을 삭제한다.

① ㉠㉡㉢㉣   ② ㉠㉡㉣㉢
③ ㉡㉠㉢㉣   ④ ㉡㉠㉣㉢

[출제의도]
음성정보는 문자정보와는 달리 쉽게 잊혀 지기 때문에 음성정보를 구조화 시키는 방법을 묻는 문항이다.
[해설]
내용을 구조적으로 정리하는 방법은 '㉠ 관련 있는 내용끼리 묶는다. → ㉡ 묶은 내용에 적절한 이름을 붙인다. → ㉣ 중복된 내용이나 덜 중요한 내용을 삭제한다. → ㉢ 전체 내용을 이해하기 쉽게 구조화한다.'가 적절하다.

 ②

③ 문서의 종류에 따른 작성방법

㉠ 공문서
- 육하원칙이 드러나도록 써야 한다.
- 날짜는 반드시 연도와 월, 일을 함께 언급하며, 날짜 다음에 괄호를 사용할 때는 마침표를 찍지 않는다.
- 대외문서이며, 장기간 보관되기 때문에 정확하게 기술해야 한다.
- 내용이 복잡할 경우 '-다음-', '-아래-'와 같은 항목을 만들어 구분한다.
- 한 장에 담아내는 것을 원칙으로 하며, 마지막엔 반드시 '끝'자로 마무리 한다.

㉡ 설명서
- 정확하고 간결하게 작성한다.
- 이해하기 어려운 전문용어의 사용은 삼가고, 복잡한 내용은 도표화 한다.
- 명령문보다는 평서문을 사용하고, 동어 반복보다는 다양한 표현을 구사하는 것이 바람직하다.

㉢ 기획서
- 상대를 설득하여 기획서가 채택되는 것이 목적이므로 상대가 요구하는 것이 무엇인지 고려하여 작성하며, 기획의 핵심을 잘 전달하였는지 확인한다.
- 분량이 많을 경우 전체 내용을 한눈에 파악할 수 있도록 목차구성을 신중히 한다.
- 효과적인 내용 전달을 위한 표나 그래프를 적절히 활용하고 산뜻한 느낌을 줄 수 있도록 한다.
- 인용한 자료의 출처 및 내용이 정확해야 하며 제출 전 충분히 검토한다.

ⓔ 보고서
- 도출하고자 한 핵심내용을 구체적이고 간결하게 작성한다.
- 내용이 복잡할 경우 도표나 그림을 활용하고, 참고자료는 정확하게 제시한다.
- 제출하기 전에 최종점검을 하며 질의를 받을 것에 대비한다.

■ 예제 3 ■

다음 중 공문서 작성에 대한 설명으로 가장 적절하지 못한 것은?

① 공문서나 유가증권 등에 금액을 표시할 때에는 한글로 기재하고 그 옆에 괄호를 넣어 숫자로 표기한다.
② 날짜는 숫자로 표기하되 년, 월, 일의 글자는 생략하고 그 자리에 온점(.)을 찍어 표시한다.
③ 첨부물이 있는 경우에는 붙임 표시문 끝에 1자 띄우고 "끝."이라고 표시한다.
④ 공문서의 본문이 끝났을 경우에는 1자를 띄우고 "끝."이라고 표시한다.

---

④ 문서작성의 원칙
  ㉠ 문장은 짧고 간결하게 작성한다. → 간결체 사용
  ㉡ 상대방이 이해하기 쉽게 쓴다.
  ㉢ 불필요한 한자의 사용을 자제한다.
  ㉣ 문장은 긍정문의 형식을 사용한다.
  ㉤ 간단한 표제를 붙인다.
  ㉥ 문서의 핵심내용을 먼저 쓰도록 한다. → 두괄식 구성

⑤ 문서작성 시 주의사항
  ㉠ 육하원칙에 의해 작성한다.
  ㉡ 문서 작성시기가 중요하다.
  ㉢ 한 사안은 한 장의 용지에 작성한다.
  ㉣ 반드시 필요한 자료만 첨부한다.
  ㉤ 금액, 수량, 일자 등은 기재에 정확성을 기한다.
  ㉥ 경어나 단어사용 등 표현에 신경 쓴다.
  ㉦ 문서작성 후 반드시 최종적으로 검토한다.

⑥ 효과적인 문서작성 요령

    ㉠ **내용이해** : 전달하고자 하는 내용과 핵심을 정확하게 이해해야 한다.

    ㉡ **목표설정** : 전달하고자 하는 목표를 분명하게 설정한다.

    ㉢ **구성** : 내용 전달 및 설득에 효과적인 구성과 형식을 고려한다.

    ㉣ **자료수집** : 목표를 뒷받침할 자료를 수집한다.

    ㉤ **핵심전달** : 단락별 핵심을 하위목차로 요약한다.

    ㉥ **대상파악** : 대상에 대한 이해와 분석을 통해 철저히 파악한다.

    ㉦ **보충설명** : 예상되는 질문을 정리하여 구체적인 답변을 준비한다.

    ㉧ **문서표현의 시각화** : 그래프, 그림, 사진 등을 적절히 사용하여 이해를 돕는다.

(3) 경청능력

① **경청의 중요성** : 경청은 다른 사람의 말을 주의 깊게 들으며 공감하는 능력으로 경청을 통해 상대방을 한 개인으로 존중하고 성실한 마음으로 대하게 되며, 상대방의 입장에 공감하고 이해하게 된다.

② **경청을 방해하는 습관** : 짐작하기, 대답할 말 준비하기, 걸러내기, 판단하기, 다른 생각하기, 조언하기, 언쟁하기, 옳아야만 하기, 슬쩍 넘어가기, 비위 맞추기 등

③ **효과적인 경청방법**

    ㉠ **준비하기** : 강연이나 프레젠테이션 이전에 나누어주는 자료를 읽어 미리 주제를 파악하고 등장하는 용어를 익혀둔다.

    ㉡ **주의 집중** : 말하는 사람의 모든 것에 집중해서 적극적으로 듣는다.

    ㉢ **예측하기** : 다음에 무엇을 말할 것인가를 추측하려고 노력한다.

    ㉣ **나와 관련짓기** : 상대방이 전달하고자 하는 메시지를 나의 경험과 관련지어 생각해 본다.

    ㉤ **질문하기** : 질문은 듣는 행위를 적극적으로 하게 만들고 집중력을 높인다.

    ㉥ **요약하기** : 주기적으로 상대방이 전달하려는 내용을 요약한다.

    ㉦ **반응하기** : 피드백을 통해 의사소통을 점검한다.

다음은 면접스터디 중 일어난 대화이다. 민아의 고민을 해소하기 위한 조언으로 가장 적절한 것은?

> 지섭 : 민아씨, 어디 아파요? 표정이 안 좋아 보여요.
>
> 민아 : 제가 원서 넣은 공단이 내일 면접이어서요. 그동안 스터디를 통해서 면접 연습을 많이 했는데도 벌써부터 긴장이 되네요.
>
> 지섭 : 민아씨는 자기 의견도 명확히 피력할 줄 알고 조리 있게 설명을 잘 하시니 걱정 안하셔도 될 것 같아요. 아, 손에 꽉 쥐고 계신 건 뭔가요?
>
> 민아 : 아, 제가 예상 답변을 정리해서 모아둔거에요. 내용은 거의 외웠는데 이렇게 쥐고 있지 않으면 불안해서..
>
> 지섭 : 그 정도로 준비를 철저히 하셨으면 걱정할 이유 없을 것 같아요.
>
> 민아 : 그래도 압박면접이거나 예상치 못한 질문이 들어오면 어떻게 하죠?
>
> 지섭 : _____

① 시선을 적절히 처리하면서 부드러운 어투로 말하는 연습을 해보는 건 어때요?
② 공식적인 자리인 만큼 옷차림을 신경 쓰는 게 좋을 것 같아요.
③ 당황하지 말고 질문자의 의도를 잘 파악해서 침착하게 대답하면 되지 않을까요?
④ 예상 질문에 대한 답변을 좀 더 정확하게 외워보는 건 어떨까요?

[출제의도]
상대방이 하는 말을 듣고 질문 의도에 따라 올바르게 답하는 능력을 측정하는 문항이다.
[해설]
민아는 압박질문이나 예상치 못한 질문에 대해 걱정을 하고 있으므로 침착하게 대응하라고 조언을 해주는 것이 좋다.

답 ③

(4) 의사표현능력

① 의사표현의 개념과 종류

㉠ 개념 : 화자가 자신의 생각과 감정을 청자에게 음성언어나 신체언어로 표현하는 행위이다.

㉡ 종류

- 공식적 말하기 : 사전에 준비된 내용을 대중을 대상으로 말하는 것으로 연설, 토의, 토론 등이 있다.
- 의례적 말하기 : 사회 · 문화적 행사에서와 같이 절차에 따라 하는 말하기로 식사, 주례, 회의 등이 있다.
- 친교적 말하기 : 친근한 사람들 사이에서 자연스럽게 주고받는 대화 등을 말한다.

② 의사표현의 방해요인

㉠ **연단공포증** : 연단에 섰을 때 가슴이 두근거리거나 땀이 나고 얼굴이 달아오르는 등의 현상으로 충분한 분석과 준비, 더 많은 말하기 기회 등을 통해 극복할 수 있다.

㉡ **말** : 말의 장단, 고저, 발음, 속도, 쉼 등을 포함한다.

㉢ **음성** : 목소리와 관련된 것으로 음색, 고저, 명료도, 완급 등을 의미한다.

㉣ **몸짓** : 비언어적 요소로 화자의 외모, 표정, 동작 등이다.

㉤ **유머** : 말하기 상황에 따른 적절한 유머를 구사할 수 있어야 한다.

③ 상황과 대상에 따른 의사표현법

　㉠ 잘못을 지적할 때 : 모호한 표현을 삼가고 확실하게 지적하며, 당장 꾸짖고 있는 내용에만 한정한다.

　㉡ 칭찬할 때 : 자칫 아부로 여겨질 수 있으므로 센스 있는 칭찬이 필요하다.

　㉢ 부탁할 때 : 먼저 상대방의 사정을 듣고 응하기 쉽게 구체적으로 부탁하며 거절을 당해도 싫은 내색을 하지 않는다.

　㉣ 요구를 거절할 때 : 먼저 사과하고 응해줄 수 없는 이유를 설명한다.

　㉤ 명령할 때 : 강압적인 말투보다는 '○○을 이렇게 해주는 것이 어떻겠습니까?'와 같은 식으로 부드럽게 표현하는 것이 효과적이다.

　㉥ 설득할 때 : 일방적으로 강요하기보다는 먼저 양보해서 이익을 공유하겠다는 의지를 보여주는 것이 좋다.

　㉦ 충고할 때 : 충고는 가장 최후의 방법이다. 반드시 충고가 필요한 상황이라면 예화를 들어 비유적으로 깨우쳐주는 것이 바람직하다.

　㉧ 질책할 때 : 샌드위치 화법(칭찬의 말 + 질책의 말 + 격려의 말)을 사용하여 청자의 반발을 최소화 한다.

예제 5

당신은 팀장님께 업무 지시내용을 수행하고 결과물을 보고 드렸다. 하지만 팀장님께서는 "최대리 업무를 이렇게 처리하면 어떡하나? 누락된 부분이 있지 않은가."라고 말하였다. 이에 대해 당신이 행할 수 있는 가장 부적절한 대처 자세는?

① "죄송합니다. 제가 잘 모르는 부분이라 이수혁 과장님께 부탁을 했는데 과장님께서 실수를 하신 것 같습니다."
② "주의를 기울이지 못해 죄송합니다. 어느 부분을 수정보완하면 될까요?"
③ "지시하신 내용을 제가 충분히 이해하지 못하였습니다. 내용을 다시 한 번 여쭤보아도 되겠습니까?"
④ "부족한 내용을 보완하는 자료를 취합하기 위해서 하루정도가 더 소요될 것 같습니다. 언제까지 재작성하여 드리면 될까요?"

[출제의도]
상사가 잘못을 지적하는 상황에서 어떻게 대처해야 하는지를 묻는 문항이다.
[해설]
상사가 부탁한 지시사항을 다른 사람에게 부탁하는 것은 옳지 못하며 설사 그렇다고 해도 그 일의 과오에 대해 책임을 전가하는 것은 지양해야 할 자세이다.

답 ①

---

④ 원활한 의사표현을 위한 지침

　㉠ 올바른 화법을 위해 독서를 하라.

　㉡ 좋은 청중이 되라.

　㉢ 칭찬을 아끼지 마라.

　㉣ 공감하고, 긍정적으로 보이게 하라.

ⓜ 겸손은 최고의 미덕임을 잊지 마라.

ⓗ 과감하게 공개하라.

ⓢ 뒷말을 숨기지 마라.

ⓞ 첫마디 말을 준비하라.

ⓩ 이성과 감성의 조화를 꾀하라.

ⓒ 대화의 룰을 지켜라.

ⓚ 문장을 완전하게 말하라.

⑤ 설득력 있는 의사표현을 위한 지침

㉠ 'Yes'를 유도하여 미리 설득 분위기를 조성하라.

㉡ 대비 효과로 분발심을 불러 일으켜라.

㉢ 침묵을 지키는 사람의 참여도를 높여라.

㉣ 여운을 남기는 말로 상대방의 감정을 누그러뜨려라.

㉤ 하던 말을 갑자기 멈춤으로써 상대방의 주의를 끌어라.

㉥ 호칭을 바꿔서 심리적 간격을 좁혀라.

㉦ 끄집어 말하여 자존심을 건드려라.

㉧ 정보전달 공식을 이용하여 설득하라.

㉨ 상대방의 불평이 가져올 결과를 강조하라.

㉩ 권위 있는 사람의 말이나 작품을 인용하라.

㉪ 약점을 보여 주어 심리적 거리를 좁혀라.

㉫ 이상과 현실의 구체적 차이를 확인시켜라.

㉬ 자신의 잘못도 솔직하게 인정하라.

㉭ 집단의 요구를 거절하려면 개개인의 의견을 물어라.

ⓐ 동조 심리를 이용하여 설득하라.

ⓑ 지금까지의 노고를 치하한 뒤 새로운 요구를 하라.

ⓒ 담당자가 대변자 역할을 하도록 하여 윗사람을 설득하게 하라.

ⓓ 겉치레 양보로 기선을 제압하라.

ⓔ 변명의 여지를 만들어 주고 설득하라.

ⓕ 혼자 말하는 척하면서 상대의 잘못을 지적하라.

(5) 기초외국어능력

① 기초외국어능력의 개념과 필요성
   - ㉠ 개념 : 기초외국어능력은 외국어로 된 간단한 자료를 이해하거나, 외국인과의 전화응대와 간단한 대화 등 외국인의 의사표현을 이해하고, 자신의 의사를 기초외국어로 표현할 수 있는 능력이다.
   - ㉡ 필요성 : 국제화·세계화 시대에 다른 나라와의 무역을 위해 우리의 언어가 아닌 국제적인 통용어를 사용하거나 그들의 언어로 의사소통을 해야 하는 경우가 생길 수 있다.

② 외국인과의 의사소통에서 피해야 할 행동
   - ㉠ 상대를 볼 때 흘겨보거나, 노려보거나, 아예 보지 않는 행동
   - ㉡ 팔이나 다리를 꼬는 행동
   - ㉢ 표정이 없는 것
   - ㉣ 다리를 흔들거나 펜을 돌리는 행동
   - ㉤ 맞장구를 치지 않거나 고개를 끄덕이지 않는 행동
   - ㉥ 생각 없이 메모하는 행동
   - ㉦ 자료만 들여다보는 행동
   - ㉧ 바르지 못한 자세로 앉는 행동
   - ㉨ 한숨, 하품, 신음소리를 내는 행동
   - ㉩ 다른 일을 하며 듣는 행동
   - ㉪ 상대방에게 이름이나 호칭을 어떻게 부를지 묻지 않고 마음대로 부르는 행동

③ 기초외국어능력 향상을 위한 공부법
   - ㉠ 외국어공부의 목적부터 정하라.
   - ㉡ 매일 30분씩 눈과 손과 입에 밸 정도로 반복하라.
   - ㉢ 실수를 두려워하지 말고 기회가 있을 때마다 외국어로 말하라.
   - ㉣ 외국어 잡지나 원서와 친해져라.
   - ㉤ 소홀해지지 않도록 라이벌을 정하고 공부하라.
   - ㉥ 업무와 관련된 주요 용어의 외국어는 꼭 알아두자.
   - ㉦ 출퇴근 시간에 외국어 방송을 보거나, 듣는 것만으로도 귀가 트인다.
   - ㉧ 어린이가 단어를 배우듯 외국어 단어를 암기할 때 그림카드를 사용해 보라.
   - ㉨ 가능하면 외국인 친구를 사귀고 대화를 자주 나눠 보라.

출제예상문제

정답 및 해설 **p.250**

1 다음은 OO 공사의 식수 오염을 주제로 한 보고서의 내용이다. A~D 사원 중 보고서를 바르게 이해한 사람은?

> 식수 오염의 방지를 위해서 빠른 시간 내 식수의 분변 오염 여부를 밝히고 오염의 정도를 확인하기 위한 목적으로 지표 생물의 개념을 도입하였다. 병원성 세균, 바이러스, 원생동물, 기생체 소낭 등과 같은 병원체를 직접 검출하는 것은 비싸고 시간이 많이 걸릴 뿐만 아니라 숙달된 기술을 요구하지만, 지표 생물을 이용하면 이러한 문제를 많이 해결할 수 있다.
>
> 식수가 분변으로 오염되어 있다면 분변에 있는 병원체 수와 비례하여 존재하는 비병원성 세균을 지표 생물로 이용한다. 이에 대표적인 것은 대장균이다. 대장균은 그 기원이 전부 동물의 배설물에 의한 것이므로, 시료에서 대장균의 균체 수가 일정 기준보다 많이 검출되면 그 시료에는 인체에 유해할 만큼의 병원체도 존재한다고 추정할 수 있다. 그러나 온혈 동물에게서 배설되는 비슷한 종류의 다른 세균들을 배제하고 대장균만을 측정하기는 어렵다. 그렇기 때문에 대장균이 속해 있는 비슷한 세균군을 모두 검사하여 분변 오염 여부를 판단하고, 이 세균군을 총대장균군이라고 한다.
>
> 총대장균군에 포함된 세균이 모두 온혈동물의 분변에서 기원한 것은 아니지만, 온혈동물의 배설물을 통해서도 많은 수가 방출되고 그 수는 병원체의 수에 비례한다. 염소 소독과 같은 수질 정화 과정에서도 병원체와 유사한 저항성을 가지므로 식수, 오락 및 휴양 용수의 수질 결정에 좋은 지표이다. 지표 생물로 사용하는 또 다른 것은 분변성 연쇄상구균군이다. 이는 대장균을 포함하지는 않지만 사람과 온혈동물의 장에 흔히 서식하므로 물의 분변 오염 여부를 판정하는 데 이용된다. 이들은 잔류성이 높고 장 밖에서는 증식하지 않기 때문에 시료에서도 그 수가 일정하게 유지되어 좋은 상수 소독 처리지표로 활용된다.

① A 사원 : 온혈동물의 분변에서 기원되는 균은 모두 지표 생물이 될 수 있다.

② B 사원 : 수질 정화 과정에서 총대장균군은 병원체보다 높은 생존율을 보인다.

③ C 사원 : 채취된 시료 속의 총대장균군의 세균 수와 병원체 수는 비례하여 존재한다.

④ D 사원 : 지표 생물을 검출하는 것은 병원체를 직접 검출하는 것보다 숙달된 기술을 필요로 한다.

2 다음은 OO미디어 재단에 올라온 A, B 두 사람의 논쟁이다. 재단에서 이를 분석한 것으로 가장 적절한 것은?

A-1 : 최근 인터넷으로 대표되는 정보통신기술 혁명은 과거 유례를 찾을 수 없을 정도로 세상이 돌아가는 방식을 근본적으로 바꿔놓았다. 정보통신기술 혁명은 물리적 거리의 파괴로 이어졌고, 그에 따라 국경 없는 세계가 출현하면서 국경을 넘나드는 자본, 노동, 상품에 대한 규제가 철폐될 수밖에 없는 사회가 되었다. 이제 개인이나 기업 혹은 국가는 과거보다 훨씬 더 유연한 자세를 견지해야 하고, 이를 위해서는 강력한 시장 자유화가 필요하다.

B-1 : 변화를 인식할 때 우리는 가장 최근의 것을 가장 혁신적인 것으로 생각하는 경향이 있다. 인터넷 혁명의 경제적, 사회적 영향은 최소한 지금까지는 세탁기를 비롯한 가전제품만큼 크지 않았다. 가전제품은 집안일에 들이는 노동시간을 대폭 줄여줌으로써 여성들의 경제활동을 촉진했고, 가족 내의 전통적인 역학관계를 바꾸었다. 옛것을 과소평가해서도 안 되고 새것을 과대평가해서도 안 된다. 그렇게 할 경우 국가의 경제정책이나 기업의 정책은 물론이고 우리 자신의 직업과 관련해서도 여러 가지 잘못된 결정을 내리게 된다.

A-2 : 인터넷이 가져온 변화는 가전제품이 초래한 변화에 비하면 전 지구적인 규모이고 동시적이라는 점에 주목해야 한다. 정보통신기술이 초래한 국경 없는 세계의 모습을 보라. 국경을 넘어 자본, 노동, 상품이 넘나들게 됨으로써 각 국가의 행정 시스템은 물론 세계 경제 시스템에도 변화가 불가피하게 되었다. 그런 점에서 정보통신기술의 영향력은 가전제품의 영향력과 비교될 수 없다.

B-2 : 최근의 기술 변화는 100년 전에 있었던 변화만큼 혁명적이라고 할 수 없다. 100년 전의 세계는 1960~1980년에 비해 통신과 운송 부분에서의 기술은 훨씬 뒤떨어졌으나 세계화는 오히려 월등히 진전된 상태였다. 사실 1960~1980년 사이에 강대국 정부가 자본, 노동, 상품이 국경을 넘어 들어오는 것을 엄격하게 규제했기에 세계화의 정도는 그리 높지 않았다. 이처럼 세계화의 정도를 결정하는 것은 정치이지 기술력이 아니다.

① 갑 : 이 논쟁의 핵심 쟁점은 정보통신기술 혁명과 가전제품을 비롯한 제조분야 혁명의 영향력 비교이다.

② 을 : A-1은 최근의 정보통신기술 혁명으로 말미암아 자본, 노동, 상품이 국경을 넘나드는 것이 보편적 현상이 되었다는 점을 근거로 삼고 있다.

③ 병 : B-1은 A-1이 제시한 근거가 다 옳다고 하더라도 A-1의 주장을 받아들일 수 없다고 주장하고 있다.

④ 정 : B-1과 A-2는 인터넷의 영향력에 대한 평가에는 의견을 달리하지만 가전제품의 영향력에 대한 평가에는 의견이 일치한다.

3 다음은 OO 금융 공사의 동향 보고서이다. 이를 평가한 것으로 글의 내용과 부합하지 않는 것은?

> 연방준비제도(이하 연준)가 고용 증대에 주안점을 둔 정책을 입안한다 해도 정책이 분배에 미치는 영향을 고려하지 않는다면, 그 정책은 거품과 불평등만 부풀릴 것이다. 기술 산업의 거품 붕괴로 인한 경기 침체에 대응하여 2000년 대 초에 연준이 시행한 저금리 정책이 이를 잘 보여준다.
>
> 특정한 상황에서는 금리 변동이 투자와 소비의 변화를 통해 경기와 고용에 영향을 줄 수 있다. 하지만 다른 수단이 훨씬 더 효과적인 상황도 많다. 가령 부동산 거품에 대한 대응책으로는 금리 인상보다 주택 담보 대출에 대한 규제가 더 합리적이다. 생산적 투자를 위축시키지 않으면서 부동산 거품을 가라앉힐 수 있기 때문이다.
>
> 경기 침체기라 하더라도 금리 인하는 은행의 비용을 줄여주는 것 말고는 경기 회복에 별다른 도움이 되지 않을 수 있다. 대부분의 부분에서 설비 가동률이 낮은 상황이라면, 2000년대 초가 바로 그런 상황이었기 때문에, 당시의 저금리 정책은 생산적인 투자 증가 대신에 주택 시장의 거품만 초래한 것이다.
>
> 금리 인하는 국공채에 투자했던 퇴직자들의 소득을 감소시켰다. 노년층에서 정부로, 정부에서 금융업으로 부의 대규모 이동이 이루어져 불평등이 심화되었다. 이에 따라 금리 인하는 다양한 경로로 소비를 위축시켰다. 은퇴 후의 소득을 확보하기 위해, 혹은 자녀의 학자금을 확보하기 위해 사람들은 저축을 늘렸다. 연준은 금리 인하가 주가 상승으로 이어질 것이므로 소비가 늘어날 것이라고 주장했다. 하지만 2000년대 초 연준의 금리 인하 이후 주가 상승에 따라 발생한 이득은 대체로 부유층에 집중되었으므로 대대적인 소비 증가로 이어지지 않았다.
>
> 2000년대 초 고용 증대를 기대하고 시행한 연준의 저금리 정책은 노동을 자본으로 대체하는 투자를 증대시켰다. 인위적인 저금리로 자본 비용이 낮아지자 이런 기회를 이용하려는 유인이 생겨났다. 노동력이 풍부한 상황인데도 노동을 절약하는 방향의 혁신이 강화되었고, 미숙련 노동자들의 실업률이 높은 상황인데도 가게들은 계산원을 해고하고 자동화 기계를 들여놓았다. 경기가 회복되더라도 실업률이 떨어지지 않는 구조가 만들어진 것이다.

① 갑 : 2000년대 초 연준의 금리 인하로 국공채에 투자한 퇴직자의 소득이 줄어들어 금융업에서 정부로 부가 이동하였다.

② 을 : 2000년대 초 연준은 고용 증대를 기대하고 금리를 인하했지만 결과적으로 고용 증대가 더 어려워지도록 만들었다.

③ 병 : 2000년대 초 기술 산업 거품의 붕괴로 인한 경기 침체기에 설비 가동률은 대부분 낮은 상태였다.

④ 정 : 2000년대 초 연준이 금리 인하 정책을 시행한 후 주택 가격과 주식 가격은 상승하였다.

4 다음의 밑줄 친 ㉠의 뜻을 적절히 설명한 것은?

전북 군산시는 군장산단 인입철도, 장항선 복선화, 새만금항 인입철도 개설로 인한 철도 여건변화에 맞춰 폐철도 및 철도 유휴부지 활용 방안을 마련하고자 분야별 전문가를 모시고 지난 22일 「신철도 건설과 폐철도 활용방안」이란 주제로 전문가 간담회를 개최했다.

이번 전문가 간담회는 철도, 트램, 군산역사, 경관, 조경, 도시계획 등 분야별 전문가 의견을 수렴하고, 코로나19로 인해 경과지역 주민 의견 등은 사전 인터뷰를 실시하고 영상자료 등을 통해 전문가, 관계부서와 다양한 의견을 갖는데 시간을 ㉠할애했다.

주요내용은 새만금과 군산을 중심으로 한 철도 환경이 급변화함에 따라 신철도↔폐철도 간 도심 발전 연계, 군산의 역사와 특색이 담긴 철도 콘텐츠 제공 등 새만금 배후 도시 존재감을 강화시키는 데 활용해야 한다는 의견을 모았다.

① 소중한 시간, 돈, 공간 따위를 아깝게 여기지 아니하고 선뜻 내어 줌
② 사물이나 일이 생겨남. 또는 그 사물이나 일이 생겨난 바
③ 충분히 잘 이용함
④ 대상을 필요에 따라 이롭게 씀

5 다음은 아래의 공모전을 준비하고 있는 담당자와 그 상사 간의 대화이다. 공고문을 바탕으로 대화 중 옳지 않은 것을 고르면?

제9회 어(語)울림 공모전 시행을 알려드립니다.

1. 공모기간 : 2020.08.03.(월) ~ 08.14.(금) 18:00
2. 주   제 : '가을'을 주제로 감동, 희망, 행복을 주는 글
3. 시상내역 : 당선작 1작품(상금20만 원), 가작 5작품(상금 각 10만 원)
4. 응모문안 : 개인 창작 문안으로 한글 30자 이내, 띄어쓰기 불포함
5. 접수방법 : 이메일(○○○@works.co.kr)
6. 제출자료 : 응모신청서(별첨)

〈창작작품 서약사항〉

- 제출한 작품은 미발표된 순수 창작물이며 작품과 모든 제출 문서는 허위 사실이 없음
- 차후 문제가 발생할 경우 관련된 일체의 법적·도덕적 책임은 본인에게 있음
- 접수된 작품은 반환되지 않아도 이의를 제기하지 않으며 접수된 작품에 대한 저작권 등 지적 재산권 및 일체의 권리는 당사에 귀속됨

① 상 사 : 공고문에 참여대상이 나와 있지 않은데요?

　 담당자 : 참여대상은 국민 누구나 참여 가능하며 이 내용을 반영하여 별도의 포스터를 배포할 예정입니다.

② 상 사 : 서약사항은 어떻게 확보할 예정입니까?

　 담장자 : 응모신청서의 별지로 첨부하여 서명을 받겠습니다.

③ 상 사 : 접수기간이 2주가 안되는데 많은 사람들이 신청을 할지 의문입니다.

　 담당자 : 9회째 공모전을 시행하고 있으므로 상당 수 국민들에게 홍보가 되어 있다고 생각합니다.

④ 상 사 : 응모문안이 이해가 안 될 수 있을 것 같은데 예시를 들어주는 건 어떨까요?

　 담당자 : "가을은 코스모스의 계절, 아름다운 가을을 맞이하여 기차를 타고 떠나는 가을 여행을 만끽해 보세요!"가 좋을 것 같습니다.

6 아래의 글에서 밑줄 친 ㉠을 대체할 수 있는 말로 가장 적절한 것은?

20세기 미술의 특징은 무한한 다원성에 있다. 어떤 내용을 어떤 재료와 어떤 형식으로 작품화하건 미술적 창조로 인정되고, ㉠심지어 창작 행위가 가해지지 않는 것도 작품의 자격을 얻을 수 있어서, '미술'과 '미술 아닌 것'을 객관적으로 구분해 주는 기준이 존재하지 않게 된 것이다. 단토의 '미술 종말론'은 이러한 상황을 설명하기 위한 미학 이론 중 하나이다. 단어가 주는 부정적 어감과는 달리 미술의 '종말'은 결과적으로 모든 것이 미술 작품이 될 수 있게 된 개방적이고 생산적인 상황을 뜻한다.

① 게다가　　　　　　　　② 하물며
③ 상당히　　　　　　　　④ 부단히

7 다음의 글에서 문맥상 ㉠~㉣과 바꿔 쓰기에 가장 적절한 것은?

근래 들어 노동 양식에 주목한 생산학파와 소비 양식에 주목한 소비학파의 입장을 ㉠아우르려는 연구가 진행되고 있다. 일찍이 근대 도시의 복합적 특성에 주목했던 발터 벤야민은 이러한 연구의 선구자 중 한 명으로 재발견되었다. 그는 새로운 테크놀로지의 도입이 노동의 소외를 심화한다는 점은 인정하였다. 하지만 소비 행위의 의미가 자본가에게 이윤을 ㉡가져다주는 구매 행위로 축소될 수는 없다고 생각했다. 벤야민은 근대 도시의 복합적 특성이 영화라는 예술 형식에 드러난다고 주장한다. 영화는 조각난 필름들이 일정한 속도로 흘러가면서 움직임을 만들어 낸다는 점에서 공장에서 컨베이어 벨트가 만들어 내는 기계의 리듬을 ㉢떠올리게 한다. 영화는 보통 사람의 육안이라는 감각적 지각의 정상적 범위를 넘어선 체험을 가져다준다. 벤야민은 이러한 충격 체험을 환각, 꿈의 체험에 ㉣빗대어 '시각적 무의식'이라고 불렀다. 이렇게 벤야민의 견해는 근대 도시에 대한 일면적인 시선을 바로잡는 데 도움을 준다.

① ㉠: 봉합(縫合)하려는　　　② ㉡: 보증(保證)하는
③ ㉢: 연상(聯想)하게　　　　④ ㉣: 의지(依支)하여

8 다음 글은 비정규직 보호 및 차별해소 정책에 관한 글이다. 글에서 언급된 필자의 의견에 부합하지 않는 것은 어느 것인가?

우리나라 임금근로자의 1/3이 비정규직으로(2012년 8월 기준) OECD 국가 중 비정규직 근로자 비중이 높은 편이며, 법적 의무사항인 2년 이상 근무한 비정규직 근로자의 정규직 전환율도 높지 않은 상황이다.

이에 따라, 비정규직에 대한 불합리한 차별과 고용불안을 해소를 위해 대책을 마련하였다. 특히, 상시 · 지속적 업무에 정규직 고용관행을 정착시키고 비정규직에 대한 불합리한 차별 해소 등 기간제 근로자 보호를 위해 2016년 4월에는 「기간제 근로자 고용안정 가이드라인」을 신규로 제정하고, 더불어 「사내하도급 근로자 고용안정 가이드라인」을 개정하여 비정규직 보호를 강화하는 한편, 실효성 확보를 위해 민간 전문가로 구성된 비정규직 서포터스 활동과 근로감독 등을 연계하여 가이드라인 현장 확산 노력을 펼친 결과, 2016년에는 194개 업체와 가이드라인 준수협약을 체결하는 성과를 이루었다.

아울러, 2016년부터 모든 사업장(12천 개소) 근로감독 시 차별항목을 필수적으로 점검하고, 비교대상 근로자가 없는 경우라도 가이드라인 내용에 따라 각종 복리후생 등에 차별이 없도록 행정지도를 펼치는 한편, 사내하도급 다수활용 사업장에 대한 감독 강화로 불법파견 근절을 통한 사내하도급 근로자 보호에 노력하였다.

또한, 기간제 · 파견 근로자를 정규직으로 전환 시 임금상승분의 일부를 지원하는 정규직 전환지원금 사업의 지원요건을 완화하고, 지원대상을 사내 하도급 근로자 및 특수형태업무 종사자까지 확대하여 중소기업의 정규직 전환여건을 제고하였다.

이와 함께 비정규직, 특수형태업무 종사자 등 취약계층 근로자에 대한 사회안전망을 지속 강화하여 2016년 3월부터 특수형태업무 종사자에 대한 산재보험가입 특례도 종전 6개 직종에서 9개 직종으로 확대 적용되었으며, 구직급여 수급기간을 국민연금 가입 기간으로 산입해주는 실업크레딧 지원제도가 2016년 8월부터 도입되었다. 2016년 7월에는 제1호 공동근로복지기금 법인이 탄생하기도 하였다.

① 우리나라는 법적 의무사항으로 비정규직 생활 2년이 경과하면 정규직으로 전환이 되어야 한다.
② 상시 업무에 정규직 고용관행을 정착시키면 정규직으로의 전환을 촉진할 수 있다.
③ 제정된 가이드라인의 실효성을 높이기 위한 서포터스 활동은 성공적이었다.
④ 특수형태업무 종사자들은 종전에는 산재보험 가입이 되지 못하였다.

9 다음을 읽고 추론한 내용으로 가장 적절한 것은?

고대 중국에서 '대학'은 교육 기관을 가리키는 말이었다. 이 '대학'에서 가르쳐야 할 내용을 전하고 있는 책이 「대학」이다. 유학자들은 「대학」의 '명명덕(明明德)'과 '친민(親民)'을 공자의 말로 여기지만, 그 해석에 있어서는 차이가 있다. 경문 해석의 차이는 글자와 문장의 정확성을 따지고 훈고(訓詁)가 다르기 때문이기도 하지만 해석자의 사상적 관심이 다르기 때문이기도 하다.

주희와 정약용은 '명명덕'과 '친민'에 대해 서로 다르게 해석한다. 주희는 '명덕(明德)'을 인간이 본래 지니고 있는 마음의 밝은 능력으로 해석한다. 인간이 올바른 행동을 할 수 있는 것은 명덕을 지니고 있어서인데 기질에 가려 명덕이 발휘되지 못하게 되면 잘못된 행동을 하게 된다. 따라서 도덕적 실천을 위해서는 명덕이 발휘되도록 기질을 교정하는 공부가 필요하다. '명명덕'은 바로 명덕이 발휘되도록 공부한다는 뜻이다. 반면, 정약용은 명덕을 '효(孝), 제(第), 자(慈)'의 덕목으로 해석한다. 명덕은 마음이 지닌 능력이 아니라 행위를 통해 실천해야 하는 구체적 덕목이다. 어떤 사람을 효자라고 부르는 것은 그가 효를 실천할 수 있는 마음의 능력을 가지고 있어서가 아니라 실제료 효를 실천했기 때문이다. '명명덕'은 구체적으로 효, 제, 자를 실천하도록 한다는 뜻이다. 유학자들은 자신이 먼저 인격자가 될 것을 강조하지만 궁극적으로는 자신뿐 아니라 백성 또한 올바른 행동을 할 수 있도록 이끌어야 한다는 생각을 원칙으로 삼는다. 주희도 자신이 명덕을 밝힌 후에는 백성들도 그들이 지닌 명덕을 밝혀 새로운 사람이 될 수 있도록 가르쳐야 한다고 본다. 백성을 가르쳐 그들을 새롭게 만드는 것이 바로 신민(新民)이다. 주희는 「대학」을 새로 편찬하면서 고본(古本)「대학」의 '친민'을 '신민'으로 고쳤다. '친(親)'보다는 '신(新)'이 백성을 새로운 사람으로 만든다는 취지를 더 잘 표현한다고 보았던 것이다. 반면, 정약용은 친민을 신민으로 고치는 것은 옳지 않다고 본다. 정약용은 '친민'을 백성들이 효, 제, 자의 덕목을 실천하도록 이끄는 것이라 해석한다. 즉 백성들로 하여금 자식이 어버이를 사랑하여 효도하고 어버이가 자식을 사랑하여 자애의 덕행을 실천하도록 이끄는 것이 친민이다. 백성들이 이전과 달리 효, 제, 자를 실천하게 되었다는 점에서 새롭다는 뜻은 아니지만 본래 글자를 고쳐서는 안 된다고 보았다.

주희와 정약용 모두 개인의 인격 완성과 인륜 공동체의 실현을 이상으로 하였다. 하지만 그 이상의 실현 방법에 있어서는 생각이 달랐다. 주희는 개인이 마음을 어떻게 수양하여 도덕적 완성에 이를 것인가에 관심을 둔 반면, 정약용은 당대의 학자들이 마음 수양에 치우쳐 개인고 사회를 위한 구체적인 덕행의 실천에는 한 걸음도 나아가지 못하는 문제를 바로잡고자 하는 데 관심이 있었다.

① '대학'은 백성을 가르치기 위해 공자가 건립한 교육 기관이다.
② 주희는 사람들이 명덕을 교정하지 못하여 잘못된 행위를 한다고 보았다.
③ 주희와 정약용의 경전 해석에서 글자의 훈고에 대해서는 언급되지 않았다.
④ 주희와 정약용 모두 도덕 실천이 공동체 차원으로 확장되어야 한다고 보았다.

10 다음 글의 밑줄 친 ㉠으로 가장 적절한 것은?

> 오늘날 유전 과학자들은 유전자의 발현에 관한 ㉠물음에 관심을 갖고 있다. 맥길 대학의 연구팀은 이 물음에 답하려고 연구를 수행하였다. 어미 쥐가 새끼를 핥아주는 성향에는 편차가 있다. 어떤 어미는 다른 어미보다 더 많이 핥아주었다. 많이 핥아주는 어미가 돌본 새끼들은 인색하게 핥아주는 어미가 돌본 새끼들보다 외부 스트레스에 무디게 반응했다. 게다가 많이 안 핥아주는 친어미에게서 새끼를 떼어내어 많이 핥아주는 양어미에게 두어 핥게 하면, 새끼의 스트레스 반응 정도는 양어미의 새끼 수준과 비슷해졌다.
>
> 연구팀은 어미가 누구든 많이 핥인 새끼는 그렇지 않은 새끼보다 뇌의 특정 부분, 특히 해마에서 글루코코르티코이드 수용체(Glucocorticoid Receptor, 이하 GR)들, 곧 GR들이 더 많이 생겨났다는 것을 발견했다. 이렇게 생긴 GR의 수는 성체가 되어도 크게 바뀌지 않았다. GR의 수는 GR 유전자의 발현에 달려있다. 이 쥐들의 GR 유전자는 차이는 없지만 그 발현 정도에는 차이가 있을 수 있다. 이 발현을 촉진하는 인자 중 하나가 NGF 단백질인데, 많이 핥아진 새끼는 그렇지 못한 새끼에 비해 NGF 수치가 더 높다.
>
> 스트레스 반응 정도는 코르티솔 민감성에 따라 결정되는데 GR이 많으면 코르티솔 민감성이 낮아지게 하는 되먹임 회로가 강화된다. 이 때문에 똑같은 스트레스를 받아도 많이 핥아진 새끼는 그렇지 않은 새끼보다 더 무디게 반응한다.

① 코르티솔 유전자는 어떻게 발현되는가?

② 유전자는 어떻게 발현하여 단백질을 만드는가?

③ 핥아주는 성향의 유전자는 어떻게 발현되는가?

④ 후천 요소가 유전자의 발현에 영향을 미칠 수 있는가?

11 ○○연구소에 근무하는 K는 '과학과 사회'를 주제로 열린 포럼에 참석하고 돌아와 보고서를 쓰려고 한다. K가 보고서 작성을 위해 포럼에서 논의된 대화를 분석하려고 할 때, 옳지 않은 것은?

> 甲 : 과학자는 사실의 기술에 충실해야지, 과학이 초래하는 사회적 영향과 같은 윤리적 문제에 대해서는 고민할 필요가 없습니다. 윤리적 문제는 윤리학자, 정치인, 시민의 몫입니다.
>
> 乙 : 과학과 사회 사이의 관계에 대해 생각할 때 우리는 다음 두 가지를 고려해야 합니다. 첫째, 우리가 사는 사회는 전문가 사회라는 점입니다. 과학과 관련된 윤리적 문제를 전문적으로 연구하는 윤리학자들이 있습니다. 과학이 초래하는 사회적 문제는 이들에게 맡겨두어야지 전문가도 아닌 과학자가 개입할 필요가 없습니다. 둘째, 과학이 불러올 미래의 윤리적 문제는 과학이론의 미래와 마찬가지로 확실하게 예측하기 어렵다는 점입니다. 이런 상황에서 과학자가 윤리적 문제에 집중하다 보면 신약 개발처럼 과학이 가져다 줄 수 있는 엄청난 혜택을 놓치게 될 위험이 있습니다.
>
> 丙 : 과학윤리에 대해 과학자가 전문성이 없는 것은 사실입니다. 하지만 중요한 것은 과학자들과 윤리학자들이 자주 접촉을 하고 상호이해를 높이면서, 과학의 사회적 영향에 대해 과학자, 윤리학자, 시민이 함께 고민하고 해결책을 모색해 보는 것입니다. 또한 미래에 어떤 새로운 과학이론이 등장할지 그리고 그 이론이 어떤 사회적 영향을 가져올지 미리 알기는 어렵다는 점도 중요합니다. 게다가 연구가 일단 진행된 다음에는 그 방향을 돌리기도 힘듭니다. 그렇기에 연구 초기단계에서 가능한 미래의 위험이나 부작용에 대해 자세히 고찰해 보아야 합니다.
>
> 丁 : 과학의 사회적 영향에 대한 논의 과정에 과학자들의 참여가 필요합니다. 현재의 과학연구가 계속 진행되었을 때, 그것이 인간사회나 생태계에 미칠 영향을 예측하는 것은 결코 만만한 작업이 아닙니다. 그래서 인문학, 사회과학, 자연과학 등 다양한 분야의 전문가들이 함께 소통해야 합니다. 그렇기에 과학자들이 과학과 관련된 윤리적 문제를 도외시해서는 안 된다고 봅니다.

① 甲과 乙는 과학자가 윤리적 문제에 개입하는 것에 부정적이다.
② 乙과 丙는 과학윤리가 과학자의 전문 분야가 아니라고 본다.
③ 乙과 丙는 과학이론이 앞으로 어떻게 전개될지 정확히 예측하기 어렵다고 본다.
④ 乙과 丁는 과학자의 전문성이 과학이 초래하는 사회적 문제 해결에 긍정적 기여를 할 것이라고 본다.

12 K공단의 상수도관리팀 팀장으로 근무하는 A는 새로 도입한 지표생물 관련 자료를 가지고 회의를 하였다. 다음 자료를 바탕으로 지표생물에 대해 제대로 이해하고 있는 팀원을 고르면?

식수오염의 방지를 위해서 빠른 시간 내 식수의 분변오염 여부를 밝히고 오염의 정도를 확인하기 위한 목적으로 지표생물의 개념을 도입하였다. 병원성 세균, 바이러스, 원생동물, 기생체 소낭 등과 같은 병원체를 직접 검출하는 것은 비싸고 시간이 많이 걸릴 뿐 아니라 숙달된 기술을 요구하지만, 지표생물을 이용하면 이러한 문제를 많이 해결할 수 있다.

식수가 분변으로 오염되어 있다면 분변에 있는 병원체 수와 비례하여 존재하는 비병원성 세균을 지표생물로 이용한다. 이에 대표적인 것은 대장균이다. 대장균은 그 기원이 전부 동물의 배설물에 의한 것이므로, 시료에서 대장균의 균체 수가 일정 기준보다 많이 검출되면 그 시료에는 인체에 유해할 만큼의 병원체도 존재한다고 추정할 수 있다. 그러나 온혈동물에서 배설되는 비슷한 종류의 다른 세균들을 배제하고 대장균만을 측정하기는 어렵다. 그렇기 때문에 대장균이 속해 있는 비슷한 세균군을 모두 검사하여 분변오염 여부를 판단하고, 이 세균군을 총대장균군이라고 한다.

총대장균군에 포함된 세균이 모두 온혈동물의 분변에서 기원한 것은 아니지만, 온혈동물의 배설물을 통해서도 많은 수가 방출되고 그 수는 병원체의 수에 비례한다. 염소 소독과 같은 수질 정화과정에서도 병원체와 유사한 저항성을 가지므로 식수, 오락 및 휴양 용수의 수질 결정에 좋은 지표이다. 지표생물로 사용하는 또 다른 것은 분변성 연쇄상구균군이다. 이는 대장균을 포함하지는 않지만, 사람과 온혈동물의 장에 흔히 서식하므로 물의 분변오염 여부를 판정하는 데 이용된다. 이들은 잔류성이 높고 장 밖에서는 증식하지 않기 때문에 시료에서도 그 수가 일정하게 유지되어 좋은 상수소독 처리지표로 활용된다.

① 재인 : 온혈동물의 분변에서 기원되는 균은 모두 지표생물이 될 수 있다.
② 준표 : 수질 정화과정에서 총대장균군은 병원체보다 높은 생존율을 보인다.
③ 철수 : 채취된 시료 속의 총대장균군의 세균 수와 병원체 수는 비례하여 존재한다.
④ 승민 : 지표생물을 검출하는 것은 병원체를 직접 검출하는 것보다 숙달된 기술을 필요로 한다.

13 다음 글이 어느 전체 글의 서론에 해당하는 내용일 때, 본론에서 다루어질 내용이라고 판단하기에 적절하지 않은 것은 어느 것인가?

지난 2017년 1월 20일 제 45대 미국 대통령으로 취임한 도널드 트럼프는 미국 내 석유·천연가스 생산을 증진하고 수출을 늘려 미국의 고용과 성장을 추구하며 이를 위해 각종 규제들을 완화하거나 폐지해야 한다는 주장을 해왔다. 이어 트럼프 행정부는 취임직후부터 에너지 부문 규제를 전면 재검토하고 중단되었던 에너지 인프라 프로젝트를 추진하는 등 관련 조치들을 단행하였다. 화석에너지 자원을 중시하는 트럼프 행정부의 에너지 정책은 과거 오바마 행정부가 온실가스 감축과 신재생에너지 확산을 중시하면서 화석연료 소비는 절약 및 효율개선을 통해 줄이려했던 것과는 반대되는 모습이다.

셰일혁명에 힘입어 세계 에너지 시장과 산업에서 미국의 영향력은 점점 커지고 있어 미국의 정책 변화는 미국의 에너지 산업이나 에너지수급 뿐만 아니라 세계 에너지 시장과 산업에 상당한 영향을 미칠 수 있다. 물론 미국의 행정부 교체에 따른 에너지정책 변화가 미국과 세계의 에너지 부문에 급격히 많은 변화를 야기할 것이라는 전망은 다소 과장된 것일 수 있다. 미국의 에너지정책은 상당부분 주정부의 역할이 오히려 더 중요한 역할을 하고 있기도 하고 미국의 에너지시장은 정책요인보다는 시장논리에 따라서 움직이는 요소가 크다는 점에서 연방정부의 정책 변화의 영향은 제한적일 것이라는 분석도 일리가 있다. 또한 기후변화 대응을 위한 온실가스 감축노력과 저탄소 에너지 사용 확대 노력은 이미 세계적으로 대세를 형성하고 있어 이러한 흐름을 미국이 역행하는 것은 한계가 있다는 견해도 많다.

어쨌든 트럼프 행정부가 이미 출범했고 화석연료 중심의 에너지정책과 규제 완화 등 공약사항들을 상당히 빠르게 추진하고 이어 이에 따른 미국 및 세계 에너지 수급과 에너지시장에서의 영향을 조기에 전망하고 우리나라의 에너지수급과 관련된 사안이 있다면 이에 대한 적절한 대응을 위한 시사점을 찾아낼 필요가 있으며 트럼프 행정부 초기에 이러한 작업을 하는 것은 매우 시의적절하다 하겠다.

① 트럼프 행정부의 에너지 정책 추진 동향에 대한 분석
② 세계 에너지부문에서의 영향을 파악하여 우리나라의 대응 방안 모색
③ 미국의 화석에너지 생산 및 소비 현황과 국제적 비중 파악
④ 중국, EU 등 국제사회와의 무역 갈등에 대한 원인과 영향 분석

┃14~15┃ 다음 내용을 읽고 물음에 답하시오.

> 공급업체 : 과장님, 이번 달 인쇄용지 주문량이 급격히 ㉠감소하여 이렇게 방문하였습니다. 혹시 저희 물품에 어떠한 문제가 있는 건가요?
>
> 총무과장 : 지난 10년간 ㉡납품해 주고 계신 것에 저희는 정말 만족하고 있습니다. 하지만 요즘 경기가 안 좋아서 비용절감차원에서 주문량을 줄이게 되었습니다.
>
> 공급업체 : 아, 그렇군요. 얼마 전 다른 업체에서도 ㉢견적 받으신 것을 우연히 알게 되어서요, 괜찮으시다면 어떠한 점 때문에 견적을 받아보신지 알 수 있을까요? 저희도 참고하려 하니 말씀해주시면 감사하겠습니다.
>
> 총무과장 : 아, 그러셨군요. 사실 내부 회의 결과, 인쇄용지의 지출이 너무 높다는 지적이 나왔습니다. 품질은 우수하지만 가격적인 면 때문에 그러한 ㉣결정을 하게 되었습니다.

14 다음 대화 중 밑줄 친 단어가 한자로 바르게 표기된 것을 고르면?

① ㉠ – 減小(감소)

② ㉡ – 納稟(납품)

③ ㉢ – 見積(견적)

④ ㉣ – 結晶(결정)

15 다음 중 거래처 관리를 위한 총무과장의 업무방식으로 가장 바람직한 것은?

① 같은 시장에 신규 유입 기업은 많으므로 가격 및 서비스 비교를 통해 적절한 업체로 자주 변경하는 것이 바람직하다.

② 사내 임원이나 지인의 추천으로 거래처를 소개받았을 경우에는 기존의 거래처에서 변경하는 것이 바람직하다.

③ 믿음과 신뢰를 바탕으로 한번 선정된 업체는 변경하지 않고 동일조건 하에 계속 거래를 유지하는 것이 바람직하다.

④ 오랫동안 거래했던 업체라 하더라도 가끔 상호관계와 서비스에 대해 교차점검을 하는 것이 바람직하다.

16 다음 안내사항을 바르게 이해한 것은?

2015년 5월 1일부터 변경되는 "건강보험 임신·출산 진료비 지원제도"를 다음과 같이 알려드립니다. 건강보험 임신·출산 진료비 지원제도란 임신 및 출산에 관련한 진료비를 지불할 수 있는 이용권 (국민행복카드)을 제공하여 출산 친화적 환경을 조성하기 위해 건강보험공단에서 지원하는 제도입니다.

• 지원금액 : 임신 1회당 50만원(다태아 임신부 70만원)

• 지원방법 : 지정요양기관에서 이용권 제시 후 결제

• 지원기간 : 이용권 수령일 ~ 분만예정일+60일

가. 시행일 : 2015.5.1.

나. 주요내용

　(1) '15.5.1. 신청자부터 건강보험 임신·출산 진료비가 국민행복카드로 지원

　(2) 건강보험 임신·출산 진료비 지원 신청 장소 변경

　(3) 지원금 승인코드 일원화(의료기관, 한방기관 : 38코드)

　(4) 관련 서식 변경

　　– 변경서식 : 건강보험 임신·출산 진료비 지원 신청 및 확인서(별지 2호 서식)

　　– 변경내용 : 카드구분 폐지

① 건강보험 임신·출산 진료비 지원제도는 연금공단에서 지원하는 제도이다.

② 임신지원금은 모두 동일하게 일괄 50만원이 지급된다.

③ 지원금 승인코드는 의·한방기관 모두 '38'코드로 일원화된다.

④ 지원기간은 이용권 수령일로부터 분만예정일까지이며 신청자에 한해서 기간이 연장된다.

17 다음 글에서 높임 표현이 잘못된 부분을 바르게 고른 것은?

> 어머니 : 성우야, 엄마 좀 도와줄래? (손에 든 짐을 보여 주며) 할머니 <u>댁</u>에 가져갈 건데 너무 무겁구나.
>
> 성우 : <u>잠시만요</u>. (한 손에 짐을 들고, 다른 팔로 어머니의 팔짱을 끼면서) 사모님, 같이 <u>가실까요?</u>
>
> 어머니 : (웃으며) 얘도 참. 어서 가자. 할머니께서 기다리실 거야.
>
> 성우 : 할머니 댁까지 <u>모시게</u> 되어 영광입니다.

① 밑줄 친 '댁'은 할머니와 관련된 대상을 높여 할머니를 높인 표현이다.
② 밑줄 친 '잠시만요'에서는 보조사 '요'를 붙여 대화 상대방을 높인 표현이다.
③ 밑줄 친 '가실까요?'은 주체 높임 선어말 어미 '-시-'를 사용하여 '어머니'를 높인 표현이다.
④ 밑줄 친 '모시게'는 '모시다'라는 특수 어휘를 사용하여 '할머니'를 높인 표현이다.

18 다음은 제시된 사례를 읽고 가장 큰 문제점을 바르게 설명한 것은?

> 이 팀장은 깐깐하고 꼼꼼한 업무 스타일과 결제성향으로 인하여 부하 직원들이 업무적으로 스트레스를 많이 받는 타입이다. 그러나 엄하고 꼼꼼한 상사 밑에서 일 잘하는 직원이 양산되듯, 김 팀장에게서 힘들게 일을 배운 직원들은 업무적으로 안정적인 궤도에 빨리 오른다. 꼼꼼하고 세심한 업무처리 때문에 신뢰를 가지고 있으나 지나치게 깐깐한 결제성향으로 인하여 밑에 있는 부하직원들은 스트레스가 날로 쌓여가고 있다. 하지만 이 팀장과는 의견교환이 되지 않고, 불만이 팀 외부로 새어 나가는 일도 많았으며, 그로 인해 '이 팀장 때문에 일 못하겠다.'며 사표를 던진 직원도 많았다. 회사의 입장에서 보면 유독 이 팀장 밑에 근무하면서 사표를 내는 직원들이 많아지니 이 팀장의 리더십과 의사소통능력에 대해 의문을 가지기 시작하였다. 그러던 중 올해 이 팀장 밑에서 근무하던 직원들 중 3명이 무더기로 사표를 던지고 해당 팀이 휘청거리게 되자 팀장이 교체되고 또한 직원들도 교체되어 팀이 공중분해가 되고 말았다.

① 리더의 카리스마 리더십 부재
② 부하직원들의 애사심 부재
③ 리더와 부하 간의 의사소통 부재
④ 팀원들의 업무능력의 부족

19 가전제품 회사 홍보팀에 근무하는 H는 상사로부터 다음 주에 시작하는 프로모션 관련 자료를 전달받았다. 다음의 자료를 보고 H가 이해한 내용으로 틀린 것은?

제목 : △△전자 12월 프로모션 안내

당 부서에서는 아래와 같이 12월 프로모션을 기획하였으니 업무에 참고하시기 바랍니다.

－아래－

1. 기간 : 2015년 12월 1일~12월 31일
2. 대상 : 전 구매 고객(구매예약 포함)
3. 내용 : 구매 제품별 혜택 상이

종류	혜택	비고
S-53	최대 10만 원 가격 인하	내년 시행되는 개별소비세 인하
Q-12	최대 20만 원 가격 인하	선(先)적용해 가격 혜택 제공
A-8 (신제품)	50만 원 상당 백화점 상품권 또는 5년 소모품 무상 교체 서비스	2015년 12월 1일 출시
B-01	친환경 프리미엄 농산물 제공	◇◇농협과 업무 협업
P-0	12개월 무이자 할부 혜택	선수금 30% 납부 시

4. 기타 : 전국 매장 방문 상담 시 구매여부와 관계없이 내년도 탁상 캘린더 증정(5,000부 선착순)

별첨1. 제품별 판매 가격표 1부
별첨2. 금년도 월별 프로모션 진행사항 1부
별첨3. 신제품(A-8) 공식 이미지 파일 1부

－끝－

① 이번 행사는 프로모션 기간 내 구매 예약자를 포함한 전 구매 고객을 대상으로 마련되었구나.
② A-8 구매 고객에게는 50만 원 상당의 백화점 상품권 내지는 5년 소모품 무상 교체 이용권을 증정하네.
③ 전국 매장에서는 방문 고객을 대상으로 선착순 5,000부에 한해 탁상 캘린더를 증정하는 이벤트도 진행하는구나.
④ P-0의 구매 고객이 혜택을 명확하게 인지할 수 있게 잔금에 대한 12개월 무이자 할부를 제공해 준다는 것을 강조해야 할 것 같아.

20 다음 공고를 보고 잘못 이해한 것을 고르면?

신입사원 정규채용 공고

분야	인원	응시자격	연령	비고
콘텐츠 기획	5	• 해당분야 유경험자(3년 이상) • 외국어 사이트 운영 경력자 우대 • 외국어(영어/일어) 전공자	제한없음	정규직
제휴마케팅	3	• 해당분야 유경험자(5년 이상) • 웹 프로모션 경력자 우대 • 콘텐츠산업(온라인) 지식 보유자	제한없음	정규직
웹디자인	2	• 응시제한 없음 • 웹디자인 유경험자 우대	제한없음	정규직

입사지원서 및 기타 구비서류

(1) 접수방법
• 인터넷(www.seowon.co.kr)을 통해서만 접수(우편 이용 또는 방문접수 불가)
• 채용분야별 복수지원 불가
(2) 입사지원서 접수 시 유의사항
• 입사지원서는 인터넷 접수만 가능함
• 접수 마감일에는 지원자 폭주 및 서버의 네트워크 사정에 따라 접속이 불안정해 질 수 있으니
  가급적 마감일 1~2일 전까지 입사지원서 작성바람
• 입사지원서를 작성하여 접수하고 수험번호가 부여된 후 재입력이나 수정은 채용 공고 종료일
  18:00까지만 가능하오니, 기재내용 입력에 신중을 기하여 정확하게 입력하기 바람
(3) 구비서류 접수
• 접수방법 : 최종면접 전형 당일 시험장에서만 접수하며, 미제출자는 불합격 처리
  −최종학력졸업증명서 1부
  −자격증 사본 1부(해당자에 한함)

기타 사항
• 상기 모집분야에 대해 최종 전형결과 적격자가 없는 것으로 판단될 경우, 선발하지 아니 할 수 있
  으며, 추후 입사지원서의 기재사항이나 제출서류가 허위로 판명될 경우 합격 또는 임용을 취소함
• 최종합격자라도 신체검사에서 불합격 판정을 받거나 공사 인사규정상 채용 결격사유가 발견될
  경우 임용을 취소함
• 3개월 인턴 후 평가(70점 이상)에 따라 정식 고용 여부를 결정함

문의 및 접수처
• 기타 문의사항은 (주)서원 홈페이지(www.seowon.co.kr) 참고

① 우편 및 방문접수는 불가하며 입사지원은 인터넷 접수만 가능하다.

② 지원서 수정은 마감일 이후 불가능하다.

③ 최종합격자라도 신체검사에서 불합격 판정을 받으면 임용이 취소된다.

④ 3개월 인턴과정을 거치고 나면 별도의 제약 없이 정식 고용된다.

21 다음은 스티븐씨의 한국방문일정이다. 정확하지 않은 것은?

Tues. march. 24, 2016

10:30 Arrive Seoul (KE 086)

12:00 ～ 14:00 Luncheon with Directors at Seoul Branch

14:30 ～ 16:00 Meeting with Suppliers

16:30 ～ 18:00 Tour of Insa-dong

19:00 Depart for Dinner

Wed. march. 25, 2016

8:30 Depart for New York (OZ 222)

11:00 Arrive New York

① 총 2대의 비행기를 이용할 것이다.

② 오후에 인사동을 관광할 것이다.

③ 서울에 도착 후 이사와 오찬을 먹을 것이다.

④ 이틀 동안 서울에 머무를 예정이다.

22 다음은 A 출판사 B 대리의 업무보고서이다. 이 업무보고서를 통해 알 수 있는 내용이 아닌 것은?

업무 내용	비고
09:10~10:00 [실내 인테리어] 관련 신간 도서 저자 미팅	※ 외주 업무 진행 보고
10:00~12:30 시장 조사(시내 주요 서점 방문)	1. [보세사] 원고 도착
12:30~13:30 점심식사	2. [월간 무비스타] 영화평론 의뢰
13:30~17:00 시장 조사 결과 분석 및 보고서 작성	
17:00~18:00 영업부 회의 참석	※ 중단 업무
※ 연장근무 1. 문화의 날 사내 행사 기획 회의	1. [한국어교육능력] 기출문제 분석 2. [관광통역안내사] 최종 교정

① B 대리는 A 출판사 영업부 소속이다.

② [월간 무비스타]에 실리는 영화평론은 A 출판사 직원이 쓴 글이 아니다.

③ B 대리는 시내 주요 서점을 방문하고 보고서를 작성하였다.

④ A 출판사에서는 문화의 날에 사내 행사를 진행할 예정이다.

23 다음은 사내홍보물에 사용하기 위한 인터뷰 내용이다. ㉠~㉢에 대한 설명으로 적절하지 않은 것을 고르면?

지성준 : 안녕하세요. 저번에 인사드렸던 홍보팀 대리 지성준입니다. 바쁘신 데도 이렇게 인터뷰에 응해주셔서 감사합니다. ㉠이번 호 사내 홍보물 기사에 참고하려고 하는데 혹시 녹음을 해도 괜찮을까요?

김혜진 : 네, 그렇게 하세요.

지성준 : 그럼 ㉡우선 사랑의 도시락 배달이란 무엇이고 어떤 목적을 갖고 있는지 간단히 말씀해주시겠어요?

김혜진 : 사랑의 도시락 배달은 끼니를 챙겨 드시기 어려운 독거노인분들을 찾아가 사랑의 도시락을 전달하는 일이에요. 이 활동은 공단 이미지를 홍보하는데 기여할 뿐만 아니라 개인적으로는 마음 따뜻해지는 보람을 느끼게 된답니다.

지성준 : 그렇군요, ㉢한번 봉사를 할 때에는 하루에 몇 십 가구를 방문하신다고 들었는데요, 어떻게 그렇게 많은 가구들을 다 방문할 수가 있나요?

김혜진 : 아, 비결이 있다면 역할을 분담한다는 거예요.

지성준 : 어떻게 역할을 나누나요?

김혜진 : 도시락을 포장하는 일, 배달하는 일, 말동무 해드리는 일 등을 팀별로 분산해서 맡으니 효율적으로 운영할 수 있어요.

지성준 : ㉣(고개를 끄덕이며) 그런 방법이 있었군요. 마지막으로 이런 봉사활동에 관심 있는 사원들에게 한 마디 해주세요.

김혜진 : 주중 내내 일을 하고 주말에 또 봉사활동을 가려고 하면 몸은 굉장히 피곤합니다. 하지만 거기에서 오는 보람은 잠깐의 휴식과 비교할 수 없으니 꼭 한번 참석해보시라고 말씀드리고 싶네요.

지성준 : 네, 그렇군요. 오늘 귀중한 시간을 내어 주셔서 감사합니다.

① ㉠ : 기록을 위한 보조기구를 사용하기 위해서 사전에 허락을 구하고 있다.
② ㉡ : 면담의 목적을 분명히 밝히면서 동의를 구하고 있다.
③ ㉢ : 미리 알고 있던 정보를 바탕으로 질문을 하고 있다.
④ ㉣ : 적절한 비언어적 표현을 사용하며 상대방의 말에 반응하고 있다.

∥24～25∥ 다음은 회의의 일부이다. 물음에 답하시오.

> 본부장 : 요즘 영업팀 때문에 불편을 호소하는 팀이 많습니다. 오늘 회의는 소음문제에 관한 팀 간의 갈등 해결 방안에 대해서 논의해보려고 하는데요, 먼저 디자인팀에서 말씀해주시죠.
>
> 박팀장 : 창의적인 디자인을 만들기 위해서는 고도의 집중력이 필요합니다. 그런데 영업팀의 시끄러운 전화소리 때문에 집중도가 떨어집니다. 이러다가 마감 내에 시안을 완성 할 수 있을까 걱정이 되네요.
>
> 서팀장 : 저희 편집팀도 마찬가지입니다. 저희도 원고 마감에 쫓기고 있는데 다들 시끄러운 분위기 때문에 집중할 수 없다는 게 주 의견입니다.
>
> 정팀장 : 먼저, 저희 팀의 소음으로 불편을 드려서 죄송합니다. 하지만 저희의 입장도 고려해주셨으면 합니다. 저희가 하는 일이 영업이기 때문에 아무래도 거래처와의 전화업무가 주를 이룹니다. 또한 그 와중에 업무적인 얘기만 하고 전화를 끊을 수 없으니 본의 아니게 사적인 통화도 하게 되고요. 이러한 점을 조금이나마 이해를 해주셨으면 합니다.
>
> 본부장 : 세 팀의 고충을 들어봤는데 혹시 해결방안을 생각해 놓으신 것 있나요?
>
> 서팀장 : 팀별 자리 이동을 하는 게 어떨까요? 아무래도 영업팀이 디자인팀과 편집팀 사이에 있으니 한 쪽으로 옮겨진다면 좀 더 소음이 줄어들 것 같아요.
>
> 박팀장 : 아니면, 전화하실 때만이라도 잠시 회의실로 이동하시는 건 어떨까 싶네요.
>
> 정팀장 : 두 팀의 의견을 들어봤는데요, 통화 시 회의실로 이동하는 건은 회의실이 차 있을 수도 있고 또 자리를 빈번히 비우는 것은 보기에 안 좋으니 팀 자리를 이동하는 게 더 좋을 것 같네요.
>
> 본부장 : 그럼 일단 옮기는 것으로 결론을 내리고 자리를 어떻게 배치할 지는 다음 회의 때 논의하도록 하죠. 그럼 회의를 마치겠습니다.

24 위의 회의에서 '본부장'이 수행한 역할로 옳지 않은 것은?

① 회의를 하게 된 배경과 의제에 대해 설명하고 있다.

② 회의 참여자들의 발언 순서를 안내하고 있다.

③ 각 팀의 의견에 보충설명을 해주고 있다.

④ 다음에 회의할 안건에 대해 미리 제시하고 있다.

25 위의 회의에 대한 분석으로 적절하지 않은 것은?

문제확인	• 디자인팀장은 디자인 업무의 특성을 고려하며 문제제기를 했다. …㉠ • 영업팀장은 영업팀의 업무적 성격을 고려해서 문제제기를 했다.
해결방안 모색	• 편집팀장은 팀별 자리배치 이동을 해결방안으로 제시하였다. …㉡ • 디자인팀장은 회의실 통화를 해결방안으로 제시하였다. …㉢ • 영업팀장은 현실적인 이유를 들어 편집팀장의 제안을 거절하였다. …㉣

① ㉠

② ㉡

③ ㉢

④ ㉣

26 다음 말하기의 문제점을 해결하기 위한 의사소통 전략으로 적절한 것은?

> • (부장님이 팀장님께) "어이, 김팀장 이번에 성과 오르면 내가 술 사줄게."
> • (팀장님이 거래처 과장에게) "그럼 그렇게 일정을 맞혀보도록 하죠."
> • (뉴스에서 아나운서가) "이번 부동산 정책은 이전과 비교해서 많이 틀려졌습니다."

① 청자의 배경지식을 고려해서 표현을 달리한다.

② 문화적 차이에서 비롯되는 갈등에 효과적으로 대처한다.

③ 상대방의 공감을 이끌어 낼 수 있는 전략을 효과적으로 활용한다.

④ 상황이나 어법에 맞는 적절한 언어표현을 사용한다.

▮27~28▮ 다음 대화를 읽고 물음에 답하시오.

상담원 : 네, (주)애플망고 소비자센터입니다.

고객 : 제가 최근에 인터넷으로 핸드폰을 구입했는데요, 제품에 문제가 있는 것 같아서요.

상담원 : 아, 어떤 문제가 있으신지 여쭈어 봐도 될까요?

고객 : 제가 물건을 받고 핸드폰을 사용했는데 통화음질도 안 좋을 뿐더러 통화 연결이 잘 안 되더 라고요. 그래서 통신 문제인 줄 알고 통신사 고객센터에 연락해보니 테스트해보더니 통신의 문제는 아니라고 해서요, 제가 보기엔 핸드폰 기종 자체가 통화 음질이 떨어지는 거 같거든 요? 그래서 구매한지 5일 정도 지났지만 반품하고 싶은데 가능할까요?

상담원 : 네, 고객님. 「전자상거래 등 소비자보호에 관한 법」에 의거해서 물건 수령 후 7일 이내에 청약철회가 가능합니다. 저희 쪽에 물건을 보내주시면 곧바로 환불처리 해 드리겠습니다.

고객 : 아, 감사합니다.

상담원 : 행복한 하루 되세요. 상담원 ○○○였습니다.

---

27 위 대화의 의사소통 유형으로 적절한 것은?

① 대화하는 사람들의 친교와 관계유지를 위한 의사소통이다.

② 화자가 청자의 긍정적 반응을 유도하는 의사소통이다.

③ 일대일 형식의 공식적 의사소통이다.

④ 정보전달적 성격의 비공식적 의사소통이다.

28 위 대화에서 상담원의 말하기 방식으로 적절한 것은?

① 상대방이 알고자 하는 정보를 정확히 제공한다.

② 타협을 통해 문제 해결방안을 찾고자 한다.

③ 주로 비언어적 표현을 활용하여 설명하고 있다.

④ 상대방을 배려하기보다 자신의 의견을 전달하는데 중점을 두고 있다.

29 〈보기 1〉을 보고 '전력 수급 위기 극복'을 주제로 보고서를 쓰기 위해 〈보기 2〉와 같이 개요를 작성 하였다. 개요를 수정한 내용으로 적절하지 않은 것은?

〈보기 1〉

대한민국은 전기 부족 국가로 블랙아웃(Black Out)이 상존한다. 2000년대 들어 두 차례 에너지 세제 개편을 실시한 후 난방유 가격이 오르면서 저렴한 전기로 난방을 하는 가구가 늘어 2010년 대 들어서는 겨울철 전기 수요가 여름철을 넘어섰으며 실제 2011년 9월 한국전력은 전기 부족으로 서울 일부 지역을 포함한 지방 중소도시에 순환 정전을 실시했다.

〈보기 2〉

Ⅰ. 블랙아웃 사태 ·· ㉠
Ⅱ. 전력 수급 위기의 원인
  1. 공급측면
   가. 전력의 비효율적 관리
   나. 한국전력의 혁신도시 이전 ······················· ㉡
  2. 수요측면
   가. 블랙아웃의 위험성 인식부족
   나. 전력의 효율적 관리구축 ························· ㉢
Ⅲ. 전력 수급 위기의 극복방안
  1. 공급측면
   가. 전력 과소비문화 확대
   나. 발전 시설의 정비 및 확충
  2. 수요측면
   가. 에너지 사용량 강제 감축 할당량 부과
   나. 송전선로 지중화 사업에 대해 홍보 활동 강화 ·············· ㉣
Ⅳ. 전력 수급 안정화를 위한 각계각층의 노력 촉구

① ㉠은 〈보기 1〉을 근거로 '블랙아웃의 급증'으로 구체화한다.
② ㉡은 주제와 관련 없는 내용이므로 삭제한다.
③ ㉢은 상위 항목과의 관계를 고려하여 'Ⅲ-1-가'와 위치를 바꾼다.
④ ㉣은 글의 일관성을 고려하여 '혁신도시 이전에 따른 홍보 강화'로 내용을 수정한다.

▌30~31▐ 다음 글을 읽고 물음에 답하시오.

(가) 안녕하세요? 사내 홈페이지 운영의 총책임을 담당하고 있는 전산팀 김수현 팀장입니다. 다름이 아니라 사내 홈페이지의 익명게시판 사용 실태에 대한 말씀을 드리기 위해 이렇게 공지를 올리게 되었습니다.

요즘 ⊙익명게시판의 일부 분들의 행동으로 얼굴이 찌푸리는 일들이 많아지고 있습니다. 타부서 비판 및 인신공격은 물론이고 차마 입에 담기 어려운 욕설까지 하고 있습니다. 사내의 활발한 의견 교류 및 정보교환을 위해 만들어진 익명게시판이지만 이렇게 물의를 일으키는 공간이 된다면 더 이상 게시판의 순 목적을 달성할 수 없을 것이라 생각합니다. 그렇기 때문에 전산팀은 ⊙내일부터 익명게시판을 폐쇄하겠습니다. 애석한 일입니다만, 회사 내에서 서로 생채기를 내는 일이 더 이상 없어야 하기에 이와 같이 결정했습니다.

(나) 팀장님, 게시판을 폐쇄하시겠다는 공문은 잘 보았습니다. 물론 익명게시판의 활성화로 많은 문제가 양상된 것은 사실이지만 그 결정은 너무 성급한 것 같습니다. 한 번이라도 주의나 경고의 글을 올려 주실 수는 없었나요? 그랬으면 지금보다는 상황이 나아질 수도 있었을 텐데요.

팀장님! 이번 결정이 누구의 뜻에 의한 것인가요? 게시판의 관리는 전산팀에서 맡지만, 그 공간은 우리 회사 사원 모두의 공간이 아닌가요? 저는 홈페이지 폐쇄라는 문제가 전산팀 내에서 쉽게 정할 일이 아니라고 봅니다. 그 공간은 사내의 중요한 정보를 나누는 곳이고 친교를 행사하는 곳입니다. 즉 게시판의 주체는 '우리'라는 것입니다. 그렇기 때문에 이렇게 독단적인 결정은 받아드릴 수 없습니다. 다시 한 번 재고해주시길 바라겠습니다.

30 ⊙의 행동과 맥락이 통하는 속담을 고르면?

① 가는 말이 고와야 오는 말이 곱다.　　② 미꾸라지 한 마리가 강물을 흐린다.
③ 콩 심은 데 콩 나고 팥 심은 데 팥 난다.　　④ 바늘도둑이 소도둑 된다.

31 ⊙에 대한 반발의 근거로 (나)가 제시한 논거가 아닌 것은?

① 악플러에게도 한 번의 용서의 기회를 주어야 한다.
② 게시판은 회사 사원 모두의 공간이다.
③ 전산팀의 독단적인 결정은 지양되어야 한다.
④ 주의나 경고 없이 폐쇄라는 결정을 한 것은 성급한 결정이다.

32 다음 업무일지를 바르게 이해하지 못한 것은?

[2016년 5월 4일 업무보고서]

편집팀 팀장 박서준

시간	내용	비고
09:00~10:00	편집팀 회의	– 일주일 후 나올 신간 논의
10:00~12:00	통상업무	
12:00~13:00	점심식사	
13:00~14:30	릴레이 회의	– 편집팀 인원충원에 관해 인사팀 김서현 대리에게 보고 – 디자인팀에 신간 표지디자인 샘플 부탁
14:30~16:00	협력업체 사장과 미팅	– 내일 오전까지 인쇄물 400부 도착
16:00~18:00	서점 방문	– 지난 시즌 발간한 서적 동향 파악

① 5월 11일 신간이 나올 예정이다.

② 편집팀은 현재 인력이 부족한 상황이다.

③ 저번 달에도 신간을 발간했다.

④ 내일 오전 인쇄물 400부가 배송될 예정이다.

■33~34■ 다음 도표를 보고 물음에 답하시오.

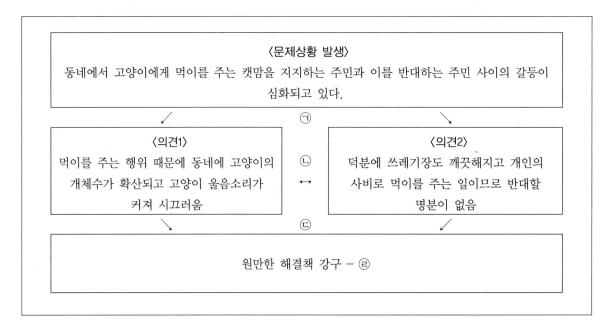

33 위의 표에 대한 설명으로 적절하지 않은 것은?

① ㉠과 같은 과정이 발생하는 것은 문제에 대한 해결방안이 각자의 입장에 따라 다르기 때문이다.
② ㉠이 의견을 확산하는 과정이라면, ㉢은 의견을 수렴하는 과정이다.
③ ㉢의 과정에서 가장 필요한 덕목은 상대방의 의견에 대한 경청과 배려, 양보의 마음이다.
④ ㉠과 ㉡의 과정을 거치지 않고 곧바로 ㉣을 이끌어내는 것이 가장 바람직한 협의의 과정이다.

34 ㉣의 내용을 선정하기 위한 협의의 자세로 적절하지 않은 것은?

① 덕선 : 주민들의 피해도 있지만 동물도 생명이라는 점에서 보호해야겠지.
② 선우 : 우리 진주도 무서워하는 걸? 주민의 희생을 무조건 강요하는 건 옳지 않아.
③ 보라 : 민주주의 사회는 무조건적으로 다수결이 옳으니까 한 명이라도 많은 쪽의 의견으로 결정하는 게 나아.
④ 정환 : 동네 바깥쪽에 먹이 주는 장소를 따로 마련하는 것도 하나의 방법일 것 같아.

35 다음은 어느 회사의 홈페이지에 올라와 있는 기업 소개 글이다. 이에 대한 설명으로 틀린 것은?

○○○은 국내 제일의 온라인 전문 교육기관으로 수험생 여러분께 양질의 교육 콘텐츠를 제공하기 위하여 끊임없는 노력을 기울입니다. 21세기가 요구하는 변화의 물결 속에서 새로운 교육문화를 창조하고 합격의 원동력이 되기 위하여, ○○○은 수험생 여러분의 '만족'을 지고(至高)의 가치로 삼았습니다. 처음에 품은 신념과 열정이 합격의 그 날까지 빛바래지 않도록, ○○○이 수험생 여러분과 함께 하겠습니다. 수험생 여러분의 무한한 가능성을 ○○○에서 열어드리겠습니다.

〈핵심가치〉

'신념'을 가지고 '도전'하는 '사람'은 반드시 그 '꿈'을 이룰 수 있습니다.
○○○에서 수험생 여러분의 꿈을 응원합니다.

신념	신념은 모든 일에 '주추'라고 할 수 있습니다. ○○○의 신념은 수험생 여러분이 만족할 수 있는 양질의 교육 서비스 제공을 위해 최선을 다하는 것입니다. 최고의 강사진과 최첨단 이러닝(e-learning) 시스템, 오랜 노하우가 담긴 차별화된 교재 등은 ○○○의 신념을 뒷받침하는 비기(祕技)입니다.
도전	영국의 정치가 윈스턴 처칠은 "성공은 절대 끝이 아니고, 실패는 절대 치명적이지 않다. 중요한 것은 용기이다."라고 말했습니다. 도전은 성공으로 가는 유일한 길이며, 용기 있는 사람만이 할 수 있는 일입니다. ○○○이 수험생 여러분의 용기 있는 도전을 성공으로 연결해 드립니다.
사람	사람은 모든 일에 기본입니다. 매체를 사이에 두고 이루어지는 온라인 강의의 경우, 자칫 면대면으로 이루어지는 수업에 비해 충분한 의사소통이 이루어지지 않을 우려가 있습니다. ○○○에서는 1:1 서비스와 빠른 피드백(feedback)으로 개개인을 위한 맞춤형 교육을 실현합니다.
꿈	누구든 한 번쯤은 자신의 꿈을 위하여 밤잠을 설치던 순간이 있을 것입니다. ○○○은 수험생 여러분이 꿈을 이루기 위하여 쏟은 시간과 노력을 헛된 일로 만들지 않습니다. 쉽지 않기에 더욱 가치 있는 그 길을 수험생 여러분과 함께 걷겠습니다.

① 이 회사에서는 면대면 교육 서비스를 제공한다.
② 한자, 영어 등을 동시에 표기하여 문맥의 이해를 돕는다.
③ 유명인사의 말을 인용하여 전달하고자 하는 내용을 효과적으로 표현하고 있다.
④ 이 회사는 자체 개발 교재를 사용한다.

CHAPTER

02 수리능력

01 직장생활과 수리능력

(1) 기초직업능력으로서의 수리능력

① 개념 : 직장생활에서 요구되는 사칙연산과 기초적인 통계를 이해하고 도표의 의미를 파악하거나 도표를 이용해서 결과를 효과적으로 제시하는 능력을 말한다.

② 수리능력은 크게 기초연산능력, 기초통계능력, 도표분석능력, 도표작성능력으로 구성된다.

  ㉠ **기초연산능력** : 직장생활에서 필요한 기초적인 사칙연산과 계산방법을 이해하고 활용할 수 있는 능력

  ㉡ **기초통계능력** : 평균, 합계, 빈도 등 직장생활에서 자주 사용되는 기초적인 통계기법을 활용하여 자료의 특성과 경향성을 파악하는 능력

  ㉢ **도표분석능력** : 그래프, 그림 등 도표의 의미를 파악하고 필요한 정보를 해석하는 능력

  ㉣ **도표작성능력** : 도표를 이용하여 결과를 효과적으로 제시하는 능력

(2) 업무수행에서 수리능력이 활용되는 경우

① 업무상 계산을 수행하고 결과를 정리하는 경우

② 업무비용을 측정하는 경우

③ 고객과 소비자의 정보를 조사하고 결과를 종합하는 경우

④ 조직의 예산안을 작성하는 경우

⑤ 업무수행 경비를 제시해야 하는 경우

⑥ 다른 상품과 가격비교를 하는 경우

⑦ 연간 상품 판매실적을 제시하는 경우

⑧ 업무비용을 다른 조직과 비교해야 하는 경우

⑨ 상품판매를 위한 지역조사를 실시해야 하는 경우

⑩ 업무수행과정에서 도표로 주어진 자료를 해석하는 경우

⑪ 도표로 제시된 업무비용을 측정하는 경우

다음 자료를 보고 주어진 상황에 대한 물음에 답하시오.

〈근로소득에 대한 간이 세액표〉

월 급여액(천 원) [비과세 및 학자금 제외]		공제대상 가족 수				
이상	미만	1	2	3	4	5
2,500	2,520	38,960	29,280	16,940	13,570	10,190
2,520	2,540	40,670	29,960	17,360	13,990	10,610
2,540	2,560	42,380	30,640	17,790	14,410	11,040
2,560	2,580	44,090	31,330	18,210	14,840	11,460
2,580	2,600	45,800	32,680	18,640	15,260	11,890
2,600	2,620	47,520	34,390	19,240	15,680	12,310
2,620	2,640	49,230	36,100	19,900	16,110	12,730
2,640	2,660	50,940	37,810	20,560	16,530	13,160
2,660	2,680	52,650	39,530	21,220	16,960	13,580
2,680	2,700	54,360	41,240	21,880	17,380	14,010
2,700	2,720	56,070	42,950	22,540	17,800	14,430
2,720	2,740	57,780	44,660	23,200	18,230	14,850
2,740	2,760	59,500	46,370	23,860	18,650	15,280

※ 갑근세는 제시되어 있는 간이 세액표에 따름
※ 주민세＝갑근세의 10%
※ 국민연금＝급여액의 4.50%
※ 고용보험＝국민연금의 10%
※ 건강보험＝급여액의 2.90%
※ 교육지원금＝분기별 100,000원(매 분기별 첫 달에 지급)

박○○ 사원의 5월 급여내역이 다음과 같고 전월과 동일하게 근무하였으나 특별수당은 없고 차량지원금으로 100,000원을 받게 된다면, 6월에 받게 되는 급여는 얼마인가? (단, 원 단위 절삭)

(주) 서원플랜테크 5월 급여내역			
성명	박○○	지급일	5월 12일
기본급여	2,240,000	갑근세	39,530
직무수당	400,000	주민세	3,950
명절 상여금		고용보험	11,970
특별수당	20,000	국민연금	119,700
차량지원금		건강보험	77,140
교육지원		기타	
급여계	2,660,000	공제합계	252,290
		지급총액	2,407,710

① 2,443,910
② 2,453,910
③ 2,463,910
④ 2,473,910

[출제의도]
업무상 계산을 수행하거나 결과를 정리하고 업무비용을 측정하는 능력을 평가하기 위한 문제로서, 주어진 자료에서 문제를 해결하는 데에 필요한 부분을 빠르고 정확하게 찾아내는 것이 중요하다.
[해설]

기본급여	2,240,000	갑근세	46,370
직무수당	400,000	주민세	4,630
명절상여금		고용보험	12,330
특별수당		국민연금	123,300
차량지원금	100,000	건강보험	79,460
교육지원		기타	
급여계	2,740,000	공제합계	266,090
		지급총액	2,473,910

답 ④

(3) 수리능력의 중요성

① 수학적 사고를 통한 문제해결

② 직업세계의 변화에의 적응

③ 실용적 가치의 구현

(4) 단위환산표

구분	단위환산
길이	1cm = 10mm, 1m = 100cm, 1km = 1,000m
넓이	1cm² = 100mm², 1m² = 10,000cm², 1km² = 1,000,000m²
부피	1cm³ = 1,000mm³, 1m³ = 1,000,000cm³, 1km³ = 1,000,000,000m³
들이	1ml = 1cm³, 1dl = 100cm³, 1L = 1,000cm³ = 10dl
무게	1kg = 1,000g, 1t = 1,000kg = 1,000,000g
시간	1분 = 60초, 1시간 = 60분 = 3,600초
할푼리	1푼 = 0.1할, 1리 = 0.01할, 1모 = 0.001할

예제 2

둘레의 길이가 4.4km인 정사각형 모양의 공원이 있다. 이 공원의 넓이는 몇 a인가?

① 12,100a

② 1,210a

③ 121a

④ 12.1a

[출제의도]

길이, 넓이, 부피, 들이, 무게, 시간, 속도 등 단위에 대한 기본적인 환산 능력을 평가하는 문제로서, 소수점 계산이 필요하며, 자릿수를 읽고 구분할 줄 알아야 한다.

[해설]

공원의 한 변의 길이는

$4.4 \div 4 = 1.1(km)$ 이고

$1km^2 = 10,000a$ 이므로

공원의 넓이는

$1.1km \times 1.1km = 1.21km^2$

$= 12,100a$

답 ①

(1) 기초연산능력

① 사칙연산 : 수에 관한 덧셈, 뺄셈, 곱셈, 나눗셈의 네 종류의 계산법으로 업무를 원활하게 수행하기 위해서는 기본적인 사칙연산뿐만 아니라 다단계의 복잡한 사칙연산까지도 수행할 수 있어야 한다.

② 검산 : 연산의 결과를 확인하는 과정으로 대표적인 검산방법으로 역연산과 구거법이 있다.

　㉠ 역연산 : 덧셈은 뺄셈으로, 뺄셈은 덧셈으로, 곱셈은 나눗셈으로, 나눗셈은 곱셈으로 확인하는 방법이다.

　㉡ 구거법 : 원래의 수와 각 자리 수의 합이 9로 나눈 나머지가 같다는 원리를 이용한 것으로 9를 버리고 남은 수로 계산하는 것이다.

▌ 예제 3 ▌

다음 식을 바르게 계산한 것은?

$$1 + \frac{2}{3} + \frac{1}{2} - \frac{3}{4}$$

① $\frac{13}{12}$　　　　　　　② $\frac{15}{12}$

③ $\frac{17}{12}$　　　　　　　④ $\frac{19}{12}$

[출제의도]
직장생활에서 필요한 기초적인 사칙연산과 계산방법을 이해하고 활용할 수 있는 능력을 평가하는 문제로서, 분수의 계산과 통분에 대한 기본적인 이해가 필요하다.
[해설]
$$\frac{12}{12} + \frac{8}{12} + \frac{6}{12} - \frac{9}{12} = \frac{17}{12}$$

답 ③

---

(2) 기초통계능력

① 업무수행과 통계

　㉠ 통계의 의미 : 통계란 집단현상에 대한 구체적인 양적 기술을 반영하는 숫자이다.

　㉡ 업무수행에 통계를 활용함으로써 얻을 수 있는 이점
　　• 많은 수량적 자료를 처리가능하고 쉽게 이해할 수 있는 형태로 축소
　　• 표본을 통해 연구대상 집단의 특성을 유추
　　• 의사결정의 보조수단
　　• 관찰 가능한 자료를 통해 논리적으로 결론을 추출·검증

© 기본적인 통계치
- 빈도와 빈도분포 : 빈도란 어떤 사건이 일어나거나 증상이 나타나는 정도를 의미하며, 빈도분포란 빈도를 표나 그래프로 종합적으로 표시하는 것이다.
- 평균 : 모든 사례의 수치를 합한 후 총 사례 수로 나눈 값이다.
- 백분율 : 전체의 수량을 100으로 하여 생각하는 수량이 그중 몇이 되는가를 퍼센트로 나타낸 것이다.

② 통계기법

㉠ 범위와 평균
- 범위 : 분포의 흩어진 정도를 가장 간단히 알아보는 방법으로 최곳값에서 최젓값을 뺀 값을 의미한다.
- 평균 : 집단의 특성을 요약하기 위해 가장 자주 활용하는 값으로 모든 사례의 수치를 합한 후 총 사례 수로 나눈 값이다.
- 관찰값이 1, 3, 5, 7, 9일 경우 범위는 $9 - 1 = 8$이 되고, 평균은 $\dfrac{1+3+5+7+9}{5} = 5$가 된다.

㉡ 분산과 표준편차
- 분산 : 관찰값의 흩어진 정도로, 각 관찰값과 평균값의 차의 제곱의 평균이다.
- 표준편차 : 평균으로부터 얼마나 떨어져 있는가를 나타내는 개념으로 분산값의 제곱근 값이다.
- 관찰값이 1, 2, 3이고 평균이 2인 집단의 분산은 $\dfrac{(1-2)^2 + (2-2)^2 + (3-2)^2}{3} = \dfrac{2}{3}$이고 표준편차는 분산값의 제곱근 값인 $\sqrt{\dfrac{2}{3}}$이다.

③ 통계자료의 해석

㉠ 다섯숫자요약
- 최솟값 : 원자료 중 값의 크기가 가장 작은 값
- 최댓값 : 원자료 중 값의 크기가 가장 큰 값
- 중앙값 : 최솟값부터 최댓값까지 크기에 의하여 배열했을 때 중앙에 위치하는 사례의 값
- 하위 25%값·상위 25%값 : 원자료를 크기 순으로 배열하여 4등분한 값

㉡ **평균값과 중앙값** : 평균값과 중앙값은 그 개념이 다르기 때문에 명확하게 제시해야 한다.

예제 4

인터넷 쇼핑몰에서 회원가입을 하고 디지털캠코더를 구매하려고 한다. 다음은 구입하고자 하는 모델에 대하여 인터넷 쇼핑몰 세 곳의 가격과 조건을 제시한 표이다. 표에 있는 모든 혜택을 적용하였을 때 디지털캠코더의 배송비를 포함한 실제 구매가격을 바르게 비교한 것은?

구분	A 쇼핑몰	B 쇼핑몰	C 쇼핑몰
정상가격	129,000원	131,000원	130,000원
회원혜택	7,000원 할인	3,500원 할인	7% 할인
할인쿠폰	5% 쿠폰	3% 쿠폰	5,000원
중복할인여부	불가	가능	불가
배송비	2,000원	무료	2,500원

① A<B<C
② B<C<A
③ C<A<B
④ C<B<A

[출제의도]
직장생활에서 자주 사용되는 기초적인 통계기법을 활용하여 자료의 특성과 경향성을 파악하는 능력이 요구되는 문제이다.

[해설]
㉠ A 쇼핑몰
- 회원혜택을 선택한 경우 : $129,000 - 7,000 + 2,000 = 124,000$(원)
- 5% 할인쿠폰을 선택한 경우 : $129,000 \times 0.95 + 2,000 = 124,550$

㉡ B 쇼핑몰 : $131,000 \times 0.97 - 3,500 = 123,570$

㉢ C 쇼핑몰
- 회원혜택을 선택한 경우 : $130,000 \times 0.93 + 2,500 = 123,400$
- 5,000원 할인쿠폰을 선택한 경우 : $130,000 - 5,000 + 2,500 = 127,500$

∴ C<B<A

답 ④

(3) 도표분석능력

① 도표의 종류

㉠ **목적별** : 관리(계획 및 통제), 해설(분석), 보고

㉡ **용도별** : 경과 그래프, 내역 그래프, 비교 그래프, 분포 그래프, 상관 그래프, 계산 그래프

㉢ **형상별** : 선 그래프, 막대 그래프, 원 그래프, 점 그래프, 층별 그래프, 레이더 차트

② 도표의 활용

ⓒ 선 그래프

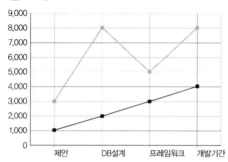

• 주로 시간의 경과에 따라 수량에 의한 변화 상황 (시계열 변화)을 절선의 기울기로 나타내는 그래프 이다.
• 경과, 비교, 분포를 비롯하여 상관관계 등을 나타 낼 때 쓰인다.

ⓒ 막대 그래프

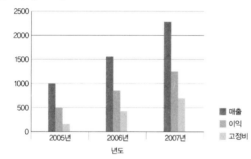

• 비교하고자 하는 수량을 막대 길이로 표시하고 그 길이를 통해 수량 간의 대소관계를 나타내는 그래프이다.
• 내역, 비교, 경과, 도수 등을 표시하는 용도로 쓰인다.

ⓒ 원 그래프

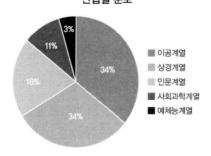

• 내역이나 내용의 구성비를 원을 분할하여 나타 낸 그래프이다.
• 전체에 대해 부분이 차지하는 비율을 표시하는 용도로 쓰인다.

ⓔ 점 그래프

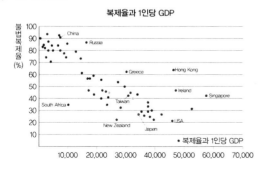

- 종축과 횡축에 2요소를 두고 보고자 하는 것이 어떤 위치에 있는가를 나타내는 그래프이다.
- 지역분포를 비롯하여 도시, 기방, 기업, 상품 등의 평가나 위치·성격을 표시하는데 쓰인다.

ⓜ 층별 그래프

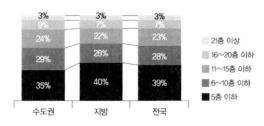

- 선 그래프의 변형으로 연속내역 봉 그래프라고 할 수 있다. 선과 선 사이의 크기로 데이터 변화를 나타낸다.
- 합계와 부분의 크기를 백분율로 나타내고 시간적 변화를 보고자 할 때나 합계와 각 부분의 크기를 실수로 나타내고 시간적 변화를 보고자 할 때 쓰인다.

ⓑ 레이더 차트(거미줄 그래프)

- 원 그래프의 일종으로 비교하는 수량을 직경, 또는 반경으로 나누어 원의 중심에서의 거리에 따라 각 수량의 관계를 나타내는 그래프이다.
- 비교하거나 경과를 나타내는 용도로 쓰인다.

③ 도표 해석상의 유의사항

ㄱ 요구되는 지식의 수준을 넓힌다.

ㄴ 도표에 제시된 자료의 의미를 정확히 숙지한다.

ㄷ 도표로부터 알 수 있는 것과 없는 것을 구별한다.

ㄹ 총량의 증가와 비율의 증가를 구분한다.

ㅁ 백분위수와 사분위수를 정확히 이해하고 있어야 한다.

예제 5

다음 표는 2009 ~ 2010년 지역별 직장인들의 자기개발에 관해 조사한 내용을 정리한 것이다. 이에 대한 분석으로 옳은 것은?

(단위 : %)

연도 구분 지역	2009				2010			
	자기개발 하고 있음	자기개발 비용 부담 주체			자기개발 하고 있음	자기개발 비용 부담 주체		
		직장 100%	본인 100%	직장50%+ 본인50%		직장 100%	본인 100%	직장50%+ 본인50%
충청도	36.8	8.5	88.5	3.1	45.9	9.0	65.5	24.5
제주도	57.4	8.3	89.1	2.9	68.5	7.9	68.3	23.8
경기도	58.2	12	86.3	2.6	71.0	7.5	74.0	18.5
서울시	60.6	13.4	84.2	2.4	72.7	11.0	73.7	15.3
경상도	40.5	10.7	86.1	3.2	51.0	13.6	74.9	11.6

① 2009년과 2010년 모두 자기개발 비용을 본인이 100% 부담하는 사람의 수는 응답자의 절반 이상이다.

② 자기개발을 하고 있다고 응답한 사람의 수는 2009년과 2010년 모두 서울시가 가장 많다.

③ 자기개발 비용을 직장과 본인이 각각 절반씩 부담하는 사람의 비율은 2009년과 2010년 모두 서울시가 가장 높다.

④ 2009년과 2010년 모두 자기개발을 하고 있다고 응답한 비율이 가장 높은 지역에서 자기개발비용을 직장이 100% 부담한다고 응답한 사람의 비율이 가장 높다.

[출제의도]
그래프, 그림, 도표 등 주어진 자료를 이해하고 의미를 파악하여 필요한 정보를 해석하는 능력을 평가하는 문제이다.

[해설]
② 지역별 인원수가 제시되어 있지 않으므로, 각 지역별 응답자 수는 알 수 없다.

③ 2009년에는 경상도에서, 2010년에는 충청도에서 가장 높은 비율을 보인다.

④ 2009년과 2010년 모두 '자기개발을 하고 있다'고 응답한 비율이 가장 높은 지역은 서울시이며, 2010년의 경우 자기개발 비용을 직장이 100% 부담한다고 응답한 사람의 비율이 가장 높은 지역은 경상도이다.

답 ①

(4) 도표작성능력

① 도표작성 절차

  ㉠ 어떠한 도표로 작성할 것인지를 결정

  ㉡ 가로축과 세로축에 나타낼 것을 결정

  ㉢ 한 눈금의 크기를 결정

  ㉣ 자료의 내용을 가로축과 세로축이 만나는 곳에 표현

  ㉤ 표현한 점들을 선분으로 연결

  ㉥ 도표의 제목을 표기

② 도표작성 시 유의사항

  ㉠ 선 그래프 작성 시 유의점

  • 세로축에 수량, 가로축에 명칭구분을 제시한다.

  • 선의 높이에 따라 수치를 파악하는 경우가 많으므로 세로축의 눈금을 가로축보다 크게 하는 것이 효과적이다.

  • 선이 두 종류 이상일 경우 반드시 그 명칭을 기입한다.

  ㉡ 막대 그래프 작성 시 유의점

  • 막대 수가 많을 경우에는 눈금선을 기입하는 것이 알아보기 쉽다.

  • 막대의 폭은 모두 같게 하여야 한다.

  ㉢ 원 그래프 작성 시 유의점

  • 정각 12시의 선을 기점으로 오른쪽으로 그리는 것이 보통이다.

  • 분할선은 구성비율이 큰 순서로 그린다.

  ㉣ 층별 그래프 작성 시 유의점

  • 눈금은 선 그래프나 막대 그래프보다 적게 하고 눈금선은 넣지 않는다.

  • 층별로 색이나 모양이 완전히 다른 것이어야 한다.

  • 같은 항목은 옆에 있는 층과 선으로 연결하여 보기 쉽도록 한다.

출제예상문제

정답 및 해설 **p.259**

1 다음은 어느 회사 전체 사원의 SNS 이용 실태를 조사한 자료이다. 이에 대한 설명 중 옳은 것은?

사용기기	성명	SNS 종류	SNS 활용형태	SNS 가입날짜	기기 구입비	앱 구입비
스마트폰	김하나	페이스북	소통	2013.08.01	440,000원	6,500원
스마트폰	김준영	트위터	소통	2014.02.02	420,000원	12,000원
태블릿PC	정민지	페이스북	교육	2014.01.15	400,000원	10,500원
컴퓨터	윤동진	블로그	교육	2015.02.19	550,000원	14,500원
스마트폰	이정미	트위터	소통	2013.10.10	380,000원	6,500원
태블릿PC	박진숙	페이스북	취미	2014.02.28	440,000원	14,500원
컴퓨터	김영지	트위터	교육	2014.01.10	480,000원	18,000원
컴퓨터	한아름	블로그	취미	2013.09.11	580,000원	10,500원

※ 각 사원은 SNS를 한 종류만 사용하고 SNS 활용형태도 하나임

① 페이스북을 이용하거나 태블릿PC를 사용하는 사원은 4명이다.

② SNS를 2014년에 가입한 사원은 트위터를 이용하거나 페이스북을 이용한다.

③ 취미로 SNS를 활용하는 사원의 기기구입비 합계는 100만원을 넘지 않는다.

④ 2013년에 SNS를 가입하거나 블로그를 이용하는 사원은 5명이다.

다음은 甲국의 전기자동차 충전요금 산정기준과 계절별 부하 시간대에 대한 자료이다. 이에 대한 설명으로 옳은 것은?

〈전기자동차 충전요금 산정기준〉

월 기본요금 (원)	전력량 요율(원/kWh)			
	시간대＼계절	여름 (6~8월)	봄(3~5월), 가을(9~10월)	겨울 (1~2월, 11~12월)
2,390	경부하	57.6	58.7	80.7
	중간부하	145.3	70.5	128.2
	최대부하	232.5	75.4	190.8

※ 월 충전요금(원) = 월 기본요금
　+(경부하 시간대 전력량 요율 × 경부하 시간대 충전 전력량)
　+(중간부하 시간대 전력량 요율 × 중간부하 시간대 충전 전력량)
　+(최대부하 시간대 전력량 요율 × 최대부하 시간대 충전 전력량)
※ 월 충전요금은 해당 월 1일에서 말일까지의 충전 전력량을 사용하여 산정한다.
※ 1시간에 충전되는 전기자동차의 전력량은 5 kWh이다.

〈계절별 부하 시간대〉

시간대＼계절	여름(6~8월)	봄(3~5월), 가을(9~10월)	겨울 (1~2월, 11~12월)
경부하	00 : 00 ~ 09 : 00 23 : 00 ~ 24 : 00	00 : 00 ~ 09 : 00 23 : 00 ~ 24 : 00	00 : 00 ~ 09 : 00 23 : 00 ~ 24 : 00
중간부하	09 : 00 ~ 10 : 00 12 : 00 ~ 13 : 00 17 : 00 ~ 23 : 00	09 : 00 ~ 10 : 00 12 : 00 ~ 13 : 00 17 : 00 ~ 23 : 00	09 : 00 ~ 10 : 00 12 : 00 ~ 17 : 00 20 : 00 ~ 22 : 00
최대부하	10 : 00 ~ 12 : 00 13 : 00 ~ 17 : 00	10 : 00 ~ 12 : 00 13 : 00 ~ 17 : 00	10 : 00 ~ 12 : 00 17 : 00 ~ 20 : 00 22 : 00 ~ 23 : 00

① 모든 시간대에서 봄, 가을의 전력량 요율이 가장 낮다.

② 월 100 kWh를 충전했을 때 월 충전요금의 최댓값과 최솟값 차이는 16,000원 이하이다.

③ 중간부하 시간대의 총 시간은 6월 1일과 12월 1일이 동일하다.

④ 22시 30분의 전력량 요율이 가장 높은 계절은 여름이다.

┃3~4┃ 다음 표는 2014년과 2015년 친환경인증 농산물의 생산 현황에 관한 자료이다. 이를 보고 물음에 답하시오.

〈표〉 종류별, 지역별 친환경인증 농산물 생산 현황

(단위 : 톤)

구분		2015년				2014년
		합	인증형태			
			유기농산물	무농약농산물	저농약농산물	
종류	곡류	343,380	54,025	269,280	20,075	371,055
	과실류	341,054	9,116	26,850	305,088	457,794
	채소류	585,004	74,750	351,340	158,914	753,524
	서류	41,782	9,023	30,157	2,602	59,407
	특용작물	163,762	6,782	155,434	1,546	190,069
	기타	23,253	14,560	8,452	241	20,392
	계	1,498,235	168,256	841,513	488,466	1,852,241
지역	서울	1,746	106	1,544	96	1,938
	부산	4,040	48	1,501	2,491	6,913
	대구	13,835	749	3,285	9,801	13,852
	인천	7,663	1,093	6,488	82	7,282
	광주	5,946	144	3,947	1,855	7,474
	대전	1,521	195	855	471	1,550
	울산	10,859	408	5,142	5,309	13,792
	세종	1,377	198	826	353	0
	경기도	109,294	13,891	71,521	23,882	126,209
	강원도	83,584	17,097	52,810	13,677	68,300
	충청도	159,495	29,506	64,327	65,662	207,753
	전라도	611,468	43,330	443,921	124,217	922,641
	경상도	467,259	52,567	176,491	238,201	457,598
	제주도	20,148	8,924	8,855	2,369	16,939
	계	1,498,235	168,256	841,513	488,466	1,852,241

3 위의 표에 대한 설명으로 옳지 않은 것은?

① 2015년 친환경인증 농산물 중 가장 많은 비중을 차지하는 종류는 채소류이다.

② 2015년 친환경인증 농산물 중 두 번째로 높은 비중을 차지하는 지역은 경상도이다.

③ 2015년 친환경인증 농산물은 기타를 제외하고 모든 종류에서 생산량이 전년에 비해 감소하였다.

④ 2015년 친환경인증 농산물 생산량이 전년 대비 가장 많이 증가한 지역은 세종이다.

4 서울, 부산, 울산, 충청도, 전라도 중 2015년 친환경인증 농산물의 생산량이 전년대비 감소율이 가장 큰 지역은?

① 서울   ② 부산

③ 울산   ④ 충청도

5 다음은 신용대출의 중도상환에 관한 내용이다. 甲씨는 1년 후에 일시 상환하는 조건으로 500만 원을 신용대출 받았다. 그러나 잔여기간이 100일 남은 상태에서 중도 상환하려고 한다. 甲씨가 부담해야 하는 해약금은 약 얼마인가? (단, 원단위는 절사한다)

- 중도상환해약금 : 중도상환금액 × 중도상환적용요율 × (잔여기간/대출기간)

구분	가계대출		기업대출	
	부동산 담보대출	신용/기타 담보대출	부동산 담보대출	신용/기타 담보대출
적용요율	1.4%	0.8%	1.4%	1.0%

- 대출기간은 대출개시일로부터 대출기간만료일까지의 일수로 계산하되, 대출기간이 3년을 초과하는 경우에는 3년이 되는 날을 대출기간만료일로 한다.
- 잔여기간은 대출기간에서 대출개시일로부터 중도상환일까지의 경과일수를 차감하여 계산한다.

① 10,950원   ② 11,950원

③ 12,950원   ④ 13,950원

6 다음은 어느 보험회사의 보험계약 현황에 관한 표이다. 이에 대한 설명으로 옳지 않은 것은?

(단위 : 건, 억 원)

구분		2015년		2014년	
		건수	금액	건수	금액
개인보험		5,852,844	1,288,847	5,868,027	1,225,968
	생존보험	1,485,908	392,222	1,428,422	368,731
	사망보험	3,204,140	604,558	3,241,308	561,046
	생사혼합	1,162,792	292,068	1,198,297	296,191
단체보험		0	0	0	0
	단체보장	0	0	0	0
	단체저축	0	0	0	0
소계		5,852,844	1,288,847	5,868,027	1,225,968

※ 건수는 보유계약의 건수임

※ 금액은 주계약 및 특약의 보험가입금액임

① 2014년과 2015년에 단체보험 보유계약의 건수는 0건이다.

② 2015년은 2014년에 비해 개인보험 보유계약 건수가 감소하였다.

③ 2015년은 2014년에 비해 개인보험 보험가입금액은 증가하였다.

④ 2015년 개인보험 보험가입금액에서 생존보험 금액이 차지하는 구성비는 30% 미만이다.

▮7~8▮ 다음 표는 2006년부터 2010년까지 5년간 손해보험과 생명보험의 전체 수지실적에 관한 자료이다. 이를 보고 물음에 답하시오.

〈표1〉 5년간 손해보험의 수지실적

(단위 : 십억 원)

연도	경과보험료	발생손해액	순사업비
2006년	23,712	18,671	5,351
2007년	27,413	21,705	6,377
2008년	32,253	24,867	7,402
2009년	36,682	28,300	8,967
2010년	42,475	33,312	9,614

〈표2〉 5년간 생명보험의 수지실적

(단위 : 십억 원)

연도	경과보험료	발생손해액	순사업비
2006년	61,472	35,584	10,989
2007년	66,455	35,146	12,084
2008년	75,096	44,877	13,881
2009년	73,561	47,544	13,715
2010년	76,957	47,379	12,796

※ 손해율(%)=(총지출액/경과보험료)×100

※ 손해율은 보험사의 수지실적을 나타내는 대표적인 지표이다.

※ 총지출액=발생손해액+순사업비

7 위의 자료에 대한 설명으로 옳은 것은?

① 5년간 손해보험과 생명보험 모두 경과보험료는 매년 증가하고 있다.

② 2006년 손해보험의 손해율은 105%가 넘는다.

③ 2009년 생명보험의 경과보험료는 손해보험 경과보험료의 2배 이상이다.

④ 2007년 경과보험료 대비 순사업비의 비중은 손해보험이 생명보험보다 낮다.

8 다음 중 생명보험의 손해율이 가장 컸던 해는? (단, 소수점 둘째 자리에서 반올림한다)

① 2006년   ② 2007년

③ 2008년   ④ 2009년

9 다음 표는 A지역 전체 가구를 대상으로 일본원자력발전소 사고 전후의 식수조달원 변경에 대해 설문 조사한 결과이다. 사고 전에 비해 사고 후에 이용 가구 수가 감소한 식수조달원의 수는 몇 개인가?

사고 전 조달원 \ 사고 후 조달원	수돗물	정수	약수	생수
수돗물	40	30	20	30
정수	10	50	10	30
약수	20	10	10	40
생수	10	10	10	40

① 0개   ② 1개

③ 2개   ④ 3개

10 다음 표는 어느 회사의 공장별 제품 생산 및 판매 실적에 대한 자료이다. 이에 대한 설명으로 옳지 않은 것은?

(단위 : 대)

공장	2016년 12월	2016년 전체	
	생산 대수	생산 대수	판매 대수
A	25	586	475
B	21	780	738
C	32	1,046	996
D	19	1,105	1,081
E	38	1,022	956
F	39	1,350	1,238
G	15	969	947
H	18	1,014	962
I	26	794	702

※ 2017년 1월 1일 기준 재고 수=2016년 전체 생산 대수−2016년 전체 판매 대수

※ 판매율(%) = $\dfrac{\text{판매 대수}}{\text{생산 대수}} \times 100$

※ 2016년 1월 1일부터 제품을 생산 · 판매하였음

① 2017년 1월 1일 기준 재고 수가 가장 적은 공장은 G공장이다.
② 2017년 1월 1일 기준 재고 수가 가장 많은 공장의 2016년 전체 판매율은 90% 이상이다.
③ 2016년 12월 생산 대수가 가장 많은 공장과 2017년 1월 1일 기준 재고 수가 가장 많은 공장은 동일하다.
④ I공장의 2016년 전체 판매율은 90% 이상이다.

11 다음 표는 A카페의 커피 판매정보에 대한 자료이다. 한 잔만을 더 판매하고 영업을 종료한다고 할 때, 총이익이 정확히 64,000원이 되기 위해서 판매해야 하는 메뉴는?

〈표〉 A카페의 커피 판매정보

(단위 : 원, 잔)

구분 메뉴	한 잔 판매가격	현재까지의 판매량	한 잔당 재료(재료비)				
			원두 (200)	우유 (300)	바닐라시럽 (100)	초코시럽 (150)	카라멜시럽 (250)
아메리카노	3,000	5	○	×	×	×	×
카페라떼	3,500	3	○	○	×	×	×
바닐라라떼	4,000	3	○	○	○	×	×
카페모카	4,000	2	○	○	×	○	×
카라멜마끼아또	4,300	6	○	○	○	×	○

※ 1) 메뉴별 이익＝(메뉴별 판매가격−메뉴별 재료비)×메뉴별 판매량
　　2) 총이익은 메뉴별 이익의 합이며, 다른 비용은 고려하지 않음
　　3) A카페는 5가지 메뉴만을 판매하며, 메뉴별 한 잔 판매가격과 재료비는 변동 없음
　　4) ○ : 해당 재료 한 번 사용
　　　　× : 해당 재료 사용하지 않음

① 아메리카노　　　　　　　　② 카페라떼
③ 바닐라라떼　　　　　　　　④ 카페모카

| 12~13 | 다음은 원양어업 주요 어종별 생산량에 관한 자료이다. 이를 보고 물음에 답하시오.

(단위 : 톤, 백만 원)

구분		2010년	2011년	2012년	2013년	2014년
가다랑어	생산량	216,720	173,334	211,891	200,866	229,588
	생산금액	321,838	334,770	563,027	427,513	329,163
황다랑어	생산량	67,138	45,736	60,436	44,013	63,971
	생산금액	201,596	168,034	170,733	133,170	163,068
명태	생산량	46,794	48,793	39,025	24,341	31,624
	생산금액	64,359	67,307	45,972	36,662	49,479
새꼬리 민태	생산량	10,852	12,447	10,100	8,261	8,681
	생산금액	19,030	25,922	21,540	14,960	18,209
민대구	생산량	4,139	4,763	4,007	3,819	3,162
	생산금액	10,072	13,136	11,090	10,912	8,689

※ 생산금액＝생산량×톤당 생산가격

12 위의 표에 대한 설명으로 옳지 않은 것은?

① 5개의 어종 가운데 매년 생산량이 가장 많은 어종은 가다랑어이다.

② 2012년 민대구의 생산량이 전년대비 감소한 이후로 2014년까지 계속 감소하고 있다.

③ 가다랑어와 황다랑어는 생산량의 전년대비 증감방향이 일치한다.

④ 2011년 새꼬리 민태 생산량의 전년대비 증가율은 10% 이하이다.

13 2014년 톤당 생산가격이 가장 높은 어종은 무엇인가?

① 가다랑어 ② 황다랑어

③ 민대구 ④ 새꼬리 민태

| 14~15 | 다음은 시도별 우유생산 현황에 대한 자료이다. 이를 보고 물음에 답하시오.

(단위 : 톤)

	2009년	2010년	2011년	2012년
서울특별시	573	592	621	644
부산광역시	1,092	933	1,225	1,783
인천광역시	14,376	18,230	13,287	10,932
광주광역시	2,989	2,344	3,201	3,553
대구광역시	12,094	13,928	10,838	9,846
대전광역시	393	109	98	12
경기도	932,391	848,002	843,118	883,565
강원도	84,024	91,121	100,920	103,827
충청북도	114,215	110,938	125,993	123,412
전라남도	139,310	124,097	126,075	132,222
경상남도	127,656	122,302	121,294	119,383
제주도	18,021	14,355	15,437	19,313

14 다음 중 위의 자료를 잘못 이해한 사람은?

① 소리 : 조사 지역 중 대전광역시는 매년 우유생산량이 가장 적어.

② 현수 : 광주광역시는 매년 2,000톤 이상의 우유를 생산하지만 부산광역시는 그렇지 않군.

③ 정진 : 위의 자료를 통해 경기도의 우유 수요가 가장 많고 그 다음으로 전라남도임을 알 수 있어.

④ 구현 : 2010년 시도별 우유생산량과 2012년 시도별 우유생산량을 비교했을 때 우유생산량이 감소한 지역은 네 군데 있어.

15 다음 중 조사 기간 동안 우유생산량 변동 추이가 동일하지 않은 지역끼리 짝지은 것은?

① 경기도 – 경상남도

② 서울특별시 – 강원도

③ 광주광역시 – 전라남도

④ 인천광역시 – 대구광역시

16 A기업에서는 매년 3월에 정기 승진 시험이 있다. 시험을 응시한 사람이 남자사원, 여자사원을 합하여 총 100명이고 시험의 평균이 남자사원은 72점, 여자사원은 76점이며 남녀 전체평균은 73점일 때 시험을 응시한 여자사원의 수는?

① 25명   ② 30명

③ 35명   ④ 40명

17 수용이는 선생님의 심부름으로 15%의 식염수 300g을 과학실로 옮기던 도중 넘어져서 100g을 쏟았다. 들키지 않기 위해 물 100g을 더 첨가하여 과학실에 가져다 두었다. 식염수의 농도는 얼마인가?

① 10%   ② 11%

③ 12%   ④ 13%

18 부피가 210cm^3, 높이가 7cm, 밑면의 가로의 길이가 세로의 길이보다 13cm 긴 직육면체가 있다. 이 직육면체의 밑면의 세로의 길이는?

① 2cm   ② 4cm

③ 6cm   ④ 8cm

19 기은이와 희숙이를 포함한 친구 6명이 식사 값을 내는데 기은이가 17,000원, 희숙이가 19,000원을 내고 나머지 금액을 다른 친구들이 같은 값으로 나누어 냈을 때, 6명이 평균 10,000원을 낸 것이 된다면 나머지 친구 중 한 명이 낸 값은?

① 6,000원   ② 6,500원

③ 7,000원   ④ 7,500원

20 아버지가 9만 원을 나눠서 세 아들에게 용돈을 주려고 한다. 첫째 아들과 둘째 아들은 2:1, 둘째 아들과 막내아들은 5:3의 비율로 주려고 한다면 막내아들이 받는 용돈은 얼마인가?

① 12,000원   ② 13,000원

③ 14,000원   ④ 15,000원

21 갑, 을, 병은 각각 640원, 760원, 1,100원의 저금을 가지고 있다. 매주 갑이 240원, 을이 300원, 병이 220원씩 더 저축한다고 하면, 갑과 을의 저축액의 합이 병의 저축액의 2배가 되는 것은 몇 주 후인가?

① 6주   ② 7주

③ 8주   ④ 9주

22 어떤 일을 하는데 수빈이는 16일, 혜림이는 12일이 걸린다. 처음에는 수빈이 혼자서 3일 동안 일하고, 그 다음은 수빈이와 혜림이가 같이 일을 하다가 마지막 하루는 혜림이만 일하여 일을 끝냈다. 수빈이와 혜림이가 같이 일 한 기간은 며칠인가?

① 3일   ② 4일

③ 5일   ④ 6일

23 같은 지점에서 동시에 출발하여 정혜는 동쪽으로 매분 160m의 속력으로 명준이는 서쪽으로 매분 180m의 속력으로 이동하고 있다. 두 사람이 3.4km 이상 떨어지려면 최소 몇 분이 경과해야 하는가?

① 7분　　　　　　　　　　　　② 8분

③ 9분　　　　　　　　　　　　④ 10분

24 의자에 5명씩 앉으면 의자에 모두 앉은 채로 1명이 남고, 의자에 6명씩 앉으면 의자 11개가 완전히 빈 채로 3명이 서 있었다. 의자의 개수는?

① 61개　　　　　　　　　　　② 62개

③ 63개　　　　　　　　　　　④ 64개

25 갑동이는 올해 10살이다. 엄마의 나이는 갑동이와 누나의 나이를 합한 값의 두 배이고, 3년 후의 엄마의 나이는 누나의 나이의 세 배일 때, 올해 누나의 나이는 얼마인가?

① 12세　　　　　　　　　　　② 13세

③ 14세　　　　　　　　　　　④ 15세

┃26～35┃ 다음에 나열된 숫자의 규칙을 찾아 빈칸에 들어가기 적절한 수를 고르시오.

26

> 93   96   102   104   108   (   )

① 114   ② 116
③ 118   ④ 120

27

> 1   5   20   16   19   57   54   56   (   )   110

① 111   ② 112
③ 100   ④ 95

28

> 7   9   12   4   (   )   −1   22

① 15   ② 17
③ 19   ④ 21

29

1 2 3 5 8 13 ( )

① 21 ② 23

③ 25 ④ 27

30

2 4 0 6 −2 8 ( )

① −1 ② −2

③ −3 ④ −4

31

$\frac{1}{3}$ $\frac{4}{5}$ $\frac{13}{9}$ $\frac{40}{17}$ $\frac{121}{33}$ ( ) $\frac{1093}{129}$

① $\frac{364}{65}$ ② $\frac{254}{53}$

③ $\frac{413}{48}$ ④ $\frac{197}{39}$

32

$$\frac{1}{2} \quad \frac{1}{3} \quad \frac{2}{6} \quad \frac{3}{18} \quad (\quad) \quad \frac{8}{1944} \quad \frac{13}{209952}$$

① $\dfrac{8}{83}$ ② $\dfrac{6}{91}$

③ $\dfrac{5}{108}$ ④ $\dfrac{4}{117}$

33

$$10 \quad 2 \quad \frac{17}{2} \quad \frac{9}{2} \quad 7 \quad 7 \quad \frac{11}{2} \quad (\quad)$$

① $\dfrac{13}{2}$ ② $\dfrac{15}{2}$

③ $\dfrac{17}{2}$ ④ $\dfrac{19}{2}$

34

20 10 3   30 5 7   40 5 ( )

① 8   ② 9

③ 10   ④ 11

35

3 5 40   2 7 ( )   1 9 28

① 9   ② 14

③ 27   ④ 34

CHAPTER

03 문제해결능력

01 문제와 문제해결

(1) 문제의 정의와 분류

① 정의 : 문제란 업무를 수행함에 있어서 답을 요구하는 질문이나 의논하여 해결해야 되는 사항이다.

② 문제의 분류

구분	창의적 문제	분석적 문제
문제제시 방법	현재 문제가 없더라도 보다 나은 방법을 찾기 위한 문제 탐구→문제 자체가 명확하지 않음	현재의 문제점이나 미래의 문제로 예견될 것에 대한 문제 탐구→문제 자체가 명확함
해결방법	창의력에 의한 많은 아이디어의 작성을 통해 해결	분석, 논리, 귀납과 같은 논리적 방법을 통해 해결
해답 수	해답의 수가 많으며, 많은 답 가운데 보다 나은 것을 선택	답의 수가 적으며 한정되어 있음
주요특징	주관적, 직관적, 감각적, 정성적, 개별적, 특수성	객관적, 논리적, 정량적, 이성적, 일반적, 공통성

(2) 업무수행과정에서 발생하는 문제 유형

① 발생형 문제(보이는 문제) : 현재 직면하여 해결하기 위해 고민하는 문제이다. 원인이 내재되어 있기 때문에 원인지향적인 문제라고도 한다.

    ㉠ 일탈문제 : 어떤 기준을 일탈함으로써 생기는 문제

    ㉡ 미달문제 : 어떤 기준에 미달하여 생기는 문제

② 탐색형 문제(찾는 문제) : 현재의 상황을 개선하거나 효율을 높이기 위한 문제이다. 방치할 경우 큰 손실이 따르거나 해결할 수 없는 문제로 나타나게 된다.

    ㉠ 잠재문제 : 문제가 잠재되어 있어 인식하지 못하다가 확대되어 해결이 어려운 문제

    ㉡ 예측문제 : 현재로는 문제가 없으나 현 상태의 진행 상황을 예측하여 찾아야 앞으로 일어날 수 있는 문제가 보이는 문제

ⓒ 발견문제 : 현재로서는 담당 업무에 문제가 없으나 선진기업의 업무 방법 등 보다 좋은 제도나 기법을 발견하여 개선시킬 수 있는 문제

③ 설정형 문제(미래 문제) : 장래의 경영전략을 생각하는 것으로 앞으로 어떻게 할 것인가 하는 문제이다. 문제해결에 창조적인 노력이 요구되어 창조적 문제라고도 한다.

예제 1

D회사 신입사원으로 입사한 귀하는 신입사원 교육에서 업무수행과정에서 발생하는 문제 유형 중 설정형 문제를 하나씩 찾아오라는 지시를 받았다. 이에 대해 귀하는 교육받은 내용을 다시 복습하려고 한다. 설정형 문제에 해당하는 것은?

① 현재 직면하여 해결하기 위해 고민하는 문제
② 현재의 상황을 개선하거나 효율을 높이기 위한 문제
③ 앞으로 어떻게 할 것인가 하는 문제
④ 원인이 내재되어 있는 원인지향적인 문제

[출제의도]
업무수행 중 문제가 발생하였을 때 문제 유형을 구분하는 능력을 측정하는 문항이다.
[해설]
업무수행과정에서 발생하는 문제 유형으로는 발생형 문제, 탐색형 문제, 설정형 문제가 있으며 ①④는 발생형 문제이며 ②는 탐색형 문제, ③이 설정형 문제이다.

답 ③

---

(3) 문제해결

① 정의 : 목표와 현상을 분석하고 이 결과를 토대로 과제를 도출하여 최적의 해결책을 찾아 실행·평가해 가는 활동이다.

② 문제해결에 필요한 기본적 사고

　　㉠ 전략적 사고 : 문제와 해결방안이 상위 시스템과 어떻게 연결되어 있는지를 생각한다.

　　㉡ 분석적 사고 : 전체를 각각의 요소로 나누어 그 의미를 도출하고 우선순위를 부여하여 구체적인 문제해결방법을 실행한다.

　　ⓒ 발상의 전환 : 인식의 틀을 전환하여 새로운 관점으로 바라보는 사고를 지향한다.

　　㉣ 내·외부자원의 활용 : 기술, 재료, 사람 등 필요한 자원을 효과적으로 활용한다.

③ 문제해결의 장애요소

　　㉠ 문제를 철저하게 분석하지 않는 경우

　　㉡ 고정관념에 얽매이는 경우

　　ⓒ 쉽게 떠오르는 단순한 정보에 의지하는 경우

　　㉣ 너무 많은 자료를 수집하려고 노력하는 경우

④ 문제해결방법

　　㉠ 소프트 어프로치 : 문제해결을 위해서 직접적인 표현보다는 무언가를 시사하거나 암시를 통하여 의사를 전달하여 문제해결을 도모하고자 한다.

ⓛ 하드 어프로치 : 상이한 문화적 토양을 가지고 있는 구성원을 가정하고, 서로의 생각을 직설적으로 주장하고 논쟁이나 협상을 통해 서로의 의견을 조정해 가는 방법이다.

ⓒ 퍼실리테이션(facilitation) : 촉진을 의미하며 어떤 그룹이나 집단이 의사결정을 잘 하도록 도와 주는 일을 의미한다.

02 문제해결능력을 구성하는 하위능력

(1) 사고력

① 창의적 사고 : 개인이 가지고 있는 경험과 지식을 통해 새로운 가치 있는 아이디어를 산출하는 사고 능력이다.

ㄱ 창의적 사고의 특징
- 정보와 정보의 조합
- 사회나 개인에게 새로운 가치 창출
- 창조적인 가능성

예제 2

M사 홍보팀에서 근무하고 있는 귀하는 입사 5년차로 창의적인 기획안을 제출하기로 유명하다. S부장은 이번 신입사원 교육 때 귀하에게 창의적인 사고란 무엇인지 교육을 맡아달라고 부탁하였다. 창의적인 사고에 대한 귀하의 설명으로 옳지 않은 것은?

① 창의적인 사고는 새롭고 유용한 아이디어를 생산해 내는 정신적인 과정이다.
② 창의적인 사고는 특별한 사람들만이 할 수 있는 대단한 능력이다.
③ 창의적인 사고는 기존의 정보들을 특정한 요구조건에 맞거나 유용하도록 새롭게 조합시킨 것이다.
④ 창의적인 사고는 통상적인 것이 아니라 기발하거나, 신기하며 독창적인 것이다.

[출제의도]
창의적 사고에 대한 개념을 정확히 파악하고 있는지를 묻는 문항이다.
[해설]
흔히 사람들은 창의적인 사고에 대해 특별한 사람들만이 할 수 있는 대단한 능력이라고 생각하지만 그리 대단한 능력이 아니며 이미 알고 있는 경험과 지식을 해체하여 다시 새로운 정보로 결합하여 가치 있는 아이디어를 산출하는 사고라고 할 수 있다.

답 ②

ⓛ 발산적 사고 : 창의적 사고를 위해 필요한 것으로 자유연상법, 강제연상법, 비교발상법 등을 통해 개발할 수 있다.

구분	내용
자유연상법	생각나는 대로 자유롭게 발상 ex) 브레인스토밍
강제연상법	각종 힌트에 강제적으로 연결 지어 발상 ex) 체크리스트
비교발상법	주제의 본질과 닮은 것을 힌트로 발상 ex) NM법, Synectics

Point 브레인스토밍

  ㉠ 진행방법
- 주제를 구체적이고 명확하게 정한다.
- 구성원의 얼굴을 볼 수 있는 좌석 배치와 큰 용지를 준비한다.
- 구성원들의 다양한 의견을 도출할 수 있는 사람을 리더로 선출한다.
- 구성원은 다양한 분야의 사람들로 5~8명 정도로 구성한다.
- 발언은 누구나 자유롭게 할 수 있도록 하며, 모든 발언 내용을 기록한다.
- 아이디어에 대한 평가는 비판해서는 안 된다.

  ㉡ 4대 원칙
- 비판엄금(Support) : 평가 단계 이전에 결코 비판이나 판단을 해서는 안 되며 평가는 나중까지 유보한다.
- 자유분방(Silly) : 무엇이든 자유롭게 말하고 이런 바보 같은 소리를 해서는 안 된다는 등의 생각은 하지 않아야 한다.
- 질보다 양(Speed) : 질에는 관계없이 가능한 많은 아이디어들을 생성해내도록 격려한다.
- 결합과 개선(Synergy) : 다른 사람의 아이디어에 자극되어 보다 좋은 생각이 떠오르고, 서로 조합하면 재미있는 아이디어가 될 것 같은 생각이 들면 즉시 조합시킨다.

② 논리적 사고 : 사고의 전개에 있어 전후의 관계가 일치하고 있는가를 살피고 아이디어를 평가하는 사고능력이다.

  ㉠ 논리적 사고를 위한 5가지 요소 : 생각하는 습관, 상대 논리의 구조화, 구체적인 생각, 타인에 대한 이해, 설득

  ㉡ 논리적 사고 개발 방법
- 피라미드 구조 : 하위의 사실이나 현상부터 사고하여 상위의 주장을 만들어가는 방법
- so what기법 : '그래서 무엇이지?'하고 자문자답하여 주어진 정보로부터 가치 있는 정보를 이끌어 내는 사고 기법

③ 비판적 사고 : 어떤 주제나 주장에 대해서 적극적으로 분석하고 종합하며 평가하는 능동적인 사고이다.

  ㉠ 비판적 사고 개발 태도 : 비판적 사고를 개발하기 위해서는 지적 호기심, 객관성, 개방성, 융통성, 지적 회의성, 지적 정직성, 체계성, 지속성, 결단성, 다른 관점에 대한 존중과 같은 태도가 요구된다.

  ㉡ 비판적 사고를 위한 태도
- 문제의식 : 비판적인 사고를 위해서 가장 먼저 필요한 것은 바로 문제의식이다. 자신이 지니고 있는 문제와 목적을 확실하고 정확하게 파악하는 것이 비판적인 사고의 시작이다.
- 고정관념 타파 : 지각의 폭을 넓히는 일은 정보에 대한 개방성을 가지고 편견을 갖지 않는 것으로 고정관념을 타파하는 일이 중요하다.

(2) 문제처리능력과 문제해결절차

① 문제처리능력 : 목표와 현상을 분석하고 이를 토대로 문제를 도출하여 최적의 해결책을 찾아 실행·평가하는 능력이다.

② 문제해결절차 : 문제 인식 → 문제 도출 → 원인 분석 → 해결안 개발 → 실행 및 평가

    ㉠ 문제 인식 : 문제해결과정 중 'what'을 결정하는 단계로 환경 분석 → 주요 과제 도출 → 과제 선정의 절차를 통해 수행된다.

     • 3C 분석 : 환경 분석 방법의 하나로 사업환경을 구성하고 있는 요소인 자사(Company), 경쟁사(Competitor), 고객(Customer)을 분석하는 것이다.

｜ 예제 3 ｜

L사에서 주력 상품으로 밀고 있는 TV의 판매 이익이 감소하고 있는 상황에서 귀하는 B부장으로부터 3C분석을 통해 해결방안을 강구해 오라는 지시를 받았다. 다음 중 3C에 해당하지 않는 것은?

① Customer　　　　　　　② Company

③ Competitor　　　　　　④ Content

[출제의도]
3C의 개념과 구성요소를 정확히 숙지하고 있는지를 측정하는 문항이다.
[해설]
3C 분석에서 사업 환경을 구성하고 있는 요소인 자사(Company), 경쟁사(Competitor), 고객을 3C(Customer)라고 한다. 3C 분석에서 고객 분석에서는 '고객은 자사의 상품·서비스에 만족하고 있는지'를, 자사 분석에서는 '자사가 세운 달성목표와 현상 간에 차이가 없는지'를 경쟁사 분석에서는 '경쟁기업의 우수한 점과 자사의 현상과 차이가 없는지'에 대한 질문을 통해서 환경을 분석하게 된다.

답 ④

• SWOT 분석 : 기업내부의 강점과 약점, 외부환경의 기회와 위협요인을 분석·평가하여 문제해결방안을 개발하는 방법이다.

		내부환경요인	
		강점(Strengths)	약점(Weaknesses)
외부환경요인	기회 (Opportunities)	SO 내부강점과 외부기회 요인을 극대화	WO 외부기회를 이용하여 내부약점을 강점으로 전환
	위협 (Threat)	ST 외부위협을 최소화하기 위해 내부강점을 극대화	WT 내부약점과 외부위협을 최소화

ⓛ **문제 도출** : 선정된 문제를 분석하여 해결해야 할 것이 무엇인지를 명확히 하는 단계로, 문제 구조 파악 → 핵심 문제 선정 단계를 거쳐 수행된다.

- **Logic Tree** : 문제의 원인을 파고들거나 해결책을 구체화할 때 제한된 시간 안에서 넓이와 깊이를 추구하는데 도움이 되는 기술로 주요 과제를 나무모양으로 분해·정리하는 기술이다.

ⓒ **원인 분석** : 문제 도출 후 파악된 핵심 문제에 대한 분석을 통해 근본 원인을 찾는 단계로 Issue 분석 → Data 분석 → 원인 파악의 절차로 진행된다.

ⓔ **해결안 개발** : 원인이 밝혀지면 이를 효과적으로 해결할 수 있는 다양한 해결안을 개발하고 최선의 해결안을 선택하는 것이 필요하다.

ⓜ **실행 및 평가** : 해결안 개발을 통해 만들어진 실행계획을 실제 상황에 적용하는 활동으로 실행계획 수립 → 실행 → Follow-up의 절차로 진행된다.

예제 4

C사는 최근 국내 매출이 지속적으로 하락하고 있어 사내 분위기가 심상치 않다. 이에 대해 Y부장은 이 문제를 극복하고자 문제처리 팀을 구성하여 해결방안을 모색하도록 지시하였다. 문제처리 팀의 문제해결 절차를 올바른 순서로 나열한 것은?

① 문제 인식 → 원인 분석 → 해결안 개발 → 문제 도출 → 실행 및 평가
② 문제 도출 → 문제 인식 → 해결안 개발 → 원인 분석 → 실행 및 평가
③ 문제 인식 → 원인 분석 → 문제 도출 → 해결안 개발 → 실행 및 평가
④ 문제 인식 → 문제 도출 → 원인 분석 → 해결안 개발 → 실행 및 평가

[출제의도]
실제 업무 상황에서 문제가 일어났을 때 해결 절차를 알고 있는지를 측정하는 문항이다.
[해설]
일반적인 문제해결절차는 '문제 인식 → 문제 도출 → 원인 분석 → 해결안 개발 → 실행 및 평가로 이루어진다.

답 ④

출제예상문제

정답 및 해설 **p.268**

1 다음 글의 내용이 참일 때, 반드시 참인 진술은?

> • 김 대리, 박 대리, 이 과장, 최 과장, 정 부장은 A 회사의 직원들이다.
> • A 회사의 모든 직원은 내근과 외근 중 한 가지만 한다.
> • A 회사의 직원 중 내근을 하면서 미혼인 사람에는 직책이 과장 이상인 사람은 없다.
> • A 회사의 직원 중 외근을 하면서 미혼이 아닌 사람은 모두 그 직책이 과장 이상이다.
> • A 회사의 직원 중 외근을 하면서 미혼인 사람은 모두 연금 저축에 가입해 있다.
> • A 회사의 직원 중 미혼이 아닌 사람은 모두 남성이다.

① 갑 : 김 대리가 내근을 한다면, 그는 미혼이다.

② 을 : 박 대리가 미혼이면서 연금 저축에 가입해 있지 않다면, 그는 외근을 한다.

③ 병 : 이 과장이 미혼이 아니라면, 그는 내근을 한다.

④ 정 : 최 과장이 여성이라면, 그는 연금 저축에 가입해 있다.

2 다음 글은 OO법률구조공단의 자료에서 발췌한 글이다. 이 글과 〈보기〉의 상황을 근거로 옳은 판단을 내린 직원은?

민사소송에서 판결은 다음의 어느 하나에 해당하면 확정되며, 확정된 판결에 대해서 당사자는 더 이상 상급심 법원에 상소를 제기할 수 없게 된다.

첫째, 판결은 선고와 동시에 확정되는 경우가 있다. 예컨대 대법원 판결에 대해서는 더 이상 상소할 수 없기 때문에 그 판결은 선고 시에 확정된다. 그리고 하급심 판결이더라도 선고 전에 당사자들이 상소하지 않기로 합의하고 이 합의서를 법원에 제출할 경우, 판결은 선고 시에 확정된다.

둘째, 상소기간이 만료된 때에 판결이 확정되는 경우가 있다. 상소는 패소한 당사자가 제기하는 것으로, 상소를 하고자 하는 자는 판결문을 송달받은 날부터 2주 이내에 상소를 제기해야 한다. 이 기간 내에 상소를 제기하지 않으면 더 이상 상소할 수 없게 되므로, 판결은 상소기간 만료 시에 확정된다. 또한, 상소기간 내에 상소를 제기하였더라도 그 후 상소를 취하하면 상소기간 만료 시에 판결은 확정된다.

셋째, 상소기간이 경과하기 전에 패소한 당사자가 법원에 상소포기서를 제출하면, 제출 시에 판결은 확정된다.

〈보기〉

원고 甲은 피고 乙을 상대로 OO지방법원에 매매대금지급청구소송을 제기하였다. OO지방법원은 甲에게 매매대금지급청구권이 없다고 판단하여 2016년 11월 1일 원고 패소판결을 선고하였다. 이 판결문은 甲에게는 2016년 11월 10일 송달되었고, 乙에게는 2016년 11월 14일 송달되었다.

① 정 계장 : 乙은 2016년 11월 28일까지 상소할 수 있다.
② 오 주임 : 甲이 2016년 11월 28일까지 상소하지 않으면, 같은 날 판결은 확정된다.
③ 김 과장 : 甲이 2016년 11월 11일 상소한 후 2016년 12월 1일 상소를 취하하였다면, 취하한 때 판결은 확정된다.
④ 장 팀장 : 甲과 乙이 상소하지 않기로 하는 내용의 합의서를 2016년 10월 25일 법원에 제출하였다면, 판결은 2016년 11월 1일 확정된다.

3 다음 대화의 내용이 참일 때, 거짓인 진술은?

> 팀장 : 위기관리체계 점검 회의를 위해 외부 전문가를 위촉해야 하는데, 위촉 후보자는 A, B, C, D, E, F 여섯 사람입니다.
>
> 대리 : 그건 저도 알고 있습니다. 그런데 A와 B 중 적어도 한 명은 위촉해야 합니다. 지진 재해와 관련된 전문가들은 이들뿐이거든요.
>
> 팀장 : 동의합니다. 그런데 A는 C와 같이 참여하기를 바라고 있습니다. 그러니까 C를 위촉할 경우에만 A를 위촉해야 합니다.
>
> 주임 : 별문제 없어 보입니다. C는 반드시 위촉해야 하거든요. 회의 진행을 맡을 사람이 필요한데, C가 적격입니다. 그런데 C를 위촉하기 위해서는 D, E, F 세 사람 중 적어도 한 명은 위촉해야 합니다. C가 회의를 진행할 때 도움이 될 사람이 필요하거든요.
>
> 대리 : E를 위촉할 경우에는 F도 반드시 위촉해야 합니다. E는 F가 참여하지 않으면 참여하지 않겠다고 했거든요.
>
> 주임 : 주의할 점이 있습니다. B와 D를 함께 위촉할 수는 없습니다. B와 D는 같은 학술 단체 소속이거든요.

① 갑 : 총 3명만 위촉하는 방법은 모두 3가지이다.
② 을 : A는 위촉되지 않을 수 있다.
③ 병 : B를 위촉하기 위해서는 F도 위촉해야 한다.
④ 정 : D와 E 중 적어도 한 사람은 위촉해야 한다.

4 다음 글의 내용이 참일 때, 우수사원으로 반드시 표창받는 사람의 수는?

지난 1년간의 평가에 의거하여, 우수사원 표창을 하고자 한다. 세 개의 부서에서 갑, 을, 병, 정, 무 다섯 명을 표창 대상자로 추천했는데, 각 부서는 근무평점이 높은 순서로 추천하였다. 이들 중 갑, 을, 병은 같은 부서 소속이고 갑의 근무평점이 가장 높다. 추천된 사람 중에서 아래 네 가지 조건 중 적어도 두 가지를 충족하는 사람만 우수사원으로 표창을 받는다.

- 소속 부서에서 가장 높은 근무평점을 받아야 한다.
- 근무한 날짜가 250일 이상이어야 한다.
- 직원 교육자료 집필에 참여한 적이 있으면서, 직원 연수교육에 3회 이상 참석하여야 한다.
- 정부출연연구소에서 활동한 사람은 그 활동 보고서가 인사부서에 공식 자료로 등록되어야 한다.

지난 1년 동안 이들의 활동 내역은 다음과 같다.

- 250일 이상을 근무한 사람은 을, 병, 정이다.
- 갑, 병, 무 세 명 중에서 250일 이상을 근무한 사람은 모두 자신의 정부출연연구소 활동 보고서가 인사부서에 공식 자료로 등록되었다.
- 만약 갑이 직원 교육자료 집필에 참여하지 않았거나 무가 직원 교육자료 집필에 참여하지 않았다면, 다섯 명의 후보 중에서 근무한 날짜의 수가 250일 이상인 사람은 한 명도 없다.
- 정부출연연구소에서 활동한 적이 없는 사람은 모두 직원 연수교육에 1회 또는 2회만 참석했다.
- 그리고 다섯 명의 후보 모두 직원 연수교육에 3회 이상 참석했다.

① 1명
② 2명
③ 3명
④ 4명

5 다음 글은 ○○생명연구원의 연구자료이다. 이를 근거로 판단할 때, 옳은 평가를 내린 사람을 모두 고르면?

특정 물질의 치사량은 주로 동물 연구와 실험을 통해서 결정한다. 치사량의 단위는 주로 LD50을 사용하는데, 'LD'는 'Lethal Dose'의 약어로 치사량을 의미하고, '50'은 물질 투여 시 실험 대상 동물의 50%가 죽는 것을 의미한다. 이런 이유로 LD50을 반수(半數) 치사량이라고 한다. 일반적으로 치사량이란 '즉시' 생명을 앗아갈 수 있는 양을 의미하고 있으므로 '급성' 반수 치사량이 사실 정확한 표현이다. LD50 값을 표기할 때는 보통 실험 대상 동물이 몸무게 1kg을 기준으로 하는 mg/kg 단위를 사용한다.

독성이 강하다는 보톡스의 LD50 값은 1ng/kg으로 복어 독보다 1만 배 이상 강하다. 일상에서 쉽게 접할 수 있는 카페인의 LD50 값은 200mg/kg이며 니코틴의 LD50 값은 1mg/kg이다. 커피 1잔에는 평균적으로 150mg의 카페인이 들어있으며 담배 한 개비에는 평균적으로 0.1mg의 니코틴이 함유되어 있다.

※ 1ng(나노그램)=10^{-6}mg=10^{-9}g

A : 복어 독의 LD50 값은 0.01mg/kg 이상이다.
B : 일반적으로 독성이 더 강한 물질일수록 LD50 값이 더 작다.
C : 몸무게가 7kg인 실험 대상 동물의 50%가 즉시 치사하는 카페인 투여량은 1.4g이다.
D : 몸무게가 60kg인 실험 대상 동물의 50%가 즉시 치사하는 니코틴 투여량은 1개비당 니코틴 함량이 0.1mg인 담배 60개비에 들어 있는 니코틴의 양에 상응한다.

① A, B

② A, C

③ A, B, C

④ B, C, D

6 다음 글은 ○○농수산 식품연구원의 보고서의 일부이다. 이 글을 읽고 평가한 것으로 옳지 않은 것은?

1 유엔 식량농업기구(FAO)에 따르면 곤충의 종류는 2,013종인데, 그 중 일부가 현재 식재료로 사용되고 있다. 곤충은 병균을 옮기는 더러운 것으로 알려져 있지만 깨끗한 환경에서 사육된 곤충은 식용에 문제가 없다.

2 식용으로 귀뚜라미를 사육할 경우 전통적인 육류 단백질 공급원보다 생산에 필요한 자원을 절감할 수 있다. 귀뚜라미가 다른 전통적인 단백질 공급원보다 뛰어난 점은 다음과 같다. 첫째, 쇠고기 0.45kg을 생산하기 위해 필요한 자원으로 식용 귀뚜라미 11.33kg을 생산할 수 있다. 이것이 가능한 가장 큰 이유는 귀뚜라미가 냉혈동물이라 돼지나 소와 같이 체내 온도 유지를 위한 먹이를 많이 소비하지 않기 때문이다.

3 둘째, 식용 귀뚜라미 0.45kg을 생산하는 데 필요한 물은 감자나 당근을 생산하는 데 필요한 수준인 3.8 ℓ 이지만, 닭고기 0.45kg을 생산하려면 1,900 ℓ 의 물이 필요하며, 쇠고기는 닭고기의 경우보다 4배 이상의 물이 필요하다. 셋째, 귀뚜라미를 사육할 때 발생하는 온실가스의 양은 가축을 사육할 때 발생하는 온실가스양의 20%에 불과하다.

4 현재 곤충 사육은 많은 지역에서 이루어지고 있지만, 식용 곤충의 공급이 제한적이고 사람들에게 곤충도 식량이 될 수 있다는 점을 이해시키는 데 어려움이 있다. 따라서 새로운 식용 곤충 생산과 공급방법을 확충하고 곤충 섭취에 대한 사람들의 거부감을 줄이는 방안이 필요하다.

5 현재 식용 귀뚜라미는 주로 분말 형태로 100g당 10달러에 판매된다. 이는 같은 양의 닭고기나 쇠고기의 가격과 큰 차이가 없다. 그러나 인구가 현재보다 20억 명 더 늘어날 것으로 예상되는 2050년에는 귀뚜라미 등 곤충이 저렴하게 저녁식사 재료로 공급될 것이다.

① 김 연구원 : 쇠고기 생산보다 식용 귀뚜라미 생산에 자원이 덜 드는 이유 중 하나는 귀뚜라미가 냉혈동물이라는 점이다.

② 이 연구원 : 현재 곤충 사육은 많은 지역에서 이루어지고 있지만, 식용으로 사용되는 곤충의 종류는 일부에 불과하다.

③ 박 연구원 : 식용 귀뚜라미와 동일한 양의 쇠고기를 생산하려면, 귀뚜라미 생산에 필요한 물보다 500배의 물이 필요하다.

④ 정 연구원 : 식용 귀뚜라미 생산에는 쇠고기 생산보다 자원이 적게 들지만, 현재 이 둘의 100g당 판매 가격은 큰 차이가 없다.

7 다음 글은 OO전파통신진흥원의 회의 자료이다. 이 자료를 근거로 판단할 때 옳지 않은 평가를 한 사람은?

1. 여러분이 컴퓨터 키보드의 @ 키를 하루에 몇 번이나 누르는지 한번 생각해 보라. 아마도 이메일 덕분에 사용빈도가 매우 높을 것이다. 이탈리아에서는 '달팽이', 네덜란드에서는 '원숭이 꼬리'라 부르고 한국에서는 '골뱅이'라고 불리는 이 '엣(at)' 키는 한때 수동 타자기와 함께 영영 잊힐 위기에 처하기도 하였다.

2. 6세기 @은 라틴어 전치사인 '*ad*'*를 한 획에 쓰기 위한 합자(合字)였다. 그리고 시간이 흐르면서 @은 베니스, 스페인, 포르투갈 상인들 사이에 측정 단위를 나타내는 기호로 사용되었다. 베니스 상인들은 @을 부피의 단위인 암포라(amphora)를 나타내는 기호로 사용하였으며, 스페인과 포르투갈의 상인들은 질량의 단위인 아로바(arroba)를 나타내는 기호로 사용하였다. 스페인에서의 1아로바는 현재의 9.5kg에 해당하며, 포르투갈에서의 1아로바는 현재의 12kg에 해당한다. 이후에 @은 단가를 뜻하는 기호로 변화하였다. 예컨대 '복숭아 12@1.5달러'로 표기한 경우 복숭아 12개의 가격이 18달러라는 것을 의미했다.

3. @ 키는 1885년 미국에서 언더우드 타자기에 등장하였고 20세기까지 자판에서 자리를 지키고 있었지만 사용빈도는 점차 줄어들었다. 그런데 1971년 미국의 한 프로그래머가 잊혀지다시피 하였던 @ 키를 살려낸다. 연구개발 업체에서 인터넷상의 컴퓨터 간 메시지 송신기술 개발을 담당했던 그는 @ 키를 이메일 기호로 활용했던 것이다.

* *ad* : 현대 영어의 'at' 또는 'to'에 해당하는 전치사

① K 직원 : 1960년대 말 @ 키는 타자기 자판에서 사라지면서 사용빈도가 점차 줄었다.
② L 소장 : @이 사용되기 시작한 지 1,000년이 넘었다.
③ P 직원 : @이 단가를 뜻하는 기호로 쓰였을 때, '토마토 15개@3달러'라면 토마토 15개의 가격은 45달러였을 것이다.
④ H 팀장 : @은 전치사, 측정 단위, 단가, 이메일 기호 등 다양한 의미로 활용되어 왔다.

8 다음은 ○○농산물품질관리원에서 연구한 정책보고서의 내용이다. 이 글을 근거로 판단할 때, 일반적으로 종자저장에 가장 적합한 함수율을 가진 원종자의 무게가 10g이면 건조종자의 무게는 얼마인가?

채종하여 파종할 때까지 종자를 보관하는 것을 '종자의 저장'이라고 하는데, 채종하여 1년 이내 저장하는 것을 단기저장, 2~5년은 중기저장, 그 이상은 장기저장이라고 한다.

종자의 함수율(moisture content)은 종자의 수명을 결정하는 가장 중요한 인자이다. 함수율은 아래와 같이 백분율로 표시한다.

$$함수율(\%) = \frac{원종자\ 무게 - 건조\ 종자\ 무게}{원종자\ 무게} \times 100$$

일반적으로 종자저장에 가장 적합한 함수율은 5~10%이다. 다만 참나무류 등과 같이 수분이 많은 종자들은 함수율을 약 30% 이상으로 유지해주어야 한다. 또한, 유전자 보존을 위해서는 보통 장기저장을 하는데 이에 가장 적합한 함수율은 4~6%이다. 일반적으로 온도와 수분은 종자의 저장기간과 역의 상관관계를 갖는다.

종자는 저장 용이성에 따라 '보통저장성' 종자와 '난저장성' 종자로 구분한다. 보통저장성 종자는 종자 수분 5~10%, 온도 0℃ 부근에서 비교적 장기간 보관이 가능한데 전나무류, 자작나무류, 벚나무류, 소나무류 등 온대 지역의 수종 대부분이 이에 속한다. 하지만 대사작용이 활발하여 산소가 많이 필요한 난저장성 종자는 0℃ 혹은 약간 더 낮은 온도에서 저장하여야 건조되는 것을 방지할 수 있다. 이에 속하는 수종은 참나무류, 칠엽수류 등의 몇몇 온대수종과 모든 열대수종이다.

한편 종자의 저장 방법에는 '건조저장법'과 '보습저장법'이 있다. 건조저장법은 '상온저장법'과 '저온저장법'으로 구분한다. 상온저장법은 일정한 용기 안에 종자를 넣어 창고 또는 실내에서 보관하는 방법으로 보통 가을부터 이듬해 봄까지 저장하며, 1년 이상 보관 시에는 건조제를 용기에 넣어 보관한다. 반면에 저온저장법의 경우 보통저장성 종자는 함수율이 5~10% 정도 되도록 건조하여 주변에서 수분을 흡수할 수 없도록 밀봉 용기에 저장하여야 한다. 난저장성 종자는 -3℃ 이하에 저장해서는 안 된다.

보습저장법은 '노천매장법', '보호저방법', '냉습적법' 등이 있다. 노천매장법은 양지바르고 배수가 잘되는 곳에 50~100cm 깊이의 구덩이를 파고 종자를 넣은 뒤 땅 표면은 흙을 덮어 겨울 동안 눈이나 빗물이 그대로 스며들 수 있도록 하는 방식이다. 보호저장법은 건사저장법이라고 하는데 참나무류, 칠엽수류 등 수분이 많은 종자가 부패하지 않도록 저장하는 방법이다. 냉습적법은 용기 안에 보습제인 이끼, 모래와 종자를 섞어서 놓고 3~5℃의 냉장고에 저장하는 방법이다.

① 6g~6.5g

② 7g~7.5g

③ 8g~8.5g

④ 9g~9.5g

9 다음은 ○○시설관리공단 홍보마케팅부서의 보고서이다. 이를 바탕으로 공단의 당면과제를 도출한 것으로 가장 적절하지 않은 의견은?

[4차 산업혁명 도래에 따른 공단 미래 대응 방안]

1. 공단의 현수준에 대한 진단
- 시(市) 대행사업 체제로 인한 사업수행 및 예산운용상의 자율성에 한계
  – 자원(예산, 인력 등) 운용 한계, 성과 재고를 위한 동기부여(보상 등) 미흡
- 노동집약적이고 다양한 관리 구조로 운영됨
  – 조직 규모 비대화 및 상호 연관성 없는 백화점식(다양한) 사업 운영
- 공공분야 시민참여 증대, 대시민 서비스 질적 향상 및 안전에 대한 요구도 증가
  – 공공기관 고유의 보수적 사고와 태도로 사회적 변화에 대응력 한계
- 공익성과 수익성을 동시에 창출해야 하는 시대적 요구 직면
- 4차 산업혁명 시대, 각 사업별로 미칠 파장에 대한 정확한 예측이 어려움

2. SWOT 분석을 통한 현황 파악

외부환경＼내부환경	강점 Strengths	약점 Weaknesses
	– IoT 기술적용이 용이한 플랫폼 보유 ☞ O2O 시장에서 오프라인플랫폼 보유 – 시설물 유지관리 노하우 및 기술력 – 신기술 도입에 대한 경영진의 의지	– 대행사업 체제로 자율성 한계 ☞ 사업수행, 예산운용 등 – 노동집약적 관리 구조 운영 – 시대적 변화에 대응력 미흡
기회 Opportunities • 공공시설에 대한 시민참여 수요 증가 • 민관협치 조례 제정, '협치서울협약' 선언 등으로 협업 환경 조성	**공격적 전략 SO** ✓ 신기술을 통한 사업운영 효율화 ✓ 온·오프라인 플랫폼 구축	**개선 전략 WO** ✓ 디지털기술의 제도적 환경 개선 ✓ 디지털 거버넌스 추진
위협 Threats • 변화의 방향, 예측이 어려움 • 사물인터넷 연결 등에 따른 보안(개인정보유출), 해킹문제 잔존 • 관련 법적·제도적 사항 미비 • 공공서비스 및 '시민안전' 수요 증가 • 공익성과 수익성의 동시 창출 요구	**다각화 전략 ST** ✓ 디지털기술 전문인력 확보 ✓ 갈등 조정 코디네이터 활용	**방어적 전략 WT** ✓ 디지털기술 구현을 위한 직원 역량 강화

① 박 과장 : 과학기술혁명이 몰고 올 기회와 위협 앞에 조직구조 및 시스템 변화가 시급하며, 전문 인력 채용 및 대비책 마련이 불가피하다.

② 이 대리 : 과학기술과 사회문화적 변화에 따른 제도적 보완으로 시(市) 주무부서와의 협력이 요구된다.

③ 허 주임 : 의회 조례개정 등을 통한 제도적 환경개선이 필요하며, 시대적 변화를 준비하기 위해 직원 개개인의 능동적인 동참이 요구된다.

④ 남 주임 : 지출 절감을 통한 시(市) 예산 기여 및 시민만족도 재고를 위해 기존 보유하고 있는 기술의 유지관리가 요구된다.

10 다음 〈조건〉을 근거로 판단할 때, 〈보기〉에서 옳은 것만을 모두 고르면?

〈조건〉

• A사와 B사는 신제품을 공동개발하여 판매한 총 순이익을 아래와 같은 기준에 의해 분배하기로 약정하였다.

   ⊙ A사와 B사는 총 순이익에서 각 회사 제조원가의 10%에 해당하는 금액을 우선 각자 분배받는다.

   ⓛ 총 순이익에서 위 ⊙의 금액을 제외한 나머지 금액에 대한 분배기준은 연구개발비, 판매관리비, 광고홍보비 중 어느 하나로 결정하며, 각 회사가 지출한 비용에 비례하여 분배액을 정하기로 한다.

• 신제품 개발과 판매에 따른 비용과 총 순이익은 다음과 같다.

(단위 : 억 원)

구분	A사	B사
제조원가	200	600
연구개발비	100	300
판매관리비	200	200
광고홍보비	300	150
총 순이익	200	

〈보기〉

ㄱ. 분배받는 순이익을 극대화하기 위한 분배기준으로, A사는 광고홍보비를, B사는 연구개발비를 선호할 것이다.

ㄴ. 연구개발비가 분배기준이 된다면, 총 순이익에서 B사가 분배받는 금액은 A사의 3배이다.

ㄷ. 판매관리비가 분배기준이 된다면, 총 순이익에서 A사와 B사의 분배받은 금액은 동일하다.

ㄹ. 광고홍보비가 분배기준이 된다면, 총 순이익에서 A사가 분배받은 금액은 B사보다 많다.

---

① ㄱ, ㄴ

② ㄱ, ㄷ

③ ㄱ, ㄹ

④ ㄴ, ㄹ

11 P회사 홍보부에서 근무하고 있는 Y씨는 선배들의 커피 심부름을 부탁받아 카페에 갔다 오려고 한다. Y씨는 자주 가는 카페에서 자신의 회원카드를 제시하려고 하며, 현재의 적립금은 2,050원으로 적립금을 최대한 사용할 예정이다. 다음 조건에 따라 계산할 경우 최종적으로 지불해야 하는 금액은 얼마인가?

〈선배들의 취향〉

- 김부장님 : 아메리카노 L
- 유과장님 : 휘핑크림 추가한 녹차라떼 R
- 신대리님 : 카페라떼 R
- 정대리님 : 카라멜 마끼야또 L
- Y씨 : 핫초코

〈메뉴〉

	R 사이즈(원)	L 사이즈(원)
아메리카노	2,500	2,800
카페라떼	3,500	3,800
카라멜 마끼야또	3,800	4,200
녹차라떼	3,000	3,500
핫초코	3,500	3,800

※ 휘핑크림 추가 : 800원

※ 오늘의 차 : 핫초코 균일가 3,000원

※ 카페 2주년 기념행사 : 총 금액 20,000원 초과 시 5% 할인

〈회원특전〉

- 10,000원 이상 결제 시 회원카드를 제시하면 총 결제 금액에서 1,000원 할인
- 적립금이 2,000점 이상인 경우, 현금처럼 사용가능(1점당 1원, 100원 단위로만 사용가능하며, 타 할인 혜택 적용 후 최종금액의 10%까지만 사용가능)
- 할인혜택은 중복적용 가능

① 14,300원

② 14,700원

③ 15,300원

④ 15,700원

12 어류 관련 회사에서 근무하는 H씨는 생선을 좋아해서 매일 갈치, 조기, 고등어 중 한 가지 생선을 구워 먹는다. 다음 12월 달력과 〈조건〉을 참고하여 〈보기〉에서 옳은 것을 모두 고른 것은?

12월						
일	월	화	수	목	금	토
			1	2	3	4
5	6	7	8	9	10	11
12	13	14	15	16	17	18
19	20	21	22	23	24	25
26	27	28	29	30	31	

〈조건〉
- 같은 생선을 연속해서 이틀 이상 먹을 수 없다.
- 매주 화요일은 갈치를 먹을 수 없다.
- 12월 17일은 조기를 먹어야 한다.
- 하루에 1마리의 생선만 먹어야 한다.

〈보기〉
㉠ 12월 한 달 동안 먹을 수 있는 조기는 최대 15마리이다.
㉡ 12월 한 달 동안 먹을 수 있는 갈치는 최대 14마리이다.
㉢ 12월 6일에 조기를 먹어야 한다는 조건이 추가된다면 12월 한 달 동안 갈치, 조기, 고등어를 1마리 이상씩 먹는다.

① ㉠
② ㉡
③ ㉡㉢
④ ㉠㉢

13 G회사에 근무하는 박과장과 김과장은 점심시간을 이용해 과녁 맞추기를 하였다. 다음 〈조건〉에 근거하여 〈점수표〉의 빈칸을 채울 때 박과장과 김과장의 최종점수가 될 수 있는 것은?

〈조건〉

- 과녁에는 0점, 3점, 5점이 그려져 있다.
- 박과장과 김과장은 각각 10개의 화살을 쏘았고, 0점을 맞힌 화살의 개수만 〈점수표〉에 기록이 되어 있다.
- 최종 점수는 각 화살이 맞힌 점수의 합으로 한다.
- 박과장과 김과장이 쏜 화살 중에는 과녁 밖으로 날아간 화살은 없다.
- 박과장과 김과장이 5점을 맞힌 화살의 개수는 동일하다.

〈점수표〉

점수	박과장의 화살 수	김과장의 화살 수
0점	3	2
3점		
5점		

	박과장의 최종점수	김과장의 최종점수
①	25	29
②	26	29
③	27	30
④	28	30

14 甲회사 인사부에 근무하고 있는 H부장은 각 과의 요구를 모두 충족시켜 신규직원을 배치하여야 한다. 각 과의 요구가 다음과 같을 때 홍보과에 배정되는 사람은 누구인가?

〈신규직원 배치에 대한 각 과의 요구〉

- 관리과 : 5급이 1명 배정되어야 한다.
- 홍보과 : 5급이 1명 배정되거나 6급이 2명 배정되어야 한다.
- 재무과 : B가 배정되거나 A와 E가 배정되어야 한다.
- 총무과 : C와 D가 배정되어야 한다.

〈신규직원〉

- 5급 2명(A, B)
- 6급 4명(C, D, E, F)

① A   ② B
③ C와 D   ④ E와 F

15 O회사에 근무하고 있는 채과장은 거래 업체를 선정하고자 한다. 업체별 현황과 평가기준이 다음과 같을 때, 선정되는 업체는?

〈업체별 현황〉

국가명	시장매력도	정보화수준	접근가능성
	시장규모(억 원)	정보화순위	수출액(백만 원)
A업체	550	106	9,103
B업체	333	62	2,459
C업체	315	91	2,597
D업체	1,706	95	2,777

〈평가기준〉

• 업체별 종합점수는 시장매력도(30점 만점), 정보화수준(30점 만점), 접근가능성(40점 만점)의 합계(100점 만점)로 구하며, 종합점수가 가장 높은 업체가 선정된다.
• 시장매력도 점수는 시장매력도가 가장 높은 업체에 30점, 가장 낮은 업체에 0점, 그 밖의 모든 업체에 15점을 부여한다. 시장규모가 클수록 시장매력도가 높다.
• 정보화수준 점수는 정보화순위가 가장 높은 업체에 30점, 가장 낮은 업체에 0점, 그 밖의 모든 업체에 15점을 부여한다.
• 접근가능성 점수는 접근가능성이 가장 높은 업체에 40점, 가장 낮은 업체에 0점, 그 밖의 모든 국가에 20점을 부여한다. 수출액이 클수록 접근가능성이 높다.

① A
② B
③ C
④ D

16 다음은 공공기관을 구분하는 기준이다. 다음 기준에 따라 각 기관을 구분한 결과가 옳지 않은 것은?

<중략>

〈공공기관의 구분〉

제00조 제1항
공공기관을 공기업·준정부기관과 기타공공기관으로 구분하여 지정한다. 직원 정원이 50인 이상인 공공기관은 공기업 또는 준정부기관으로, 그 외에는 기타공공기관으로 지정한다.

제00조 제2항
제1항의 규정에 따라 공기업과 준정부기관을 지정하는 경우 자체수입액이 총수입액의 2분의 1 이상인 기관은 공기업으로, 그 외에는 준정부기관으로 지정한다.

제00조 제3항
제1항 및 제2항의 규정에 따른 공기업을 다음의 구분에 따라 세분하여 지정한다.
- 시장형 공기업 : 자산규모가 2조 원 이상이고, 총 수입액 중 자체수입액이 100분의 85 이상인 공기업
- 준시장형 공기업 : 시장형 공기업이 아닌 공기업

〈공공기관의 현황〉

공공기관	직원 정원	자산규모	자체수입비율
A	70명	4조 원	90%
B	45명	2조 원	50%
C	65명	1조 원	55%
D	60명	1.5조 원	45%

※ 자체수입비율 : 총 수입액 대비 자체수입액 비율

① A - 시장형 공기업
② B - 기타공공기관
③ C - 준정부기관
④ D - 준정부기관

17 다음 조건에 따라 가영, 세경, 봉숙, 혜진, 분이 5명의 자리를 배정하려고 할 때 1번에 앉는 사람은 누구인가?

- 친한 사람끼리는 바로 옆자리에 배정해야 하고, 친하지 않은 사람끼리는 바로 옆자리에 배정해서는 안 된다.
- 봉숙이와 세경이는 서로 친하지 않다.
- 가영이와 세경이는 서로 친하다.
- 가영이와 봉숙이는 서로 친하다.
- 분이와 봉숙이는 서로 친하지 않다.
- 혜진이는 분이와 친하며, 5번 자리에 앉아야 한다.

1	2	3	4	5
( )	( )	( )	( )	혜진

① 가영
② 세경
③ 봉숙
④ 분이

18 다음 조건에 따를 때, 선정이의 병명은 무엇인가?

소윤, 홍미, 효진, 선정이가 처방전을 가지고 약국을 방문하였는데, 처방전을 받아 A~D의 약을 조제한 약사는 처방전을 잃어버리고 말았다.
- 약국을 방문한 4명의 병명은 감기, 배탈, 치통, 위염이었다.
- 홍미의 처방전은 B에 해당하는 것이었고, 그녀는 감기나 배탈 환자가 아니었다.
- A는 배탈 환자에 사용되는 약이 아니다.
- D는 위염에 사용되는 약이 포함되어 있다.
- 소윤이는 임신을 한 상태이고, A와 D에는 임산부가 먹으면 안 되는 약이 포함되어 있다.
- 효진이는 감기 환자가 아니었다.

① 감기
② 배탈
③ 치통
④ 위염

19 다음 중 발생형 문제에 대한 설명으로 옳은 것은?

① 현재의 상황을 개선하거나 효율을 높이기 위한 문제

② 바로 직면하여 걱정하고 해결하기 위해 고민해야 하는 문제

③ 문제를 방치하면 뒤에 큰 손실이 따르거나 해결할 수 없는 문제

④ 장래의 경영전략을 생각하는 경영전략의 문제

20 다음은 3C 분석을 위한 도표이다. 빈칸에 들어갈 질문으로 옳지 않은 것은?

구분	내용
고객/시장(Customer)	• 우리의 현재와 미래의 고객은 누구인가? • _____ ㉠ _____ • _____ ㉡ _____ • 시장의 주 고객들의 속성과 특성은 어떠한가?
경쟁사(Competitor)	• _____ ㉢ _____ • 현재의 경쟁사들의 강점과 약점은 무엇인가?
자사(Company)	• 해당 사업이 기업의 목표와 일치하는가? • 기존 사업의 마케팅과 연결되어 시너지효과를 낼 수 있는가? • _____ ㉣ _____

① ㉠ : 새로운 경쟁사들이 시장에 진입할 가능성은 없는가?

② ㉡ : 성장 가능성이 있는 사업인가?

③ ㉢ : 고객들은 경쟁사에 대해 어떤 이미지를 가지고 있는가?

④ ㉣ : 인적 · 물적 · 기술적 자원을 보유하고 있는가?

21 다음은 나에 대해 SWOT 분석을 한 것이다. 환경 분석결과에 대응하는 가장 적절한 전략은?

강점 (Strengths)	• 맡은 일에 대해 책임과 의무를 다하는 성격 • 높은 학점 취득으로 전공이해도가 높음 • 긍정적인 마인드
약점 (Weaknesses)	• 부족한 외국어 실력 • 남들에 비해 늦은 취업
기회 (Opportunities)	• 스펙을 보지 않는 기업들이 많아짐 • NCS라는 새로운 취업제도가 도입됨
위협 (Threats)	• 취업경쟁이 심화되고 있음 • 해외경험을 중시하는 취업시장의 분위기

	강점(S)	약점(W)
기회(O)	① NCS라는 새로운 취업제도에 긍정적인 마인드로 대처	② 취업경쟁이 심화되고 있지만 타 취업생보다 전공이해도가 높음
위협(T)	③ 늦은 취업이지만 나이나 학력 등의 스펙을 보지 않는 기업이 많아짐	④ 취업경쟁의 심화 속에서도 긍정적인 마인드로 극복해나감

┃22~23┃ 다음 5개의 팀에 인터넷을 연결하기 위해 작업을 하려고 한다. 5개의 팀 사이에 인터넷을 연결하기 위한 시간이 다음과 같을 때 제시된 표를 바탕으로 물음에 답하시오(단, 가팀과 나팀이 연결되고 나팀과 다팀이 연결되면 가팀과 다팀이 연결된 것으로 간주한다).

구분	가	나	다	라	마
가	-	3	6	1	2
나	3	-	1	2	1
다	6	1	-	3	2
라	1	2	3	-	1
마	2	1	2	1	-

22 가팀과 다팀을 인터넷 연결하기 위해 필요한 최소의 시간은?

① 7시간   ② 6시간

③ 5시간   ④ 4시간

23 다팀과 마팀을 인터넷 연결하기 위해 필요한 최소의 시간은?

① 1시간   ② 2시간

③ 3시간   ④ 4시간

┃24~25┃ 음은 중소기업협회에서 주관한 학술세미나 일정에 관한 것으로 다음 세미나를 준비하는 데 필요한 일, 각각의 일에 걸리는 시간, 일의 순서 관계를 나타낸 표이다. 제시된 표를 바탕으로 물음에 답하시오.

〈세미나 준비 현황〉

구분	작업	작업시간(일)	먼저 행해져야 할 작업
가	세미나 장소 세팅	1	바
나	현수막 제작	2	다, 마
다	세미나 발표자 선정	1	라
라	세미나 기본계획 수립	2	없음
마	세미나 장소 선정	3	라
바	초청자 확인	2	라

24 현수막 제작을 시작하기 위해서는 최소 며칠이 필요하겠는가?

① 3일　　　　　　　　② 4일
③ 5일　　　　　　　　④ 6일

25 세미나 장소 세팅까지 마치는 데 필요한 최대의 시간은?

① 10일　　　　　　　② 11일
③ 12일　　　　　　　④ 13일

26 다음 중 문제 해결을 위한 기본적인 사고방식으로 적절하지 않은 것은 어느 것인가?

① 어려운 해결책을 찾으려 하지 말고 우리가 알고 있는 단순한 정보라도 이용해서 실마리를 풀어가야 한다.

② 문제 전체에 매달리기보다 문제를 각각의 요소로 나누어 그 요소의 의미를 도출하고 우선순위를 부여하는 방법이 바람직하다.

③ 고정관념을 버리고 새로운 시각에서 문제를 바라볼 수 있어야 한다.

④ 나에게 필요한 자원을 확보할 계획을 짜서 그것들을 효과적으로 활용할 수 있어야 한다.

27 다음과 같은 상황 하에서 'so what?' 기법을 활용한 논리적인 사고로 가장 바람직한 사고 행위는 어느 것인가?

> • 무역수지 적자가 사상 최고를 경신했다.
> • 주요 도시 무역단지의 신규 인력 채용이 점점 어려워지고 있다.
> • 상공회의소 발표 자료에서는 적자를 극복하지 못해 도산하는 기업이 증가하고 있다.

① 무역 업체 입사를 원하는 청년층이 줄어들고 있다.

② 정부의 대대적인 지원과 문제해결 노력이 시급히 요구된다.

③ 무역 업체 경영진의 물갈이가 필요하다.

④ 자동차, 반도체 등 수출 선도업체에 대한 지원이 필요하다.

28 다음 SWOT 분석기법에 대한 설명과 분석 결과 사례를 토대로 한 대응 전략으로 가장 적절한 것은 어느 것인가?

> SWOT 분석은 내부 환경요인과 외부 환경요인의 2개의 축으로 구성되어 있다. 내부 환경요인은 자사 내부의 환경을 분석하는 것으로 분석은 다시 자사의 강점과 약점으로 분석된다. 외부환경요인은 자사 외부의 환경을 분석하는 것으로 분석은 다시 기회와 위협으로 구분된다. 내부환경요인과 외부환경요인에 대한 분석이 끝난 후에 매트릭스가 겹치는 SO, WO, ST, WT에 해당되는 최종 분석을 실시하게 된다. 내부의 강점과 약점을, 외부의 기회와 위협을 대응시켜 기업의 목표를 달성하려는 SWOT분석에 의한 발전전략의 특성은 다음과 같다.
> - SO전략 : 외부 환경의 기회를 활용하기 위해 강점을 사용하는 전략 선택
> - ST전략 : 외부 환경의 위협을 회피하기 위해 강점을 사용하는 전략 선택
> - WO전략 : 자신의 약점을 극복함으로써 외부 환경의 기회를 활용하는 전략 선택
> - WT전략 : 외부 환경의 위협을 회피하고 자신의 약점을 최소화하는 전략 선택

강점(Strength)	• 해외 조직 관리 경험 풍부 • 자사 해외 네트워크 및 유통망 다수 확보
약점(Weakness)	• 순환 보직으로 잦은 담당자 교체 • 브랜드 이미지 관리에 따른 업무 융통성 부족
기회(Opportunity)	• 현지에서 친숙한 자사 이미지 • 현지 정부의 우대 혜택 및 세제 지원 약속
위협(Threat)	• 일본 경쟁업체와의 본격 경쟁체제 돌입 • 위안화 환율 불안에 따른 환차손 우려

내부환경 외부환경	강점(Strength)	약점(Weakness)
기회(Opportunity)	① 세제 혜택을 통하여 환차손 리스크 회피 모색	② 타 해외 조직의 운영 경험을 살려 업무 효율성 벤치마킹
위협(Threat)	③ 다양한 유통채널을 통하여 경쟁체제 우회 극복	④ 해외 진출 경험으로 축적된 우수 인력 투입으로 업무 누수 방지

29 업무상 발생하는 문제를 해결하기 위한 5단계 절차를 다음과 같이 도식화하여 나타낼 수 있다. 빈 칸 (가) ~ (다)에 들어갈 말이 순서대로 올바르게 나열된 것은 어느 것인가?

① 원인 분석, 문제 인식, 문제 도출
② 문제 인식, 원인 분석, 문제 도출
③ 문제 도출, 원인 분석, 문제 인식
④ 문제 인식, 문제 도출, 원인 분석

30 다음 항목들 중 비판적 사고를 개발하기 위한 태도로 적절한 것들로 짝지어진 것은 어느 것인가?

• 브레인스토밍	• 결단성
• 비교 발상법	• 지적 호기심
• 생각하는 습관	• 타인에 대한 이해
• 다른 관점에 대한 존중	

① 결단성, 지적 호기심, 다른 관점에 대한 존중
② 생각하는 습관, 타인에 대한 이해, 다른 관점에 대한 존중
③ 비교 발상법, 지적 호기심, 생각하는 습관
④ 브레인스토밍, 지적 호기심, 타인에 대한 이해

31 다음 설명의 빈 칸에 공통으로 들어갈 말로 적당한 것은 어느 것인가?

( )는 직장생활 중에서 지속적으로 요구되는 능력이다. ( )를 할 수 있는 능력이 없다면 아무리 많은 지식을 가지고 있더라도 자신이 만든 계획이나 주장을 주위 사람에게 이해시켜 실현시키기 어려울 것이며, 이 때 다른 사람들을 설득하여야 하는 과정에 필요로 하는 것이( )이다. 이것은 사고의 전개에 있어서 전후의 관계가 일치하고 있는가를 살피고, 아이디어를 평가하는 능력을 의미한다. 이러한 사고는 다른 사람을 공감시켜 움직일 수 있게 하며, 짧은 시간에 헤매지 않고 사고할 수 있게 한다. 또한 행동을 하기 전에 생각을 먼저 하게 하며, 주위를 설득하는 일이 훨씬 쉬어진다.

① 전략적 사고
② 기능적 사고
③ 창의적 사고
④ 논리적 사고

32 다음 글에서 엿볼 수 있는 문제의 유형과 사고력의 유형이 알맞게 짝지어진 것은 어느 것인가?

대한상사는 가전제품을 수출하는 기업이다. 주요 거래처가 미주와 유럽에 있다 보니 대한상사는 늘 환율 변동에 대한 리스크를 안고 있다. 최근 북한과 중동의 급변하는 정세 때문에 연일 환율이 요동치고 있어 대한상사는 도저히 향후 손익 계획을 가름해 볼 수 없는 상황이다. 이에 따라 가격 오퍼 시 고정 환율을 적용하거나 현지에 생산 공장을 설립하는 문제를 심각하게 검토하고 있다.

문제의 유형	사고력 유형
① 탐색형 문제	논리적 사고
② 설정형 문제	논리적 사고
③ 탐색형 문제	비판적 사고
④ 설정형 문제	창의적 사고

33 홍보팀 백 대리는 회사 행사를 위해 연회장을 예약하려 한다. 연회장의 현황과 예약 상황이 다음과 같을 때, 연회장에 예약 문의를 한 백 대리의 아래 질문에 대한 연회장 측의 회신 내용에 포함되기에 적절하지 않은 것은 어느 것인가?

〈연회장 시설 현황〉

구분	최대 수용 인원(명)	대여 비용(원)	대여 가능 시간
A	250	500,000	3시간
B	250	450,000	2시간
C	200	400,000	3시간
D	150	350,000	2시간

* 연회장 정리 직원은 오후 10시에 퇴근함
* 시작 전과 후 준비 및 청소 시간 각각 1시간 소요, 연이은 사용의 경우 중간 1시간 소요

〈연회장 예약 현황〉

일	월	화	수	목	금	토
			1 A 10시 B 16시	2 B 19시 D 18시	3 C 15시 D 16시	4 A 11시 B 12시
5	6 B 17시 C 18시	7	8 A 18시 D 16시	9 C 15시	10 C 16시 D 11시	11
12	13 C 15시 D 16시	14 A 16시	15 D 18시 A 15시	16	17 B 18시 D 17시	18

〈백 대리 요청 사항〉

안녕하세요?

연회장 예약을 하려 합니다. 주말과 화, 목요일을 제외하고 가능한 날이면 언제든 좋습니다. 참석 인원은 180~220명 정도 될 것 같고요, 오후 6시에 저녁 식사를 겸해서 2시간 정도 사용하게 될 것 같습니다. 물론 가급적 저렴한 연회장이면 더 좋겠습니다. 회신 부탁드립니다.

① 가능한 연회장 중 가장 저렴한 가격을 원하신다면 월요일은 좀 어렵겠습니다.

② 6일은 가장 비싼 연회장만 가능한 상황입니다.

③ 인원이 200명을 넘지 않으신다면 가장 저렴한 연회장을 사용하실 수 있는 기회가 네 번 있습니다.

④ A, B 연회장은 원하시는 날짜에 언제든 가능합니다.

34 다음은 문제를 지혜롭게 처리하기 위한 단계별 방법을 나열한 것이다. 올바른 문제처리 절차에 따라 ㈎ ~ ㈐의 순서를 재배열한 것은 어느 것인가?

㈎ 당초 장애가 되었던 문제의 원인들을 해결안을 사용하여 제거한다.

㈏ 문제로부터 도출된 근본원인을 효과적으로 해결할 수 있는 최적의 해결방안을 수립한다.

㈐ 파악된 핵심문제에 대한 분석을 통해 근본 원인을 도출해 본다.

㈑ 선정된 문제를 분석하여 해결해야 할 것이 무엇인지를 명확히 결정한다.

㈒ 해결해야 할 전체 문제를 파악하여 우선순위를 정하고, 선정문제에 대한 목표를 명확히 한다.

① ㈒ − ㈑ − ㈐ − ㈏ − ㈎

② ㈑ − ㈒ − ㈐ − ㈎ − ㈏

③ ㈎ − ㈏ − ㈒ − ㈑ − ㈐

④ ㈒ − ㈐ − ㈑ − ㈎ − ㈏

35 양 과장 휴가를 맞아 제주도로 여행을 떠나려고 한다. 가족 여행이라 짐이 많을 것을 예상한 양 과장은 제주도로 운항하는 5개의 항공사별 수하물 규정을 다음과 같이 검토하였다. 다음 규정을 참고할 때, 양 과장이 판단한 것으로 올바르지 않은 것은 어느 것인가?

	화물용	기내 반입용
갑항공사	A+B+C=158cm 이하, 각 23kg, 2개	A+B+C=115cm 이하, 10kg~12kg, 2개
을항공사		A+B+C=115cm 이하, 10kg~12kg, 1개
병항공사	A+B+C=158cm 이하, 20kg, 1개	A+B+C=115cm 이하, 7kg~12kg, 2개
정항공사	A+B+C=158cm 이하, 각 20kg, 2개	A+B+C=115cm 이하, 14kg 이하, 1개
무항공사		A+B+C=120cm 이하, 14kg~16kg, 1개

* A, B, C는 가방의 가로, 세로, 높이의 길이를 의미함

① 기내 반입용 가방이 최소한 2개는 되어야 하니 일단 갑, 병항공사밖엔 안 되겠군.

② 가방 세 개 중 A+B+C의 합이 2개는 155cm, 1개는 118cm이니 무항공사 예약상황을 알아봐야지.

③ 무게로만 따지면 병항공사보다 을항공사를 이용하면 더 많은 짐을 가져갈 수 있겠군.

④ 가방의 총 무게가 55kg을 넘어갈 테니 반드시 갑항공사를 이용해야겠네.

CHAPTER

04 대인관계능력

01 **직장생활에서의 대인관계**

(1) 대인관계능력

① 의미 : 직장생활에서 협조적인 관계를 유지하고, 조직구성원들에게 도움을 줄 수 있으며, 조직내부 및 외부의 갈등을 원만히 해결하고 고객의 요구를 충족시켜줄 수 있는 능력이다.

② 인간관계를 형성할 때 가장 중요한 것은 자신의 내면이다.

예제 1

인간관계를 형성하는데 있어 가장 중요한 것은?

① 외적 성격 위주의 사고   ② 이해득실 위주의 만남
③ 자신의 내면   ④ 피상적인 인간관계 기법

[출제의도]
인간관계형성에 있어서 가장 중요한 요소가 무엇인지 묻는 문제다.
[해설]
③ 인간관계를 형성하는데 있어서 가장 중요한 것은 자신의 내면이고 이때 필요한 기술이나 기법 등은 자신의 내면에서 자연스럽게 우러나와야 한다.

 답 ③

---

(2) 대인관계 향상 방법

① 감정은행계좌 : 인간관계에서 구축하는 신뢰의 정도

② 감정은행계좌를 적립하기 위한 6가지 주요 예입 수단

　　㉠ 상대방에 대한 이해심

　　㉡ 사소한 일에 대한 관심

　　㉢ 약속의 이행

　　㉣ 기대의 명확화

　　㉤ 언행일치

　　㉥ 진지한 사과

02 대인관계능력을 구성하는 하위능력

(1) 팀워크능력

① 팀워크의 의미

  ⊙ 팀워크와 응집력

    • 팀워크 : 팀 구성원이 공동의 목적을 달성하기 위해 상호 관계성을 가지고 협력하여 일을 해 나가는 것

    • 응집력 : 사람들로 하여금 집단에 머물도록 만들고 그 집단의 멤버로서 계속 남아있기를 원하게 만드는 힘

┃ 예제 2 ┃

A회사에서는 격주로 사원 소식지 '우리가족'을 발행하고 있다. 이번 호의 특집 테마는 팀워크에 대한 것으로, 좋은 사례를 모으고 있다. 다음 중 팀워크의 사례로 가장 적절하지 않은 것은 무엇인가?

① 팀원들의 개성과 장점을 살려 사내 직원 연극대회에서 대상을 받을 수 있었던 사례
② 팀장의 갑작스러운 부재 상황에서 팀원들이 서로 역할을 분담하고 소통을 긴밀하게 하면서 팀의 당초 목표를 원만하게 달성할 수 있었던 사례
③ 자재 조달의 차질로 인해 납기 준수가 어려웠던 상황을 팀원들이 똘똘 뭉쳐 헌신적으로 일한 결과 주문 받은 물품을 성공적으로 납품할 수 있었던 사례
④ 팀의 분위기가 편안하고 인간적이어서 주기적인 직무순환 시기가 도래해도 다른 부서로 가고 싶어 하지 않는 사례

[출제의도]
팀워크와 응집력에 대한 문제로 각 용어에 대한 정의를 알고 이를 실제 사례를 통해 구분할 수 있어야 한다.
[해설]
④ 응집력에 대한 사례에 해당한다.

답 ④

  ⓛ 팀워크의 유형

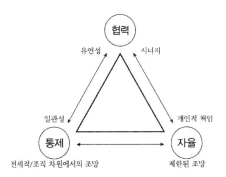

② 효과적인 팀의 특성

  ⊙ 팀의 사명과 목표를 명확하게 기술한다.

  ⓛ 창조적으로 운영된다.

  ⓒ 결과에 초점을 맞춘다.

ⓔ 역할과 책임을 명료화시킨다.

ⓜ 조직화가 잘 되어 있다.

ⓑ 개인의 강점을 활용한다.

ⓢ 리더십 역량을 공유하며 구성원 상호간에 지원을 아끼지 않는다.

ⓞ 팀 풍토를 발전시킨다.

ⓩ 의견의 불일치를 건설적으로 해결한다.

ⓒ 개방적으로 의사소통한다.

ⓚ 객관적인 결정을 내린다.

ⓣ 팀 자체의 효과성을 평가한다.

③ 멤버십의 의미

㉠ 멤버십은 조직의 구성원으로서의 자격과 지위를 갖는 것으로 훌륭한 멤버십은 팔로워십(followership)의 역할을 충실하게 수행하는 것이다.

㉡ 멤버십 유형 : 독립적 사고와 적극적 실천에 따른 구분

구분	소외형	순응형	실무형	수동형	주도형
자아상	• 자립적인 사람 • 일부러 반대의견 제시 • 조직의 양심	• 기쁜 마음으로 과업 수행 • 팀플레이를 함 • 리더나 조직을 믿고 헌신함	• 조직의 운영방침에 민감 • 사건을 균형 잡힌 시각으로 봄 • 규정과 규칙에 따라 행동함	• 판단, 사고를 리더에 의존 • 지시가 있어야 행동	• 스스로 생각하고 건설적 비판을 하며 자기 나름의 개성이 있고 혁신적·창조적 • 솔선수범하고 주인의식을 가지며 적극적으로 참여하고 자발적, 기대 이상의 성과를 내려고 노력
동료/리더의 시각	• 냉소적 • 부정적 • 고집이 셈	• 아이디어가 없음 • 인기 없는 일은 하지 않음 • 조직을 위해 자신과 가족의 요구를 양보함	• 개인의 이익을 극대화하기 위한 흥정에 능함 • 적당한 열의와 평범한 수완으로 업무 수행	• 하는 일이 없음 • 제 몫을 하지 못함 • 업무 수행에는 감독이 반드시 필요	
조직에 대한 자신의 느낌	• 자신을 인정 안 해줌 • 적절한 보상이 없음 • 불공정하고 문제가 있음	• 기존 질서를 따르는 것이 중요 • 리더의 의견을 거스르는 것은 어려운 일임 • 획일적인 태도 행동에 익숙함	• 규정준수를 강조 • 명령과 계획의 빈번한 변경 • 리더와 부하 간의 비인간적 풍토	• 조직이 나의 아이디어를 원치 않음 • 노력과 공헌을 해도 아무 소용이 없음 • 리더는 항상 자기 마음대로 함	

④ 팀워크 촉진 방법
  ㉠ 동료 피드백 장려하기
  ㉡ 갈등 해결하기
  ㉢ 창의력 조성을 위해 협력하기
  ㉣ 참여적으로 의사결정하기

(2) 리더십능력

① 리더십의 의미 : 리더십이란 조직의 공통된 목적을 달성하기 위하여 개인이 조직원들에게 영향을 미치는 과정이다.
  ㉠ 리더십 발휘 구도 : 산업 사회에서는 상사가 하급자에게 리더십을 발휘하는 수직적 구조였다면 정보 사회로 오면서 하급자뿐만 아니라 동료나 상사에게까지도 발휘하는 정방위적 구조로 바뀌었다.
  ㉡ 리더와 관리자

리더	관리자
• 새로운 상황 창조자	• 상황에 수동적
• 혁신지향적	• 유지지향적 둠.
• 내일에 초점을 둠.	• 오늘에 초점을 둠.
• 사람의 마음에 불을 지핀다.	• 사람을 관리한다.
• 사람을 중시	• 체제나 기구를 중시
• 정신적	• 기계적
• 계산된 리스크를 취한다.	• 리스크를 회피한다.
• '무엇을 할까'를 생각한다.	• '어떻게 할까'를 생각한다.

▌ 예제 3 ▐

리더에 대한 설명으로 옳지 않은 것은?

① 사람을 중시한다.　　　　　　② 오늘에 초점을 둔다.
③ 혁신지향적이다.　　　　　　④ 새로운 상황 창조자이다.

[출제의도]
리더와 관리자에 대한 문제로 각각에 대해 완벽하게 구분할 수 있어야 한다.
[해설]
② 리더는 내일에 초점을 둔다.

답 ②

---

② 리더십 유형

　ㄱ 독재자 유형 : 정책의사결정과 대부분의 핵심정보를 그들 스스로에게만 국한하여 소유하고 고수하려는 경향이 있다. 통제 없이 방만한 상태, 가시적인 성과물이 안 보일 때 효과적이다.

　ㄴ 민주주의에 근접한 유형 : 그룹에 정보를 잘 전달하려고 노력하고 전체 그룹의 구성원 모두를 목표방향으로 설정에 참여하게 함으로써 구성원들에게 확신을 심어주려고 노력한다. 혁신적이고 탁월한 부하직원들을 거느리고 있을 때 효과적이다.

　ㄷ 파트너십 유형 : 리더와 집단 구성원 사이의 구분이 희미하고 리더가 조직에서 한 구성원이 되기도 한다. 소규모 조직에서 경험, 재능을 소유한 조직원이 있을 때 효과적으로 활용할 수 있다.

　ㄹ 변혁적 리더십 유형 : 개개인과 팀이 유지해 온 업무수행 상태를 뛰어넘어 전체 조직이나 팀원들에게 변화를 가져오는 원동력이 된다. 조직에 있어 획기적인 변화가 요구될 때 활용할 수 있다.

③ 동기부여 방법

　ㄱ 긍정적 강화법을 활용한다.

　ㄴ 새로운 도전의 기회를 부여한다.

　ㄷ 창의적인 문제해결법을 찾는다.

　ㄹ 책임감으로 철저히 무장한다.

　ㅁ 몇 가지 코칭을 한다.

　ㅂ 변화를 두려워하지 않는다.

　ㅅ 지속적으로 교육한다.

④ 코칭

　ㄱ 코칭은 조직의 지속적인 성장과 성공을 만들어내는 리더의 능력으로 직원들의 능력을 신뢰하며 확신하고 있다는 사실에 기초한다.

　ㄴ 코칭의 기본 원칙
　　• 관리는 만병통치약이 아니다.
　　• 권한을 위임한다.
　　• 훌륭한 코치는 뛰어난 경청자이다.
　　• 목표를 정하는 것이 가장 중요하다.

⑤ **임파워먼트** : 조직성원들을 신뢰하고 그들의 잠재력을 믿으며 그 잠재력의 개발을 통해 High Performance 조직이 되도록 하는 일련의 행위이다.

  ㉠ **임파워먼트의 이점**(High Performance 조직의 이점)
   • 나는 매우 중요한 일을 하고 있으며, 이 일은 다른 사람이 하는 일보다 훨씬 중요한 일이다.
   • 일의 과정과 결과에 나의 영향력이 크게 작용했다.
   • 나는 정말로 도전하고 있고 나는 계속해서 성장하고 있다.
   • 우리 조직에서는 아이디어가 존중되고 있다.
   • 내가 하는 일은 항상 재미가 있다.
   • 우리 조직의 구성원들은 모두 대단한 사람들이며, 다 같이 협력해서 승리하고 있다.

  ㉡ **임파워먼트의 충족 기준**
   • 여건의 조건 : 사람들이 자유롭게 참여하고 기여할 수 있는 여건 조성
   • 재능과 에너지의 극대화
   • 명확하고 의미 있는 목적에 초점

  ㉢ **높은 성과를 내는 임파워먼트 환경의 특징**
   • 도전적이고 흥미 있는 일
   • 학습과 성장의 기회
   • 높은 성과와 지속적인 개선을 가져오는 요인들에 대한 통제
   • 성과에 대한 지식
   • 긍정적인 인간관계
   • 개인들이 공헌하며 만족한다는 느낌
   • 상부로부터의 지원

  ㉣ **임파워먼트의 장애요인**
   • 개인 차원 : 주어진 일을 해내는 역량의 결여, 동기의 결여, 결의의 부족, 책임감 부족, 의존성
   • 대인 차원 : 다른 사람과의 성실성 결여, 약속 불이행, 성과를 제한하는 조직의 규범, 갈등처리 능력 부족, 승패의 태도
   • 관리 차원 : 통제적 리더십 스타일, 효과적 리더십 발휘 능력 결여, 경험 부족, 정책 및 기획의 실행 능력 결여, 비전의 효과적 전달능력 결여
   • 조직 차원 : 공감대 형성이 없는 구조와 시스템, 제한된 정책과 절차

⑥ **변화관리의 3단계** : 변화 이해 → 변화 인식 → 변화 수용

(3) 갈등관리능력

① 갈등의 의미 및 원인

　　㉠ 갈등이란 상호 간의 의견차이 때문에 생기는 것으로 당사가 간에 가치, 규범, 이해, 아이디어, 목표 등이 서로 불일치하여 충돌하는 상태를 의미한다.

　　㉡ 갈등을 확인할 수 있는 단서

　　　• 지나치게 감정적으로 논평과 제안을 하는 것
　　　• 타인의 의견발표가 끝나기도 전에 타인의 의견에 대해 공격하는 것
　　　• 핵심을 이해하지 못한데 대해 서로 비난하는 것
　　　• 편을 가르고 타협하기를 거부하는 것
　　　• 개인적인 수준에서 미묘한 방식으로 서로를 공격하는 것

　　㉢ 갈등을 증폭시키는 원인 : 적대적 행동, 입장 고수, 감정적 관여 등

② 실제로 존재하는 갈등 파악

　　㉠ 갈등의 두 가지 쟁점

핵심 문제	감정적 문제
• 역할 모호성 • 방법에 대한 불일치 • 목표에 대한 불일치 • 절차에 대한 불일치 • 책임에 대한 불일치 • 가치에 대한 불일치 • 사실에 대한 불일치	• 공존할 수 없는 개인적 스타일 • 통제나 권력 확보를 위한 싸움 • 자존심에 대한 위협 • 질투 • 분노

┗ 예제 4 ┛

갈등의 두 가지 쟁점 중 감정적 문제에 대한 설명으로 적절하지 않은 것은?

① 공존할 수 없는 개인적 스타일
② 역할 모호성
③ 통제나 권력 확보를 위한 싸움
④ 자존심에 대한 위협

[출제의도]
갈등의 두 가지 쟁점인 핵심문제와 감정적 문제에 대해 묻는 문제로 이 두 가지 쟁점을 구분할 수 있는 능력이 필요하다.
[해설]
② 갈등의 두 가지 쟁점 중 핵심 문제에 대한 설명이다.

답 ②

ⓛ 갈등의 두 가지 유형

- 불필요한 갈등 : 개개인이 저마다 문제를 다르게 인식하거나 정보가 부족한 경우, 편견 때문에 발생한 의견 불일치로 적대적 감정이 생길 때 불필요한 갈등이 일어난다.
- 해결할 수 있는 갈등 : 목표와 욕망, 가치, 문제를 바라보는 시각과 이해하는 시각이 다를 경우에 일어날 수 있는 갈등이다.

③ 갈등해결 방법

ㄱ 다른 사람들의 입장을 이해한다.

ㄴ 사람들이 당황하는 모습을 자세하게 살핀다.

ㄷ 어려운 문제는 피하지 말고 맞선다.

ㄹ 자신의 의견을 명확하게 밝히고 지속적으로 강화한다.

ㅁ 사람들과 눈을 자주 마주친다.

ㅂ 마음을 열어놓고 적극적으로 경청한다.

ㅅ 타협하려 애쓴다.

ㅇ 어느 한쪽으로 치우치지 않는다.

ㅈ 논쟁하고 싶은 유혹을 떨쳐낸다.

ㅊ 존중하는 자세로 사람들을 대한다.

④ 윈-윈(Win-Win) 갈등 관리법 : 갈등과 관련된 모든 사람으로부터 의견을 받아서 문제의 본질적인 해결책을 얻고자 하는 방법이다.

⑤ 갈등을 최소화하기 위한 기본원칙

ㄱ 먼저 다른 팀원의 말을 경청하고 나서 어떻게 반응할 것인가를 결정한다.

ㄴ 모든 사람이 거의 대부분의 문제에 대해 나름의 의견을 가지고 있다는 점을 인식한다.

ㄷ 의견의 차이를 인정한다.

ㄹ 팀 갈등해결 모델을 사용한다.

ㅁ 자신이 받기를 원하지 않는 형태로 남에게 작업을 넘겨주지 않는다.

ㅂ 다른 사람으로부터 그러한 작업을 넘겨받지 않는다.

ㅅ 조금이라도 의심이 날 때에는 분명하게 말해 줄 것을 요구한다.

ㅇ 가정하는 것은 위험하다.

ㅈ 자신의 책임이 어디서부터 어디까지인지를 명확히 하고 다른 팀원의 책임과 어떻게 조화되는지를 명확히 한다.

ㅊ 자신이 알고 있는 바를 알 필요가 있는 사람들을 새롭게 파악한다.

ㅋ 다른 팀원과 불일치하는 쟁점이나 사항이 있다면 다른 사람이 아닌 당사자에게 직접 말한다.

(4) 협상능력

① 협상의 의미

　㉠ **의사소통 차원** : 이해당사자들이 자신들의 욕구를 충족시키기 위해 상대방으로부터 최선의 것을 얻어내려 설득하는 커뮤니케이션 과정

　㉡ **갈등해결 차원** : 갈등관계에 있는 이해당사자들이 대화를 통해서 갈등을 해결하고자 하는 상호작용과정

　㉢ **지식과 노력 차원** : 우리가 얻고자 하는 것을 가진 사람의 호의를 쟁취하기 위한 것에 관한 지식이며 노력의 분야

　㉣ **의사결정 차원** : 선호가 서로 다른 협상 당사자들이 합의에 도달하기 위해 공동으로 의사결정 하는 과정

　㉤ **교섭 차원** : 둘 이상의 이해당사자들이 여러 대안들 가운데서 이해당사자들 모두가 수용 가능한 대안을 찾기 위한 의사결정과정

② 협상 과정

단계	내용
협상 시작	• 협상 당사자들 사이에 상호 친근감을 쌓음 • 간접적인 방법으로 협상의사를 전달함 • 상대방의 협상의지를 확인함 • 협상진행을 위한 체제를 짬
상호 이해	• 갈등문제의 진행상황과 현재의 상황을 점검함 • 적극적으로 경청하고 자기주장을 제시함 • 협상을 위한 협상대상 안건을 결정함
실질 이해	• 겉으로 주장하는 것과 실제로 원하는 것을 구분하여 실제로 원하는 것을 찾아 냄 • 분할과 통합 기법을 활용하여 이해관계를 분석함
해결 대안	• 협상 안건마다 대안들을 평가함 • 개발한 대안들을 평가함 • 최선의 대안에 대해서 합의하고 선택함 • 대안 이행을 위한 실행계획을 수립함
합의 문서	• 합의문을 작성함 • 합의문상의 합의내용, 용어 등을 재점검함 • 합의문에 서명함

③ 협상전략

　　㉠ 협력전략 : 협상 참여자들이 협동과 통합으로 문제를 해결하고자 하는 협력적 문제해결전략

　　㉡ 유화전략 : 양보전략으로 상대방이 제시하는 것을 일방적으로 수용하여 협상의 가능성을 높이려는 전략이다. 순응전략, 화해전략, 수용전략이라고도 한다.

　　㉢ 회피전략 : 무행동전략으로 협상으로부터 철수하는 철수전략이다. 협상을 피하거나 잠정적으로 중단한다.

　　㉣ 강압전략 : 경쟁전략으로 자신이 상대방보다 힘에 있어서 우위를 점유하고 있을 때 자신의 이익을 극대화하기 위한 공격적 전략이다.

④ 상대방 설득 방법의 종류

　　㉠ See-Feel-Change 전략 : 시각화를 통해 직접 보고 스스로가 느끼게 하여 변화시켜 설득에 성공하는 전략

　　㉡ 상대방 이해 전략 : 상대방에 대한 이해를 바탕으로 갈등해결을 용이하게 하는 전략

　　㉢ 호혜관계 형성 전략 : 혜택들을 주고받은 호혜관계 형성을 통해 협상을 용이하게 하는 전략

　　㉣ 헌신과 일관성 전략 : 협상 당사자간에 기대하는 바에 일관성 있게 헌신적으로 부응하여 행동함으로서 협상을 용이하게 하는 전략

　　㉤ 사회적 입증 전략 : 과학적인 논리보다 동료나 사람들의 행동에 의해서 상대방을 설득하는 전략

　　㉥ 연결전략 : 갈등 문제와 갈등관리자를 연결시키는 것이 아니라 갈등을 야기한 사람과 관리자를 연결시킴으로서 협상을 용이하게 하는 전략

　　㉦ 권위전략 : 직위나 전문성, 외모 등을 활용하여 협상을 용이하게 하는 전략

　　㉧ 희소성 해결 전략 : 인적, 물적 자원 등의 희소성을 해결함으로서 협상과정상의 갈등해결을 용이하게 하는 전략

　　㉨ 반항심 극복 전략 : 억압하면 할수록 더욱 반항하게 될 가능성이 높아지므로 이를 피함으로서 협상을 용이하게 하는 전략

(5) 고객서비스능력

① 고객서비스의 의미 : 고객서비스란 다양한 고객의 요구를 파악하고 대응법을 마련하여 고객에게 양질의 서비스를 제공하는 것을 말한다.

② 고객의 불만표현 유형 및 대응방안

불만표현 유형	대응방안
거만형	• 정중하게 대하는 것이 좋다. • 자신의 과시욕이 채워지도록 뽐내게 내버려 둔다. • 의외로 단순한 면이 있으므로 일단 호감을 얻게 되면 득이 될 경우도 있다.
의심형	• 분명한 증거나 근거를 제시하여 스스로 확신을 갖도록 유도한다. • 때로는 책임자로 하여금 응대하는 것도 좋다.
트집형	• 이야기를 경청하고 맞장구를 치며 추켜세우고 설득해 가는 방법이 효과적이다. • '손님의 말씀이 맞습니다.' 하고 고객의 지적이 옳음을 표시한 후 '저도 그렇게 생각하고 있습니다만……' 하고 설득한다. • 잠자코 고객의 의견을 경청하고 사과를 하는 응대가 바람직하다.
빨리빨리형	• '글쎄요.', '아마' 하는 식으로 애매한 화법을 사용하지 않는다. • 만사를 시원스럽게 처리하는 모습을 보이면 응대하기 쉽다.

③ 고객 불만처리 프로세스

단계	내용
경청	• 고객의 항의를 경청하고 끝까지 듣는다. • 선입관을 버리고 문제를 파악한다.
감사와 공감표시	• 일부러 시간을 내서 해결의 기회를 준 것에 감사를 표시한다. • 고객의 항의에 공감을 표시한다.
사과	• 고객의 이야기를 듣고 문제점에 대해 인정하고, 잘못된 부분에 대해 사과한다.
해결약속	• 고객이 불만을 느낀 상황에 대해 관심과 공감을 보이며, 문제의 빠른 해결을 약속한다.
정보파악	• 문제해결을 위해 꼭 필요한 질문만 하여 정보를 얻는다. • 최선의 해결방법을 찾기 어려우면 고객에게 어떻게 해주면 만족스러운지를 묻는다.
신속처리	• 잘못된 부분을 신속하게 시정한다.
처리확인과 사과	• 불만처리 후 고객에게 처리 결과에 만족하는지를 물어본다.
피드백	• 고객 불만 사례를 회사 및 전 직원에게 알려 다시는 동일한 문제가 발생하지 않도록 한다.

④ 고객만족 조사

　　㉠ 목적 : 고객의 주요 요구를 파악하여 가장 중요한 고객요구를 도출하고 자사가 가지고 있는 자원을 토대로 경영 프로세스의 개선에 활용함으로써 경쟁력을 증대시키는 것이다.

　　㉡ 고객만족 조사계획에서 수행되어야 할 것
　　　• 조사 분야 및 대상 결정
　　　• 조사목적 설정 : 전체적 경향의 파악, 고객에 대한 개별대응 및 고객과의 관계유지 파악, 평가목적, 개선목적
　　　• 조사방법 및 횟수
　　　• 조사결과 활용 계획

예제 5

고객중심 기업의 특징으로 옳지 않은 것은?

① 고객이 정보, 제품, 서비스 등에 쉽게 접근할 수 있도록 한다.
② 보다 나은 서비스를 제공할 수 있도록 기업정책을 수립한다.
③ 고객 만족에 중점을 둔다.
④ 기업이 행한 서비스에 대한 평가는 한번으로 끝낸다.

[출제의도]
고객서비스능력에 대한 포괄적인 문제로 실제 고객중심 기업의 입장에서 생각해 보면 쉽게 풀 수 있는 문제다.
[해설]
④ 기업이 행한 서비스에 대한 평가는 수시로 이루어져야 한다.

답 ④

출제예상문제

정답 및 해설 **p.282**

1 다음은 고객 불만 처리 프로세스이다. 빈칸에 들어갈 내용을 순서대로 나열한 것은?

경청 → 감사와 공감표시 → ( ) → 해결약속 → ( ) → 신속처리 → 처리확인과 사과 → ( )

① 정보파악, 사과, 피드백

② 정보파악, 피드백, 사과

③ 사과, 정보파악, 피드백

④ 사과, 피드백, 정보파악

2 제시된 사례 속 조직 유형에 대한 설명으로 옳지 않은 것은?

수요일 저녁, 카네기홀은 훌륭한 음악회에 대한 기대로 가득 차 있다. 오르페우스 실내악단이 따뜻한 박수갈채를 받으며 무대에 자리를 잡았으며, 연주자는 모두 자신에 차 있었다. 이 오케스트라는 다른 점이 있다. 바로 지휘자가 없다는 점이다. 1972년 첼리스트 줄리안 파이퍼(Julian Fifer)가 창립한 오르페우스 악단은 구성원 모두에게 음악을 지휘할 권한을 준다. 오르페우스 지휘자의 단일 지도력에 의존하기보다 구성원의 기술, 능력, 정열적인 신뢰에 의존하도록 만들어졌다.

① 혁신 잠재력이 크다.

② 목표 수행을 위한 동기를 부여한다.

③ 분명하고 확실한 문제에 이상적이다.

④ 조직에 학습과 변화의 기회를 제공한다.

3 효과적인 팀이란 팀 에너지를 최대로 활용하는 고성과 팀이다. 다음 중 효과적인 팀의 특징을 모두 고르면 몇 개인가?

> • 창조적으로 운영된다.
> • 역할과 책임을 명료화시킨다.
> • 팀 풍토를 발전시킨다.
> • 주관적인 결정을 내린다.
>
> • 과정에 초점을 맞춘다.
> • 개인의 약점을 활용한다.
> • 개방적으로 의사소통한다.

① 3개   ② 4개

③ 5개   ④ 6개

4 다음 사례를 바탕으로 甲의 멤버십 유형에 대한 설명으로 옳은 것을 고르면?

> 신입사원 甲은 조직의 멤버로서의 자신의 멤버십에 대하여 체크리스트를 작성한 결과, 자신이 D 유형에 해당한다는 사실을 알게 되었다.
>

① 일부러 반대의견을 제시한다.

② 리더나 조직을 믿고 헌신한다.

③ 업무 수행에는 감독이 반드시 필요하다.

④ 개인의 이익을 극대화하기 위한 흥정에 능하다.

5 다음을 읽고 甲이 팀워크를 촉진하기 위해 활용한 방법으로 적절한 것을 고르면?

S기업 전략기획팀의 팀장으로 근무하는 甲은 팀원들이 각자의 강점과 약점을 알아야 할 필요가 있다고 생각했다. 팀 회의를 소집한 甲은 어느 한 영역에서 강점을 가진 팀원과 그 영역에서 취약한 다른 팀원을 짝짓는 방식으로 모든 팀원을 2인 1조로 짝을 지어 업무를 처리하도록 하였다. 그리고 일정 기간이 지난 후 이따금씩 짝을 바꿈으로써 팀원들 간에 교차훈련을 주고받을 수 있도록 하였다. 이러한 결정은 팀원 모두에게 이익을 주었으며, 모든 팀원은 결정을 실행하는 데 적극적으로 동참하였다.

① 갈등을 해결하는 것
② 동료 피드백을 장려하는 것
③ 참여적으로 의사결정을 하는 것
④ 창의력 조성을 위해 협력하는 것

6 다음 사례에서 나타나고 있는 리더십의 유형은?

N기업은 직원 하나하나가 더 많은 자율과 책임을 가지고 역량을 쌓을 수 있도록 '책임근무제'를 실시하고 있다. 이를 통해 따로 출·퇴근 시간을 정하지 않고 임직원 모두가 업무 시간을 탄력적으로 사용하도록 하고 인사·총무·복리후생과 관련된 결재의 70%는 직원 본인 전결로 이뤄지도록 하였다. 실례로 연차휴가를 사용하고자 할 때 상사의 결재 없이 자율적으로 신청하여 사용하면 된다. N사의 한 관계자는 자사의 서비스가 아시아 지역은 물론 유럽과 중동 지역에까지 확대되면서 해외 현지와 시간을 맞춰 일해야 하는 빈도가 늘어나고 있어 출·퇴근 자율제를 시행하게 되었다고 '책임근무제' 도입 배경을 설명하였다. 또한 홍길동 현 N사 이사회 의장은 조직의 관료화를 막기 위해 서비스 단위 조직인 '셀 제도'와 '사내독립기업'을 활성화시키고 있는 것으로 전해졌다. 이는 서비스 특성상 감각적이고 젊은 실무형 직원들이 독립적으로 조직을 구성할 수 있도록 하기 위해서이다. 여기서 각 셀 조직의 리더들은 직급에 상관없이 선정되며 연봉·보상체계·승진기준 등 모든 인사권과 더불어 '책임예산제'를 통해 각각의 서비스 프로젝트에 맞게 예산을 운영할 수 있다. 이 과정에서 역량이 입증된 셀 조직은 사내독립기업으로 선정하여 해당 리더가 실질적인 경영권을 갖게 된다. 또 다른 N사 관계자는 급변하는 모바일 시대 속에서 개별 서비스의 빠른 의사결정과 과감한 실행력을 유도하기 위해 현재 여러 가지 제도를 시행하고 있으며 특히 셀 제도를 실시하면서 신규 서비스 개발 기간이 확연히 줄어들고 있다고 전했다.

① 변혁적 리더십
② 셀프 리더십
③ 카리스마 리더십
④ 서번트 리더십

7 다음 사례에서 이 고객의 불만유형으로 적절한 것은?

> 훈재가 근무하고 있는 △△핸드폰 대리점에 한 고객이 방문하여 깨진 핸드폰 케이스를 보여주며 무상으로 바꿔달라고 요구하고 있다. 이 핸드폰 케이스는 이번에 새로 출시된 핸드폰에 맞춰서 이벤트 차원에서 한 달간 무상으로 지급한 것이며 현재는 이벤트 기간이 끝나 돈을 주고 구입을 해야 한다. 훈재는 깨진 핸드폰 케이스는 고객의 실수에 의한 것으로 무상으로 바꿔줄 수 없으며 새로 다시 구입을 해야 한다고 설명하였다. 하지만 이 고객은 본인은 핸드폰을 구입할 때 이미 따로 보험에 가입을 했으며 핸드폰 케이스는 핸드폰의 부속품이므로 마땅히 무상 교체를 해줘야 한다고 트집을 잡고 있다.

① 의심형
② 빨리빨리형
③ 거만형
④ 트집형

8 다음 사례에서 이 고객에 대한 적절한 응대법으로 옳은 것은?

> 은지는 옷가게를 운영하고 있는데 어느 날 한 여성 고객이 찾아왔다. 그녀는 매장을 둘러보면서 이 옷, 저 옷을 만져보고 입어보더니 "어머, 여기는 옷감이 좋아보이지도 않는데 가격은 비싸네.", "여긴 별로 예쁜 옷이 없네. 디자이너가 아직 경험이 부족한 것 같은데." 등의 말을 하면서 거만하게 자신도 디자이너 출신이고 아가씨가 아직 경험이 부족한 것 같아 자신이 조금 조언을 해 주겠다며 은지에게 옷을 만들 때 옷감은 어떤 걸로 해야 하고 매듭은 어떻게 지어야 한다는 등의 말을 늘어놓았다. 그러는 동안 옷가게에는 몇 명의 다른 손님들이 옷을 둘러보며 은지를 찾다가 그냥 되돌아갔다.

① 자신의 과시욕이 채워지도록 뽐내게 내버려 둔다.
② 분명한 증거나 근거를 제시하여 스스로 확신을 갖도록 유도한다.
③ 이야기를 경청하고 맞장구를 치며 치켜세우고 설득해 간다.
④ "글쎄요.", "아마"와 같은 애매한 화법을 사용하지 않는다.

9 다음 두 사례에서 노드스트롬의 고객서비스 특징으로 옳은 것은?

〈사례1〉

어느 날 한 노인이 노드스트롬에 타이어를 반품하러 왔다. 하지만 노드스트롬에서는 타이어를 판매하고 있지 않았고 그 노인이 가지고 온 것은 노드스트롬이 예전에 인수했던 가게에서 팔던 제품이었다. 타이어가 없었기 때문에 노인은 당연히 노드스트롬에 타이어를 반품할 수 없는 상황이었지만 노드스트롬의 직원은 흔쾌히 즉석에서 노인에게 타이어 값을 지불하였다. 직원은 그 노인이 이전 가게에서 타이어를 산 것인지 아니면 자신을 속이는 것인지 알 수 없었지만 자신의 판단으로 그 노인은 노드스트롬의 고객이었고 그렇기 때문에 환한 미소와 함께 반품 요청을 승인한 것이었다.

〈사례2〉

어느 날 오후 한 고객이 급하게 노드스트롬 매장을 찾았다. 그는 곧 중요한 회의가 있는데 갑자기 셔츠가 더러워져 새로 사러 왔다고 말하며 셔츠 하나를 골랐다. 그러자 노드스트롬의 직원은 즉시 새로 산 셔츠를 다림질해서 입을 수 있도록 마련하였다.

① 신규고객을 유치하기 위해 다양한 이벤트를 실시하고 있다.
② 고객이 물어보기 전에 고객이 원하는 것이 무엇인지 파악하고 그것을 실행한다.
③ 고객을 최우선으로 생각하며 각 직원들이 자신의 판단 하에 고객이 원하는 방향으로 서비스를 제공한다.
④ 불만 고객에 대한 사후 서비스가 철저하다.

10 다음 사례에서 직장인으로서 옳지 않은 행동을 한 사람은?

〈사례1〉

K그룹에 다니는 철환이는 어제 저녁 친구들과 횟집에서 회를 먹고 오늘 일어나자 갑자기 배가 아파 병원에 간 결과 식중독에 걸렸다는 판정을 받고 입원을 하게 되었다. 생각지도 못한 일로 갑자기 결근을 하게 된 철환이는 즉시 회사에 연락해 사정을 말한 후 연차를 쓰고 입원하였다.

〈사례2〉

여성 구두를 판매하는 S기업의 영업사원으로 입사한 상빈이는 업무상 여성고객들을 많이 접하고 있다. 어느 날 외부의 한 백화점에서 여성고객을 만나게 된 상빈이는 그 고객과 식사를 하기 위해 식당이 있는 위층으로 에스컬레이터를 타고 가게 되었다. 이때 그는 그 여성고객에게 먼저 타도록 하고 자신은 뒤에 타고 올라갔다.

〈사례3〉

한창 열심히 근무하는 관모에게 한 통의 전화가 걸려 왔다. 얼마 전 집 근처에 있는 공인중개사에 자신의 이름으로 된 집을 월세로 내놓았는데 그 공인중개사에서 연락이 온 것이다. 그는 옆자리에 있는 동료에게 잠시 자리를 비우겠다고 말한 뒤 신속하게 사무실 복도를 지나 야외 휴게실에서 공인중개사 사장과 연락을 하고 내일 저녁 계약 약속을 잡았다.

〈사례4〉

입사한 지 이제 한 달이 된 정호는 어느 날 다른 부서에 급한 볼일이 있어 복도를 지나다가 우연히 앞에 부장님이 걸어가는 걸 보았다. 부장님보다 천천히 가자니 다른 부서에 늦게 도착할 것 같아 어쩔 수 없이 부장님을 지나치게 되었는데 이때 그는 부장님께 "실례하겠습니다."라고 말하는 것을 잊지 않았다.

① 철환

② 상빈

③ 관모

④ 정호

11 다음 사례에서 팀워크에 도움이 안 되는 사람은 누구인가?

◎◎기업의 입사동기인 영재와 영초, 문식, 운영은 이번에 처음으로 함께 프로젝트를 수행하게 되었다. 이는 이번에 나온 신제품에 대한 소비자들의 선호도를 조사하는 것으로 ◎◎기업에서 이들의 팀워크 능력을 알아보기 위한 일종의 시험이었다. 이 프로젝트에서 네 사람은 각자 자신이 잘 할 수 있는 능력을 살려 업무를 분담했는데 평소 말주변이 있고 사람들과 만나는 것을 좋아하는 영재는 직접 길거리로 나가 시민들을 대상으로 신제품에 대한 설문조사를 실시하였다. 그리고 어릴 때부터 일명 '천재소년'이라고 자타가 공인한 영초는 자신의 능력을 믿고 다른 사람들과는 따로 설문조사를 실시하였고 보고서를 작성하였다. 한편 대학에서 수학과를 나와 통계에 자신 있는 문식은 영재가 조사해 온 자료를 바탕으로 통계를 내기 시작하였고 마지막으로 꼼꼼한 운영이가 깔끔하게 보고서를 작성하여 상사에게 제출하였다.

① 영재

② 영초

③ 문식

④ 운영

12 다음 사례에 나오는 마부장의 리더십은 어떤 유형인가?

○○그룹의 마부장은 이번에 새로 보직 이동을 하면서 판매부서로 자리를 옮겼다. 그런데 판매부서는 ○○그룹에서도 알아주는 문제가 많은 부서 중에 한 곳으로 모두들 이곳으로 옮기기를 꺼려한다. 그런데 막상 이곳으로 온 마부장은 이곳 판매부서가 비록 직원이 3명밖에 없는 소규모의 부서이지만 세 명 모두가 각자 나름대로의 재능과 경험을 가지고 있고 단지 서로 화합과 협력이 부족하여 성과가 저조하게 나타났음을 깨달았다. 또한 이전 판매부장은 이를 간과한 채 오직 성과내기에 급급하여 직원들을 다그치기만 하자 팀 내 사기마저 떨어지게 된 것이다. 이에 마부장은 부원들의 단합을 위해 매주 등산모임을 만들고 수시로 함께 식사를 하면서 많은 대화를 나눴다. 또한 각자의 능력을 살릴 수 있도록 업무를 분담해 주고 작은 성과라도 그에 맞는 보상을 해 주었다. 이렇게 한 달, 두 달이 지나자 판매부서의 성과는 눈에 띄게 높아졌으며 직원들의 사기 역시 높게 나타났다.

① 카리스마 리더십

② 독재자형 리더십

③ 변혁적 리더십

④ 거래적 리더십

13 다음 사례에서 장부장이 취할 수 있는 가장 적절한 행동은 무엇인가?

> 서울에 본사를 둔 T그룹은 매년 상반기와 하반기에 한 번씩 전 직원이 워크숍을 떠난다. 이는 평소 직원들 간의 단체생활을 중시 여기는 T그룹 회장의 지침 때문이다. 하지만 워낙 직원이 많은 T그룹이다 보니 전 직원이 한꺼번에 움직이는 것은 불가능하고 각 부서별로 그 부서의 장이 재량껏 계획을 세우고 워크숍을 진행하도록 되어있다. 이에 따라 생산부서의 장부장은 부원들과 강원도 태백산에 가서 1박 2일로 야영을 하기로 했다. 하지만 워크숍을 가는 날 아침 갑자기 예약한 버스가 고장이 나서 출발을 못한다는 연락을 받았다.

① 워크숍은 장소보다도 이를 통한 부원들의 단합과 화합이 중요하므로 서울 근교의 적당한 장소를 찾아 워크숍을 진행한다.
② 무슨 일이 있어도 계획을 실행하기 위해 새로 예약 가능한 버스를 찾아보고 태백산으로 간다.
③ 어쩔 수 없는 일이므로 상사에게 사정을 얘기하고 이번 워크숍은 그냥 집에서 쉰다.
④ 각 부원들에게 의견을 물어보고 각자 자율적으로 하고 싶은 활동을 하도록 한다.

14 다음 사례에서 민수의 행동 중 잘못된 행동은 무엇인가?

> 민수는 Y기업 판매부서의 부장이다. 그의 부서는 크게 3개의 팀으로 구성되어 있는데 이번에 그의 부서에서 본사의 중요한 프로젝트를 맡게 되었고 그는 세 팀의 팀장들에게 이번 프로젝트를 성공시키면 전원 진급을 시켜주겠다고 약속하였다. 각 팀의 팀장들은 민수의 말을 듣고 한 달 동안 야근을 하면서 마침내 거액의 계약을 따내게 되었다. 이로 인해 각 팀의 팀장들은 회사로부터 약간의 성과급을 받게 되었지만 정작 진급은 애초에 세 팀 중에 한 팀만 가능하다는 사실을 뒤늦게 통보받았다. 각 팀장들은 민수에게 불만을 표시했고 민수는 미안하게 됐다며 성과급 받은 것으로 만족하라는 말만 되풀이하였다.

① 상대방에 대한 이해
② 기대의 명확화
③ 사소한 일에 대한 관심
④ 약속의 불이행

15 대인관계능력을 구성하는 하위능력 중 현재 동신과 명섭의 팀에게 가장 필요한 능력은 무엇인가?

> 올해 E그룹에 입사하여 같은 팀에서 근무하게 된 동신과 명섭은 다른 팀에 있는 입사동기들과 외딴 섬으로 신입사원 워크숍을 가게 되었다. 그 곳에서 각 팀별로 1박 2일 동안 스스로 의·식·주를 해결하며 주어진 과제를 수행하는 임무가 주어졌는데 동신은 부지런히 섬 이 곳 저 곳을 다니며 먹을 것을 구해오고 숙박할 장소를 마련하는 등 솔선수범 하였지만 명섭은 단지 섬을 돌아다니며 경치 구경만 하고 사진 찍기에 여념이 없었다. 그리고 과제수행에 있어서도 동신은 적극적으로 임한 반면 명섭은 소극적인 자세를 취해 그 결과 동신과 명섭의 팀만 과제를 수행하지 못했고 결국 인사상의 불이익을 당하게 되었다.

① 리더십능력   ② 팀워크능력

③ 협상능력   ④ 고객서비스능력

16 다음 사례에서 종엽이 선택한 협상전략으로 옳은 것은?

> ⊙⊙전자에 다니는 종엽은 이번에 중소기업인 ☻☻기업과 중요한 협상을 앞두고 이를 성사시키기 위해 많은 준비를 하였다. 그 이유는 비록 자신의 회사인 ⊙⊙전자가 세계에서도 알아주는 대기업이지만 이는 하드웨어적인 분야에서 그럴 뿐 아직 소프트웨어 분야에서는 세계적인 경쟁력이 없기 때문에 소프트웨어 분야에서 경쟁력이 있는 ☻☻기업의 기술이 절실하기 때문이다. 반면 ☻☻기업은 소프트웨어 분야에서 세계적인 경쟁력과 성장가능성을 가지고 있지만 이제 막 시작한 작은 중소기업이기 때문에 막대한 자본력이 필요했다. 이러한 점을 파악한 종엽은 ☻☻기업이 ⊙⊙전자와 협상을 함으로써 얻게되는 여러 가지 이점을 어필하면서 서로 윈-윈 할 수 있는 방안을 제시하여 마침내 ☻☻기업과의 기술협상을 성사시켰다.

① 협력전략   ② 회피전략

③ 강압전략   ④ 유화전략

17 다음 사례에서 팀원들의 긴장을 풀어주기 위해 나팀장이 취할 수 있는 행동으로 가장 적절한 것은?

> 나팀장이 다니는 ▷◁기업은 국내에서 가장 큰 매출을 올리며 국내 경제를 이끌어가고 있다. 그로 인해 임직원들의 연봉은 다른 기업에 비해 몇 배나 높은 편이다. 하지만 그만큼 직원들의 업무는 많고 스트레스 또한 다른 직장인들에 비해 훨씬 높다. 매일 아침 6시까지 출근해서 2시간 동안 회의를 하고 야근도 밥 먹듯이 한다. 이런 생활이 계속되자 갓 입사한 신입직원들은 얼마 못 가 퇴사하기에 이르고 기존에 있던 직원들도 더 이상 신선한 아이디어를 내놓기 어려운 실정이 되었다. 특히 오늘 아침에는 유난히 팀원들이 긴장을 하는 것 같아 나팀장은 새로운 활동을 통해 팀원들의 긴장을 풀어주어야겠다고 생각했다.

① 자신이 신입직원이었을 당시 열정적으로 일해서 성공한 사례들을 들려준다.
② 오늘 아침 발표된 경쟁사의 신제품과 관련된 신문기사를 한 부씩 나눠주며 읽어보도록 한다.
③ 다른 직장인들에 비해 자신들의 연봉이 높음을 강조하면서 조금 더 힘내 줄 것을 당부한다.
④ 회사 근처에 있는 숲길을 천천히 걸으며 잠시 일상에서 벗어날 수 있는 시간을 마련해 준다.

18 다음 사례에서 오부장이 취할 행동으로 가장 적절한 것은?

> 오부장이 다니는 J의류회사는 전국 각지에 매장을 두고 있는 큰 기업 중 하나이다. 따라서 매장별로 하루에도 수많은 손님들이 방문하며 그 중에는 옷에 대해 불만을 품고 찾아오는 손님들도 간혹 있다. 하지만 고지식하며 상부의 지시를 중시 여기는 오부장은 이러한 사소한 일들도 하나하나 보고하여 상사의 지시를 받으라고 부하직원들에게 강조하고 있다. 그러다 보니 매장 직원들은 사소한 문제 하나라도 스스로 처리하지 못하고 일일이 상부에 보고를 하고 상부의 지시가 떨어지면 그때서야 문제를 해결한다. 이로 인해 자연히 불만고객에 대한 대처가 늦어지고 항의도 잇따르게 되었다. 오늘도 한 매장에서 소매에 단추 하나가 없어 이를 수선해 줄 것을 요청하는 고객의 불만을 상부에 보고해 지시를 기다리다가 결국 고객이 기다리지 못하고 환불요청을 한 사례가 있었다.

① 오부장이 직접 그 고객에게 가서 불만사항을 처리한다.
② 사소한 업무처리는 매장 직원들이 스스로 해결할 수 있도록 어느 정도 권한을 부여한다.
③ 매장 직원들에게 고객의 환불요청에 대한 책임을 물어 징계를 내린다.
④ 앞으로 이러한 실수가 일어나지 않도록 옷을 수선하는 직원들의 교육을 다시 시킨다.

19 다음 사례에서 유팀장이 부하직원들의 동기부여를 위해 행한 방법으로 옳지 않은 것은?

전자제품을 생산하고 있는 △△기업은 매년 신제품을 출시하는 것으로 유명하다. 그것도 시리즈 별로 하나씩 출시하기 때문에 실제로 출시되는 신제품은 1년에 2~3개가 된다. 이렇다 보니 자연히 직원들은 새로운 제품을 출시하고도 곧바로 또 다른 제품에 대한 아이디어를 내야하고 결국 이것이 스트레스로 이어져 업무에 대한 효율성이 떨어지게 되었다. 유팀장의 부하직원들 또한 이러한 이유로 고민을 하고 있다. 따라서 유팀장은 자신의 팀원들에게 아이디어를 하나씩 낼 때마다 게시판에 적힌 팀원들 이름 아래 스티커를 하나씩 붙이고 스티커가 다 차게 되면 휴가를 보내주기로 하였다. 또한 최근 들어 출시되는 제품들이 모두 비슷하기만 할 뿐 새로운 면을 찾아볼 수 없어 뭔가 혁신적인 기술을 제품에 넣기로 하였다. 특히 △△기업은 전자제품을 주로 취급하다 보니 자연히 보안에 신경을 쓸 수밖에 없었고 유팀장은 이 기회에 새로운 보안시스템을 선보이기로 하였다. 그리하여 부하직원들에게 지금까지 아무도 시도하지 못한 새로운 보안시스템을 개발해 보자고 제안하였고 팀원들도 그 의견에 찬성하였다. 나아가 유팀장은 직원들의 스트레스를 좀 더 줄이고 업무효율성을 극대화시키기 위해 기존에 유지되고 있던 딱딱한 업무환경을 개선할 필요가 있음을 깨닫고 직원들에게 자율적으로 출퇴근을 할 수 있도록 하는 한편 사내에 휴식공간을 만들어 수시로 직원들이 이용할 수 있도록 변화를 주었다. 그 결과 이번에 새로 출시된 제품은 △△기업 사상 최고의 매출을 올리며 큰 성과를 거두었고 팀원들의 사기 또한 하늘을 찌르게 되었다.

① 긍정적 강화법을 활용한다.
② 새로운 도전의 기회를 부여한다.
③ 지속적으로 교육한다.
④ 변화를 두려워하지 않는다.

20 다음 두 사례를 읽고 하나가 가지고 있는 임파워먼트의 장애요인으로 옳은 것은?

〈사례1〉

▽▽그룹에 다니는 민대리는 이번에 새로 입사한 신입직원 하나에게 최근 3년 동안의 매출 실적을 정리해서 올려달라고 부탁하였다. 더불어 기존 거래처에 대한 DB를 새로 업데이트하고 회계팀으로부터 전달받은 통계자료를 토대로 새로운 마케팅 보고서를 작성하라고 지시하였다. 하지만 하나는 일에 대한 열의는 전혀 없이 그저 맹목적으로 지시받은 업무만 수행하였다. 민대리는 그녀가 왜 업무에 열의를 보이지 않는지, 새로운 마케팅 사업에 대한 아이디어를 내놓지 못하는지 의아해했다.

〈사례2〉

◆◆기업에 다니는 박대리는 이번에 새로 입사한 신입직원 희진에게 최근 3년 동안의 매출 실적을 정리해서 올려달라고 부탁하였다. 더불어 기존 거래처에 대한 DB를 새로 업데이트하고 회계팀으로부터 전달받은 통계자료를 토대로 새로운 마케팅 보고서를 작성하라고 지시하였다. 희진은 지시받은 업무를 확실하게 수행했지만 일에 대한 열의는 전혀 없었다. 이에 박대리는 그녀와 함께 실적자료와 통계자료들을 살피며 앞으로의 판매 향상에 도움이 될 만한 새로운 아이디어를 생각하여 마케팅 계획을 세우도록 조언하였다. 그제야 희진은 자신에게 주어진 프로젝트에 대해 막중한 책임감을 느끼고 자신의 판단에 따라 효과적인 해결책을 만들었다.

---

① 책임감 부족   ② 갈등처리 능력 부족
③ 경험부족   ④ 제한된 정책과 절차

21 다음 중 직업세계에서 맞이하는 변화의 상황들에 대해 효과적으로 대처하기 위한 전략으로 옳지 않은 것은?

① 빠른 변화 속에서 자신을 재충전할 시간과 장소를 마련한다.
② 의사결정은 되도록 최대한 시간을 두고 천천히 결정한다.
③ 의사소통을 통해 목표와 역할, 직원에 대한 기대를 명확히 한다.
④ 상황을 올바르게 파악해 제어할 수 있고 타협할 수 있는 부분을 정한다.

22 다음 사례에서 박부장이 취할 수 있는 행동으로 적절하지 않은 것은?

> ◆◆기업에 다니는 박부장은 최근 경기침체에 따른 회사의 매출부진과 관련하여 근무환경을 크게 변화시키기로 결정하였다. 하지만 그의 부하들은 물론 상사와 동료들조차도 박부장의 결정에 회의적이었고 부정적인 시각을 내보였다. 그들은 변화에 소극적이었으며 갑작스런 변화는 오히려 회사의 존립자체를 무너뜨릴 수 있다고 판단하였다. 하지만 박부장은 갑작스런 변화가 처음에는 회사를 좀 더 어렵게 할 수는 있으나 장기적으로 본다면 틀림없이 회사에 큰 장점으로 작용할 것이라고 확신하고 있었고 여기에는 전 직원의 협력과 노력이 필요하였다.

① 직원들의 감정을 세심하게 살핀다.   ② 변화의 긍정적인 면을 강조한다.

③ 주관적인 자세를 유지한다.   ④ 변화에 적응할 시간을 준다.

23 다음은 갈등을 증폭시키는 원인에 대한 사례들 중 일부이다. 다음 사례에 해당하지 않는 보기는 무엇인가?

> ㉠ T그룹의 전대리는 직장 동료들에게 개인주의가 심하다는 말을 많이 듣는다. 그는 팀 내 목표가 주어져 동료들이 야근을 하는 와중에도 자신의 업무가 끝나면 퇴근하기 일쑤다. 전대리의 이러한 행동으로 인해 그의 팀은 올 3분기 팀 실적이 꼴찌를 기록했으며 4분기 또한 최하위권을 면치 못하게 되었다.
>
> ㉡ X기업의 임대리는 다른 직원들에 비해 실적이 좋은 편이다. 그는 입사한 지 10개월 만에 대리로 승진하였고 조만간 팀장으로 승진할 것이라는 소문이 은연 중에 떠돌고 있다. 하지만 임대리에 대한 다른 직원들의 평판은 그리 좋은 편이 아니다. 그 이유는 그가 협동심을 발휘하여 공통의 문제를 해결하려 하기보다 팀 동료를 누르고서라도 자신의 실적만을 쌓으려고 하기 때문이다.
>
> ㉢ R기업의 원과장과 윤과장은 사내에서 서로 한 마디도 하지 않는 사이다. 얼마 전 신제품 회의 때 다툰 이후로 그 둘은 서로 접촉하는 것마저 꺼려하는 사이가 되어 버렸다. 만약 무슨 일이 있어 상대방이 필요할 경우 그들은 제3자를 통해 간접적으로 업무를 처리한다.

① 의사소통의 폭을 줄이고 서로 접촉하는 것을 꺼린다.

② 공동의 목표를 달성할 필요성을 느끼지 않는다.

③ 문제해결보다 승리하기를 원한다.

④ 팀원들은 자신의 입장에 감정적으로 묶인다.

24 다음 사례에서 진부장과 채부장의 갈등 과정을 순서대로 바르게 나열한 것은?

> ㉠ 자리로 돌아온 진부장과 채부장은 서로 상대방의 입장은 부정하면서 자기주장만 하려고 한다. 부하직원들에게도 상대방에 대한 비방을 늘어놓으며 급기야 편까지 가르기에 이르렀다.
>
> ㉡ 이렇게 진부장과 채부장이 원수관계를 맺게 된 것도 어느 덧 반년이 지났다. 두 사람이 서로 소원하게 지내는 동안 V기업의 매출은 반 토막이 났고 앞으로의 전망도 밝지 않다. 이에 두 사람의 동기인 원부장은 어느 날 두 사람을 불러 밥을 먹으며 두 사람의 사이가 벌어진 원인에 대해 서로 속마음을 털어놓게 하고 새로운 해결점을 찾도록 도와주었다.
>
> ㉢ V기업에 다니는 입사동기 진부장과 채부장은 어느 날 회의에서 신제품의 매출부진과 관련하여 의견 차이를 내보였다. 신제품의 매출부진을 서로 상대방의 탓으로 돌려세운 것이다. 자존심이 강한 두 사람은 회의 내내 서로 말이 없었고 결국 그 날 회의는 아무 결론이 나지 않은 채 끝나고 말았다.
>
> ㉣ 결국 회사의 앞날을 위해 진부장과 채부장은 자신들이 서로 협력을 해야 한다는 것을 깨달았다. 그리고 서로 조금씩 양보하면서 합의점을 찾는데 성공하였다. 물론 이 합의점에 대해 두 사람 모두 만족하는 것은 아니었다. 하지만 회사의 앞날을 위해, 그리고 두 사람의 앞으로의 우정을 위해서라도 이렇게 하지 않으면 안 된다는 것을 두 사람은 알고 있었다.
>
> ㉤ 진부장과 채부장은 나아가 상대방에 대한 있지도 않은 인신공격까지 퍼 부었다. 누가 먼저라 할 것도 없이 같은 날 사내 홈페이지에 동시에 글이 올라온 것이다. 이를 보고 두 사람은 또 서로 욕을 했다. 심지어 상대방이 없어야 우리 회사가 발전할 수 있다는 둥, 그나마 자기 때문에 상대방이 지금까지 자리를 보존했다는 둥 하는 식이었다.

① ㉠㉡㉢㉣㉤
② ㉡㉣㉤㉢㉠
③ ㉢㉠㉤㉡㉣
④ ㉣㉢㉠㉤㉡

25 무역회사에 근무하는 팀장 S씨는 오전 회의를 통해 신입사원 O가 작성한 견적서를 살펴보았다. 그러던 중 다른 신입사원에게 지시한 주문양식이 어떻게 진행되고 있는지를 묻기 위해 신입사원 M을 불렀다. M은 "K가 제대로 주어진 업무를 하지 못하고 있어서 저는 아직까지 계속 기다리고만 있습니다. 그래서 아직 완성하지 못했습니다."라고 하였다. 그래서 K를 불러 물어보니 "M의 말은 사실이 아닙니다."라고 변명을 하고 있다. 팀장 S씨가 할 수 있는 가장 효율적인 대처방법은?

① 사원들 간의 피드백이 원활하게 이루어지는지 확인한다.

② 팀원들이 업무를 하면서 서로 협력을 하는지 확인한다.

③ 의사결정 과정에 잘못된 부분이 있는지 확인한다.

④ 중재를 하고 문제가 무엇인지 확인한다.

26 제약회사 영업부에 근무하는 W씨는 영업부 최고의 성과를 올리는 영업사원으로 명성이 자자하다. 그러나 그런 그에게도 단점이 있었으니 그것은 바로 서류 작업을 정시에 마친 적이 없다는 것이다. W씨가 회사로 복귀하여 서류 작업을 지체하기 때문에 팀 전체의 생산성에 차질이 빚어지고 있다면 영업부 팀장인 K씨의 행동으로 올바른 것은?

① W씨의 영업실적은 뛰어나므로 다른 직원에게 서류 작업을 지시한다.

② W씨에게 퇴근 후 서류 작업을 위한 능력을 개발하라고 지시한다.

③ W씨에게 서류작업만 할 수 있는 아르바이트 직원을 붙여준다.

④ W씨로 인한 팀의 분위기를 설명하고 해결책을 찾아보라고 격려한다.

27 다음 사례를 보고 리츠칼튼 호텔의 고객서비스 특징으로 옳은 것은?

> Robert는 미국 출장길에 샌프란시스코의 리츠칼튼 호텔에서 하루를 묵은 적이 있었다. 그는 서양식의 푹신한 베개가 싫어서 프런트에 전화를 걸어 좀 딱딱한 베개를 가져다 달라고 요청하였다. 호텔 측은 곧이어 딱딱한 베개를 구해왔고 덕분에 잘 잘 수 있었다.
>
> 다음날 현지 업무를 마치고 다음 목적지인 뉴욕으로 가서 우연히 다시 리츠칼튼 호텔에서 묵게 되었는데 아무 생각 없이 방 안에 들어간 그는 깜짝 놀랐다. 침대 위에 전날 밤 사용하였던 것과 같은 딱딱한 베개가 놓여 있는 게 아닌가.
>
> 어떻게 뉴욕의 호텔이 그것을 알았는지 그저 놀라울 뿐이었다. 그는 호텔 측의 이 감동적인 서비스를 잊지 않고 출장에서 돌아와 주위 사람들에게 침이 마르도록 칭찬했다.
>
> 어떻게 이런 일이 가능했을까? 리츠칼튼 호텔은 모든 체인점이 항시 공유할 수 있는 고객 데이터베이스를 구축하고 있었고, 데이터베이스에 저장된 정보를 활용해서 그 호텔을 다시 찾는 고객에게 완벽한 서비스를 제공하고 있었던 것이다.

① 불만 고객에 대한 사후 서비스가 철저하다.
② 신규 고객 유치를 위해 이벤트가 다양하다.
③ 고객이 물어보기 전에 고객이 원하는 것을 실행한다.
④ 고객이 원하는 것이 이루어질 때까지 노력한다.

28 다음 중 팀워크에 대한 설명으로 옳지 않은 것은?

① 훌륭한 팀워크를 유지하기 위해서는 솔직한 대화로 서로를 이해하는 과정이 필요하다.
② 질투나 시기로 인한 파벌주의는 팀워크를 저해하는 요소이다.
③ 팀워크를 위해서는 공동의 목표의식과 상호 간의 신뢰가 중요하다.
④ 팀워크란 구성원으로 하여금 집단에 머물도록 만들고, 그 집단에 계속 남아 있기를 원하게 만드는 힘이다.

29 소규모조직에서 경험, 재능을 소유한 조직원이 있을 때 효과적인 리더십 유형은?

① 독재자 유형

② 민주주의 근접 유형

③ 파트너십 유형

④ 변혁적 유형

30 다음은 엄팀장과 그의 팀원인 문식의 대화이다. 다음 상황에서 엄팀장이 주의해야 할 점으로 옳지 않은 것은?

> 엄팀장 : 문식씨, 좋은 아침이군요. 나는 문식씨가 구체적으로 어떤 업무를 하길 원하는지, 그리고 새로운 업무 목표는 어떻게 이룰 것인지 의견을 듣고 싶습니다.
>
> 문식 : 솔직히 저는 현재 제가 맡고 있는 업무도 벅찬데 새로운 업무를 받은 것에 대해 달갑지 않습니다. 그저 난감할 뿐이죠.
>
> 엄팀장 : 그렇군요. 그 마음 충분히 이해합니다. 하지만 현재 회사 여건상 인력감축은 불가피합니다. 현재의 인원으로 업무를 어떻게 수행할 수 있을지에 대해 우리는 계획을 세워야 합니다. 이에 대해 문식씨가 새로 맡게 될 업무를 검토하고 그것을 어떻게 달성할 수 있을지 집중적으로 얘기해 봅시다.
>
> 문식 : 일단 주어진 업무를 모두 처리하기에는 시간이 너무 부족합니다. 좀 더 다른 방법을 세워야 할 것 같아요.
>
> 엄팀장 : 그렇다면 혹시 그에 대한 다른 대안이 있나요?
>
> 문식 : 기존에 제가 가지고 있던 업무들을 보면 없어도 될 중복된 업무들이 있습니다. 이러한 업무들을 하나로 통합한다면 새로운 업무를 볼 여유가 생길 것 같습니다.
>
> 엄팀장 : 좋습니다. 좀 더 구체적으로 말씀해 주시겠습니까?
>
> 문식 : 우리는 지금까지 너무 고객의 요구를 만족시키기 위해 필요 없는 절차들을 많이 따르고 있었습니다. 이를 간소화할 필요가 있다고 생각합니다.
>
> 엄팀장 : 그렇군요. 어려운 문제에 대해 좋은 해결책을 제시해 줘서 정말 기쁩니다. 그렇다면 지금부터는 새로운 업무를 어떻게 진행시킬지, 그리고 그 업무가 문식씨에게 어떤 이점으로 작용할지에 대해 말씀해 주시겠습니까? 지금까지 문식씨는 맡은 업무를 잘 처리하였지만 너무 같은 업무만을 하다보면 도전정신도 없어지고 자극도 받지 못하죠. 이번에 새로 맡게 될 업무를 완벽하게 처리하기 위해 어떤 방법을 활용할 생각입니까?

문식 : 네. 사실 말씀하신 바와 같이 지금까지 겪어보지 못한 전혀 새로운 업무라 기분이 좋지는 않습니다. 하지만 반면 저는 지금까지 제 업무를 수행하면서 창의적인 능력을 사용해 보지 못했습니다. 이번 업무는 제게 이러한 창의적인 능력을 발휘할 수 있는 기회입니다. 따라서 저는 이번 업무를 통해 좀 더 창의적인 능력을 발휘해 볼 수 있는 경험과 그에 대한 자신감을 얻게 됐다 점이 가장 큰 이점으로 작용할 것이라 생각됩니다.

엄팀장 : 문식씨 정말 훌륭한 생각을 가지고 있군요. 이미 당신은 새로운 기술과 재능을 가지고 있다는 것을 우리에게 보여주고 있습니다.

① 지나치게 많은 정보와 지시를 내려 직원들을 압도한다.
② 어떤 활동을 다루고, 시간은 얼마나 걸리는지 등에 대해 구체적이고 명확하게 밝힌다.
③ 질문과 피드백에 충분한 시간을 할애한다.
④ 직원들의 반응을 이해하고 인정한다.

31 다음 중 코칭을 실천함으로써 조직에 돌아오는 장점으로 옳지 않은 것은?

① 직원들이 동기부여를 받아 자신감이 넘친다.
② 직원들이 철저한 복종감을 갖게 된다.
③ 전반적으로 효율성과 생산성이 상승된다.
④ 제품의 질이 높아진다.

32 다음 중 협력을 장려하기 위한 노력으로 옳지 않은 것은?

① 침묵을 지키는 것에 대해 존중해야 한다.
② 모든 아이디어를 기록한다.
③ 관점을 바꾼다.
④ 상식에서 벗어난 아이디어에 대해서는 과감하게 비판한다.

33 다음 사례에 나타난 리더십 유형의 특징으로 옳은 것은?

> 이번에 새로 팀장이 된 대근은 입사 5년차인 비교적 젊은 팀장이다. 그는 자신의 팀에 있는 팀원들은 모두 나름대로의 능력과 경험을 가지고 있으며 자신은 그들 중 하나에 불과하다고 생각한다. 따라서 다른 팀의 팀장들과 같이 일방적으로 팀원들에게 지시를 내리거나 팀원들의 의견을 듣고 그 중에서 마음에 드는 의견을 선택적으로 추리는 등의 행동을 하지 않고 평등한 입장에서 팀원들을 대한다. 또한 그는 그의 팀원들에게 의사결정 및 팀의 방향을 설정하는데 참여할 수 있는 기회를 줌으로써 팀 내 행동에 따른 결과 및 성과에 대해 책임을 공유해 나가고 있다. 이는 모두 팀원들의 능력에 대한 믿음에서 비롯된 것이다.

① 질문을 금지한다.
② 모든 정보는 리더의 것이다.
③ 실수를 용납하지 않는다.
④ 책임을 공유한다.

34 상대방을 설득시키는 방법 중 호혜관계 형성 전략에 대한 설명으로 옳은 것은?

① 사람은 어떤 과학적 이론보다 자신의 동료나 이웃의 말이나 행동에 의해 쉽게 설득된다.
② 협상 당사자 간에 어떤 혜택들을 주고받은 관계가 형성되어 있으면 그 협상과정상의 갈등해결이 용이하다.
③ 협상과정상 갈등상태가 발생했을 때 갈등을 야기한 사람과 관리자를 연결하면 갈등해결이 용이해진다.
④ 협상 당사자들끼리 기대하는 바에 대해 일관성 있고 헌신적으로 부응하여 행동하면 협상과정상 갈등해결이 용이해진다.

35 다음 사례에서 나타나는 고객 불만의 원인으로 옳지 않은 것은?

<사례1>

대학교를 입학하는 딸에게 노트북을 선물하기 위해 전자매장을 찾은 주현은 매니저에게 요즘 잘 나가는 노트북에 대해 여러 제품을 비교해 달라고 부탁하였다. 매니저는 곧 주현에게로 오더니 한 번 쓱 보고는 몇몇 제품에 대해 간략하게 설명을 하더니 주현이 잠시 생각하고 있자 이내 자리를 뜨고 말았다. 주현이 딸에게 적합한 제품을 조언받기 위해 매니저를 다시 찾았지만 매니저는 동료 직원과 얘기만 할 뿐 주현에게는 관심도 없었고 이윽고 다른 매니저가 가보라고 손짓을 하자 그제야 해당 매니저는 주현에게 와서 무엇이 궁금한지 묻기 시작하였다. 주현은 매니저의 행동에 기분이 나빠 딸을 데리고 인근에 있는 다른 매장으로 향했다.

<사례2>

어느 날 영재는 여자친구와 저녁을 먹기 위해 레스토랑에 들어갔다. 만난 지 3주년을 기념하는 자리였기에 둘은 일부러 조용하고 경치 좋은 이곳으로 온 것이다. 그들은 자리에 앉아 각자 먹고 싶은 음식을 고르고 주문을 하기 위해 벨을 눌렀다. 하지만 한참이 지나도록 종업원은 나타나지 않았고 영재가 두세 번 계속해서 누른 후에야 말단 종업원이 투덜거리며 왔다. 그러면서 종업원은 지금 손님이 많아 잠시 늦었을 뿐인데 뭐가 그렇게 바빠 벨을 계속 누르냐며 핀잔을 주었고 이내 메뉴판을 들고 사라졌다. 영재와 그의 여자친구는 이러한 종업원의 태도에 기분이 상해 그냥 나가 버렸고 그날 밤 인터넷에 해당 레스토랑의 종업원에 대한 내용을 후기로 올려버렸다.

<사례3>

안경알에 있는 흠을 제거하기 위해 안경점을 찾은 지영은 가게에 들어서자마자 깜짝 놀랐다. 주인이 아무 표정 없이 지영을 반겼기 때문이다. 그 주인은 마치 남의 가게를 잠시 봐주기라도 하는 듯 일에 대한 의욕이 없어 보였다. 지영은 자신이 가게를 찾은 이유를 말하며 안경알을 건네주었고 주인은 아무 말 없이 안경알을 받아 흠을 제거하기 시작하였다. 이내 흠을 제거한 주인은 아무 말 없이 안경알을 지영에게 주었고 지영이 그 자리에서 한 번 써보며 어떠냐고 묻자 그제야 안경을 얼굴에 맞게 바로 고쳐주었다. 그리고 지영이 잠시 그 자리에 그대로 서있다 결국 못 참아 "뭐 안경 수건이나 안경집 같은 건 따로 서비스로 안 주시나요?"라고 묻자 주인은 비로소 "하나 드릴까요?, 필요하세요?"라고 물으며 건네주었다. 지영은 주인의 행동에 너무 기분이 상해 결국 고맙다는 말도 없이 안경집과 수건을 받고 그곳을 나와 버렸다.

① 서비스 제공자의 불친절한 태도   ② 고객 뺑뺑이 돌리기

③ 무표정과 기계적인 서비스   ④ 고객의 요구 외면 및 무시

CHAPTER

05 정보능력

01 **정보화사회와 정보능력**

(1) 정보와 정보화사회

① 자료 · 정보 · 지식

구분	특징
자료 (Data)	객관적 실제의 반영이며, 그것을 전달할 수 있도록 기호화한 것
정보 (Information)	자료를 특정한 목적과 문제해결에 도움이 되도록 가공한 것
지식 (Knowledge)	정보를 집적하고 체계화하여 장래의 일반적인 사항에 대비해 보편성을 갖도록 한 것

② 정보화사회 : 필요로 하는 정보가 사회의 중심이 되는 사회

(2) 업무수행과 정보능력

① 컴퓨터의 활용 분야

　㉠ 기업 경영 분야에서의 활용 : 판매, 회계, 재무, 인사 및 조직관리, 금융 업무 등

　㉡ 행정 분야에서의 활용 : 민원처리, 각종 행정 통계 등

　㉢ 산업 분야에서의 활용 : 공장 자동화, 산업용 로봇, 판매시점관리시스템(POS) 등

　㉣ 기타 분야에서의 활용 : 교육, 연구소, 출판, 가정, 도서관, 예술 분야 등

② 정보처리과정

　㉠ 정보 활용 절차 : 기획 → 수집 → 관리 → 활용

　㉡ 5W2H : 정보 활용의 전략적 기획

　　• WHAT(무엇을?) : 정보의 입수대상을 명확히 한다.

　　• WHERE(어디에서?) : 정보의 소스(정보원)를 파악한다.

- WHEN(언제까지) : 정보의 요구(수집)시점을 고려한다.
- WHY(왜?) : 정보의 필요목적을 염두에 둔다.
- WHO(누가?) : 정보활동의 주체를 확정한다.
- HOW(어떻게) : 정보의 수집방법을 검토한다.
- HOW MUCH(얼마나?) : 정보수집의 비용성(효용성)을 중시한다.

예제 1

5W2H는 정보를 전략적으로 수집·활용할 때 주로 사용하는 방법이다. 5W2H에 대한 설명으로 옳지 않은 것은?

① WHAT : 정보의 수집방법을 검토한다.
② WHERE : 정보의 소스(정보원)를 파악한다.
③ WHEN : 정보의 요구(수집)시점을 고려한다.
④ HOW : 정보의 수집방법을 검토한다.

[출제의도]
방대한 정보들 중 꼭 필요한 정보와 수집 방법 등을 전략적으로 기획하고 정보수집이 이루어질 때 효과적인 정보 수집이 가능해진다. 5W2H는 이러한 전략적 정보 활용 기획의 방법으로 그 개념을 이해하고 있는지를 묻는 질문이다.
[해설]
5W2H의 'WHAT'은 정보의 입수대상을 명확히 하는 것이다. 정보의 수집방법을 검토하는 것은 HOW(어떻게)에 해당되는 내용이다.

답 ①

(3) 사이버공간에서 지켜야 할 예절

① 인터넷의 역기능

    ㉠ 불건전 정보의 유통

    ㉡ 개인 정보 유출

    ㉢ 사이버 성폭력

    ㉣ 사이버 언어폭력

    ㉤ 언어 훼손

    ㉥ 인터넷 중독

    ㉦ 불건전한 교제

    ㉧ 저작권 침해

② 네티켓(netiquette) : 네트워크(network) + 에티켓(etiquette)

(4) 정보의 유출에 따른 피해사례

① 개인정보의 종류

    ㉠ 일반 정보 : 이름, 주민등록번호, 운전면허정보, 주소, 전화번호, 생년월일, 출생지, 본적지, 성별, 국적 등

    ㉡ 가족 정보 : 가족의 이름, 직업, 생년월일, 주민등록번호, 출생지 등

    ㉢ 교육 및 훈련 정보 : 최종학력, 성적, 기술자격증/전문면허증, 이수훈련 프로그램, 서클 활동, 상벌사항, 성격/행태보고 등

    ㉣ 병역 정보 : 군번 및 계급, 제대유형, 주특기, 근무부대 등

    ㉤ 부동산 및 동산 정보 : 소유주택 및 토지, 자동차, 저축현황, 현금카드, 주식 및 채권, 수집품, 고가의 예술품 등

    ㉥ 소득 정보 : 연봉, 소득의 원천, 소득세 지불 현황 등

    ㉦ 기타 수익 정보 : 보험가입현황, 수익자, 회사의 판공비 등

    ㉧ 신용 정보 : 대부상황, 저당, 신용카드, 담보설정 여부 등

    ㉨ 고용 정보 : 고용주, 회사주소, 상관의 이름, 직무수행 평가 기록, 훈련기록, 상벌기록 등

    ㉩ 법적 정보 : 전과기록, 구속기록, 이혼기록 등

    ㉪ 의료 정보 : 가족병력기록, 과거 의료기록, 신체장애, 혈액형 등

    ㉫ 조직 정보 : 노조가입, 정당가입, 클럽회원, 종교단체 활동 등

    ㉬ 습관 및 취미 정보 : 흡연/음주량, 여가활동, 도박성향, 비디오 대여기록 등

② 개인정보 유출방지 방법

    ㉠ 회원 가입 시 이용 약관을 읽는다.

    ㉡ 이용 목적에 부합하는 정보를 요구하는지 확인한다.

    ㉢ 비밀번호는 정기적으로 교체한다.

    ㉣ 정체불명의 사이트는 멀리한다.

    ㉤ 가입 해지 시 정보 파기 여부를 확인한다.

    ㉥ 남들이 쉽게 유추할 수 있는 비밀번호는 자제한다.

02 정보능력을 구성하는 하위능력

(1) 컴퓨터활용능력

① 인터넷 서비스 활용

　㉠ 전자우편(E-mail) 서비스 : 정보 통신망을 이용하여 다른 사용자들과 편지나 여러 정보를 주고받는 통신 방법

　㉡ 인터넷 디스크/웹 하드 : 웹 서버에 대용량의 저장 기능을 갖추고 사용자가 개인용 컴퓨터의 하드 디스크와 같은 기능을 인터넷을 통하여 이용할 수 있게 하는 서비스

　㉢ 메신저 : 인터넷에서 실시간으로 메시지와 데이터를 주고받을 수 있는 소프트웨어

　㉣ 전자상거래 : 인터넷을 통해 상품을 사고팔거나 재화나 용역을 거래하는 사이버 비즈니스

② 정보검색 : 여러 곳에 분산되어 있는 수많은 정보 중에서 특정 목적에 적합한 정보만을 신속하고 정확하게 찾아내어 수집, 분류, 축적하는 과정

　㉠ 검색엔진의 유형

　　• 키워드 검색 방식 : 찾고자 하는 정보와 관련된 핵심적인 언어인 키워드를 직접 입력하여 이를 검색 엔진에 보내어 검색 엔진이 키워드와 관련된 정보를 찾는 방식

　　• 주제별 검색 방식 : 인터넷상에 존재하는 웹 문서들을 주제별, 계층별로 정리하여 데이터베이스를 구축한 후 이용하는 방식

　　• 통합형 검색방식 : 사용자가 입력하는 검색어들이 연계된 다른 검색 엔진에게 보내고 이를 통하여 얻어진 검색 결과를 사용자에게 보여주는 방식

　㉡ 정보 검색 연산자

기호	연산자	검색조건
*, &	AND	두 단어가 모두 포함된 문서를 검색
|	OR	두 단어가 모두 포함되거나 두 단어 중에서 하나만 포함된 문서를 검색
-, !	NOT	'-' 기호나 '!' 기호 다음에 오는 단어는 포함하지 않는 문서를 검색
~, near	인접검색	앞/뒤의 단어가 가깝게 있는 문서를 검색

③ 소프트웨어의 활용

　㉠ 워드프로세서

　　• 특징 : 문서의 내용을 화면으로 확인하면서 쉽게 수정 가능, 문서 작성 후 인쇄 및 저장 가능, 글이나 그림의 입력 및 편집 가능

　　• 기능 : 입력기능, 표시기능, 저장기능, 편집기능, 인쇄기능 등

ⓒ 스프레드시트

- 특징 : 쉽게 계산 수행, 계산 결과를 차트로 표시, 문서를 작성하고 편집 가능
- 기능 : 계산, 수식, 차트, 저장, 편집, 인쇄기능 등

예제 2

귀하는 커피 전문점을 운영하고 있다. 아래와 같이 엑셀 워크시트로 4개 지점의 원두 구매 수량과 단가를 이용하여 금액을 산출하고 있다. 귀하가 다음 중 D3셀에서 사용하고 있는 함수식으로 옳은 것은? (단, 금액 = 수량 × 단가)

	A	B	C	D	E
1	지점	원두	수량(100g)	금액	
2	A	케냐	15	150000	
3	B	콜롬비아	25	175000	
4	C	케냐	30	300000	
5	D	브라질	35	210000	
6					
7		원두	100g당 단가		
8		케냐	10,000		
9		콜롬비아	7,000		
10		브라질	6,000		
11					

① =C3*VLOOKUP(B3, $B$8:$C$10, 1, 1)

② =B3*HLOOKUP(C3, $B$8:$C$10, 2, 0)

③ =C3*VLOOKUP(B3, $B$8:$C$10, 2, 0)

④ =C3*HLOOKUP($B$8:$C$10, 2, B3)

ⓒ 프레젠테이션

- 특징 : 각종 정보를 사용자 또는 대상자에게 쉽게 전달
- 기능 : 저장, 편집, 인쇄, 슬라이드 쇼 기능 등

ⓓ 유틸리티 프로그램 : 파일 압축 유틸리티, 바이러스 백신 프로그램

④ 데이터베이스의 필요성

㉠ 데이터의 중복을 줄인다.

㉡ 데이터의 무결성을 높인다.

㉢ 검색을 쉽게 해준다.

㉣ 데이터의 안정성을 높인다.

㉤ 개발기간을 단축한다.

(2) 정보처리능력

① **정보원**: 1차 자료는 원래의 연구성과가 기록된 자료이며, 2차 자료는 1차 자료를 효과적으로 찾아보기 위한 자료 또는 1차 자료에 포함되어 있는 정보를 압축·정리한 형태로 제공하는 자료이다.

　　㉠ **1차 자료**: 단행본, 학술지와 논문, 학술회의자료, 연구보고서, 학위논문, 특허정보, 표준 및 규격 자료, 레터, 출판 전 배포자료, 신문, 잡지, 웹 정보자원 등

　　㉡ **2차 자료**: 사전, 백과사전, 편람, 연감, 서지데이터베이스 등

② **정보분석 및 가공**

　　㉠ **정보분석의 절차**: 분석과제의 발생 → 과제(요구)의 분석 → 조사항목의 선정 → 관련정보의 수집(기존자료 조사/신규자료 조사) → 수집정보의 분류 → 항목별 분석 → 종합·결론 → 활용·정리

　　㉡ **가공**: 서열화 및 구조화

③ **정보관리**

　　㉠ 목록을 이용한 정보관리

　　㉡ 색인을 이용한 정보관리

　　㉢ 분류를 이용한 정보관리

▌ 예제 3 ▐

인사팀에서 근무하는 J씨는 회사가 성장함에 따라 직원 수가 급증하기 시작하면서 직원들의 정보관리 방법을 모색하던 중 다음과 같은 A사의 직원 정보관리 방법을 보게 되었다. J씨는 A사가 하고 있는 이 방법을 회사에도 도입하고자 한다. 이 방법은 무엇인가?

> A사의 인사부서에 근무하는 H씨는 직원들의 개인정보를 관리하는 업무를 담당하고 있다. A사에서 근무하는 직원은 수천 명에 달하기 때문에 H씨는 주요 키워드나 주제어를 가지고 직원들의 정보를 구분하여 관리하여, 찾을 때도 쉽고 내용을 수정할 때도 이전보다 훨씬 간편할 수 있도록 했다.

① 목록을 활용한 정보관리
② 색인을 활용한 정보관리
③ 분류를 활용한 정보관리
④ 1:1 매칭을 활용한 정보관리

답 ②

출제예상문제

정답 및 해설 **p.292**

1 다음에 해당하는 검색 옵션은 무엇인가?

> 와일드 카드 문자를 키워드로 입력한 단어에 붙여 사용하는 검색으로 어미나 어두를 확장시켜 검색한다.

① 필드 검색   ② 절단 검색

③ 구문 검색   ④ 자연어 검색

2 다음에서 설명하고 있는 개념은 무엇인가?

> • 각 파일의 중복된 정보를 피하여 정보를 일원화하여 처리를 효율적으로 하기 위해 만든 데이터의 집합
> • 복수 업무에 공통으로 나타나는 데이터를 중심으로 모아서 이들을 상호 유기적으로 결합한 것
> • 어떤 데이터의 집합의 일부 또는 전부이며, 하나의 파일로 이루어지는 데이터 처리 시스템을 만족시키는 것

① 데이터베이스   ② 워드프로세서

③ 스프레드시트   ④ 프레젠테이션

3 Windows의 특징으로 옳지 않은 것은?

① 다중 사용자의 단일 작업만 가능하다.
② GUI(Graphic User Interface) 환경을 제공한다.
③ P&P를 지원하여 주변장치 인식이 용이하다.
④ 긴 파일이름을 지원한다.

4 다음 글에 나타난 컴퓨터의 기능으로 올바른 것은?

> 한국중세사 수업을 듣고 있는 지원이는 최근 조별 과제 발표자가 되었다. 발표 당일에 조원들이 조사해온 자료들을 종합한 USB를 컴퓨터에 인식시켰고 해당 자료를 바탕화면에 복사하여 발표 준비를 마쳤다.

① 입력기능   ② 기억기능

③ 연산기능   ④ 제어기능

5 광디스크는 컴퓨터 정보의 저장매체로, 사용하는 레이저의 파장과 홈의 간격에 따라 정보의 용량이 달라진다. 홈을 촘촘히 많이 팔수록 정보를 많이 저장할 수 있는데, 홈이 작아지면 홈에 쏘아 주는 레이저의 파장이 짧아져야 한다. 이러한 광디스크의 종류가 아닌 것은?

① 블루레이 디스크   ② DVD

③ CD   ④ 플래시 메모리

6 하나 이상의 필드가 모여 구성되는 프로그램 처리의 기본 단위는?

① 비트(Bit)   ② 바이트(Byte)

③ 레코드(Record)   ④ 파일(File)

7 다음에서 설명하고 있는 문자 자료 표현은?

> • BCD코드와 EBCDIC코드의 중간 형태로 미국표준협회(ISO)가 제안한 코드이다.
> • 7비트로 2^7(128)가지의 문자표현이 가능하다.
> • 일반 PC용 및 데이터 통신용 코드이다.

① 해밍 코드(Hamming code)

② 가중치 코드(Weighted code)

③ EBCDIC 코드(Extended Binary coded decimal interchange code)

④ ASCII 코드(American standard code for information interchange)

8 다음 중 컴퓨터의 처리속도 단위를 빠른 순서대로 올바르게 나열한 것은?

① $ms > \mu s > ns > ps$ ② $ps > ns > \mu s > ms$

③ $ns > ms > \mu s > ps$ ④ $\mu s > ms > ps > ns$

9 다음 윈도우 키의 기능 중 잘못된 것은?

① Ctrl + A = 전체 선택

② Alt + F4 = 프로그램 종료

③ Alt + PrtSc ★ = 화면 전체를 클립보드로 복사

④ Ctrl + Shift + Esc = Windows 작업 관리자

10 다음 중 도메인 네임에 대한 설명이 잘못된 것을 모두 고르면?

㉠ com : 상업 회사, 기관   ㉡ org : 비영리기관

㉢ net : 연구기관   ㉣ mil : 군사기관

㉤ or : 정부기관

① ㉡㉢   ② ㉢㉤

③ ㉠㉣   ④ ㉣㉤

11 T사에 입사한 당신은 시스템 모니터링 및 관리 업무를 담당하게 되었다. 시스템을 숙지한 후 이어지는 상황에 알맞은 입력코드를 고르시오.

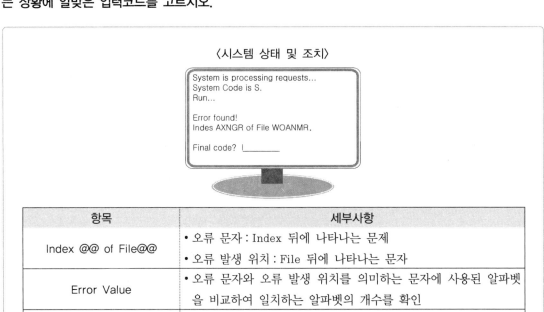

〈시스템 상태 및 조치〉

System is processing requests...
System Code is S.
Run...

Error found!
Indes AXNGR of File WOANMR.

Final code? |_____

항목	세부사항
Index @@ of File@@	• 오류 문자 : Index 뒤에 나타나는 문제 • 오류 발생 위치 : File 뒤에 나타나는 문자
Error Value	• 오류 문자와 오류 발생 위치를 의미하는 문자에 사용된 알파벳을 비교하여 일치하는 알파벳의 개수를 확인
Final Code	• Error Value를 통하여 시스템 상태 판단

〈시스템 상태 판단 기준〉

판단 기준	Final Code
일치하는 알파벳의 개수 = 0	Svem
0 < 일치하는 알파벳의 개수 ≤ 1	Atur
1 < 일치하는 알파벳의 개수 ≤ 3	Lind
3 < 일치하는 알파벳의 개수	Nugre

〈상황〉

System is processing requests...
System Code is S.
Run...

Error found!
Indes TLENGO of File MEONRTD.

Final code? |_____

① Svem   ② Atur

③ Lind   ④ Nugre

12 다음 워크시트에서 수식 '=LARGE(B2:B7,2)'의 결과 값은?

① 200   ② 300

③ 600   ④ 800

13 다음 설명에 해당하는 것은?

> 인터넷에 연결된 모든 기기에서 생산되는 대량의 디지털 데이터로, 문자, 사진, 동영상, 음성 등 다양한 유형으로 존재한다. 매일 전 세계 사용자를 통해 엄청난 양의 데이터가 생산되어 인터넷으로 유통되므로 사용자(소비자)의 이용 패턴과 성향/취향, 관심사 등을 파악할 수 있어 기업 입장에서 중요한 정보가 된다.

① FinTech   ② Big Data

③ AI   ④ IoT

14 인터넷에서 음성, 영상, 애니메이션 등을 실시간으로 재생하는 기술은?

① 스트리밍

② 버퍼링

③ 멀티태스킹

④ 다운로딩

15 엑셀에서 잘못된 인수나 피연산자를 사용하거나 수식 자동고침 기능으로 수식을 고칠 수 없을 때 나타나는 오류 메시지는?

① #NAME? ② #REF!

③ #VALUE! ④ #DIV/0

16 다음 중 아래 시트에서 수식 '=MOD(A3:A4)'의 값과 수식 '=MODE(A1:A9)'의 값으로 바르게 나열한 것은?

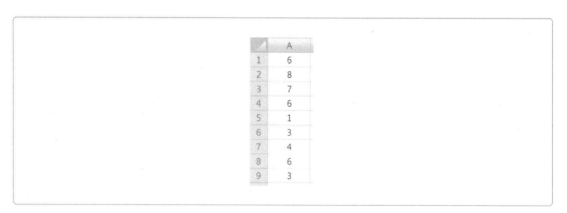

① 1, 3 ② 1, 6

③ 1, 8 ④ 2, 3

17 다음 중 아래 시트에서 야근일수를 구하기 위해 [B9] 셀에 입력할 함수로 옳은 것은?

① =COUNTBLANK(B3:B8)

② =COUNT(B3:B8)

③ =COUNTA(B3:B8)

④ =SUM(B3:B8)

18 주기억장치 관리기법 중 "Best Fit" 기법 사용 시 8K의 프로그램은 주기억장치 영역 중 어느 곳에 할당되는가?

영역1	영역2	영역3	영역4
9K	15K	10K	30K

① 영역1

② 영역2

③ 영역3

④ 영역4

19 '트리의 차수(Degree of tree)'는 트리 내의 각 노드들의 차수 중 가장 큰 값을 말한다. 다음 그림에서 '트리의 차수'는?

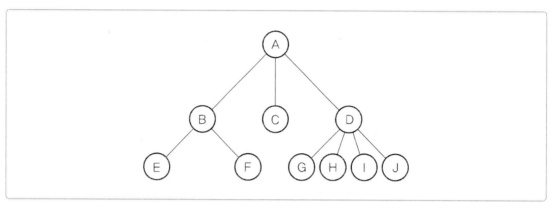

① 2

② 3

③ 4

④ 5

20 다음 워크시트에서 [A1:B2] 영역을 선택한 후 채우기 핸들을 사용하여 드래그 했을 때 [A6:B6] 영역 값으로 바르게 짝지은 것은?

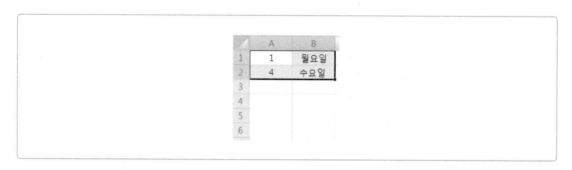

	A6	B6
①	15	목요일
③	15	수요일

	A6	B6
②	16	목요일
④	16	수요일

21 그래픽 관련 소프트웨어를 모두 고르면?

- 보이스텍 바이보이스
- 컴퓨픽
- 메타세콰이어
- Readiris
- 라이트웨이브
- 3D STUDIO MAX
- 알씨
- Dragon Naturally Speaking

① 3개 ② 4개
③ 5개 ④ 6개

22 스마트폰 신제품의 주기가 4~6개월에 불과하다는 것으로 제품의 사이클이 점점 빨라지는 현상을 나타내는 용어는?

① 스마트 법칙
② 구글 법칙
③ 안드로이드 법칙
④ 애플 법칙

23 다음 시트에서 수식 '=COUNTIFS(B2:B12,B3,D2:D12,D2)'의 결과 값은?

	A	B	C	D
1	성명	소속	근무연수	직급
2	윤한성	영업팀	3	대리
3	김영수	편집팀	4	대리
4	이준석	전산팀	1	사원
5	강석현	총무팀	5	과장
6	이진수	편집팀	3	대리
7	이하나	편집팀	10	팀장
8	전아미	영상팀	5	과장
9	임세미	편집팀	1	사원
10	김강우	영업팀	7	팀장
11	이동진	영업팀	1	사원
12	김현수	편집팀	4	대리

① 1   ② 2

③ 3   ④ 4

24 S회사에서 근무하고 있는 김대리는 최근 업무 때문에 HTML을 배우고 있다. 아직 초보라서 신입사원 H씨로부터 도움을 많이 받고 있지만, H씨가 자리를 비운 사이 김대리가 HTML에서 사용할 수 있는 tag를 써보았다. 잘못된 것은 무엇인가?

① 김대리는 줄을 바꾸기 위해 ⟨br⟩를 사용하였다.
② 김대리는 글자의 크기, 모양, 색상을 설정하기 위해 ⟨font⟩를 사용하였다.
③ 김대리는 표를 만들기 위해 ⟨table⟩을 사용하였다.
④ 김대리는 이미지를 삽입하기 위해 ⟨form⟩을 사용하였다.

25 다음에 설명하고 있는 인터넷 서비스는?

> 정보를 보관하기 위해 별도의 데이터 센터를 구축하지 않고 인터넷을 통해 제공되는 서버를 이용해 정보를 보관하고 있다가 필요할 때 꺼내 쓰는 기술

① 메신저　　　　　　　　　　　② 클라우드 컴퓨팅
③ SNS　　　　　　　　　　　　④ 전자상거래

26 왼쪽 워크시트의 성명 데이터를 오른쪽 워크시트처럼 성과 이름의 열로 분리하기 위해 어떤 기능을 사용하면 되는가?

① 텍스트 나누기　　　　　　　② 조건부 서식
③ 그룹 해제　　　　　　　　　④ 필터

27 그 성격이 가장 다른 정보원은?

① 단행본　　　　　　　　　　　② 학술회의자료
③ 백과사전　　　　　　　　　　④ 특허정보

▌28∼30▌ 다음은 시스템 모니터링 중에 나타난 화면이다. 다음 화면에 나타나는 정보를 이해하고 시스템 상태를 파악하여 적절한 input code를 고르시오.

〈시스템 화면〉

System is checking........
File system type A.
Correcting value type X.

Error value 018.
Error value 001.
Error value 007.
Error value 093.
Error value 078.

Correcting value 074.

Input code : _____

항목	세부사항
File system type	• type이 A인 경우 : error value 값들 중에서 가장 작은 값을 대푯값으로 선정 • type이 B인 경우 : 모든 error value 값을 곱하여 산출한 값을 대푯값으로 선정 ※ 대푯값은 File system에 따라 error value를 이용하여 산출하는 세 자리의 수치를 말한다.
Correcting value type	• type이 X인 경우 : 시스템 화면 아래에 있는 Correcting value의 $\frac{1}{2}$ 에 해당하는 값을 correcting value로 사용(소수점이 나오는 경우 소수점을 버린다.) • type이 Y인 경우 : 시스템 화면 아래에 있는 Correcting value의 세 배에 해당하는 값을 correcting value로 사용
Correcting value	대푯값과 대조를 통하여 시스템 상태를 판단

판단 기준	시스템 상태	input code
대푯값과 Correting value가 같은 경우	안전	safe
Correcting value가 대푯값보다 큰 경우	경계	• 두 배 이상 차이나지 않는 경우 : alert • 두 배 이상 차이나는 경우 : vigilant
대푯값이 Correnting value보다 큰 경우	위험	danger

28

〈시스템 화면〉

System is checking........
File system type A.
Correcting value type Y.

Error value 123.
Error value 049.
Error value 037.
Error value 061.
Error value 538.

Correcting value 072.

Input code : _____

① safe

② alert

③ vigilant

④ danger

29

〈시스템 화면〉

System is checking........
File system type A.
Correcting value type X.

Error value 369.
Error value 291.
Error value 367.
Error value 456.
Error value 128.

Correcting value 256.

Input code : _____

① safe
② alert
③ vigilant
④ danger

30

<시스템 화면>

System is checking........
File system type B.
Correcting value type X.

Error value 003.
Error value 008.
Error value 005.
Error value 002.
Error value 004.

Correcting value 999.

Input code : _____

① safe   ② alert
③ vigilant   ④ danger

▎31~32▎ 다음은 H사의 물품 재고 창고에 적재되어 있는 제품 보관 코드 체계이다. 다음 표를 보고 이어지는 질문에 답하시오.

〈예시〉
2010년 12월에 중국 '2 Stars' 사에서 생산된 아웃도어 신발의 15번째 입고 제품
→ 1012 − 1B − 04011 − 00015

생산 연월	공급처				입고 분류				입고품 수량
	원산지 코드		제조사 코드		용품 코드		제품별 코드		
2012년 9월 − 1209 2010년 11월 − 1011	1	중국	A	All−8	01	캐주얼	001	청바지	00001부터 다섯 자리 시리얼 넘버가 부여됨.
			B	2 Stars			002	셔츠	
			C	Facai			003	원피스	
	2	베트남	D	Nuyen	02	여성	004	바지	
			E	N−sky			005	니트	
	3	멕시코	F	Bratos			006	블라우스	
			G	Fama			007	점퍼	
	4	한국	H	혁진사	03	남성	008	카디건	
			I	K상사			009	모자	
			J	영스타			010	용품	
	5	일본	K	왈러스	04	아웃 도어	011	신발	
			L	토까이			012	래쉬가드	
			M	히스모	05	베이비	013	내복	
	6	호주	N	오즈본			014	바지	
			O	Island					
	7	독일	P	Kunhe					
			Q	Boyer					

31 2011년 10월에 생산된 '왈러스' 사의 여성용 블라우스로 10,215번째 입고된 제품의 코드로 알맞은 것은 무엇인가?

① 1010 − 5K − 02006 − 00215

② 1110 − 5K − 02060 − 10215

③ 1110 − 5K − 02006 − 10215

④ 1110 − 5L − 02005 − 10215

32 제품 코드 0810 − 3G − 04011 − 00910에 대한 설명으로 옳지 않은 것은 무엇인가?

① 해당 제품의 입고 수량은 적어도 910개 이상이다.

② 중남미에서 생산된 제품이다.

③ 여름에 생산된 제품이다.

④ 캐주얼 제품이 아니다.

SE－11－KOR－3A－1512	CH－08－CHA－2C－1308	SE－07－KOR－2C－1503
CO－14－IND－2A－1511	JE－28－KOR－1C－1508	TE－11－IND－2A－1411
CH－19－IND－1C－1301	SE－01－KOR－3B－1411	CH－26－KOR－1C－1307
NA－17－PHI－2B－1405	AI－12－PHI－1A－1502	NA－16－IND－1B－1311
JE－24－PHI－2C－1401	TE－02－PHI－2C－1503	SE－08－KOR－2B－1507
CO－14－PHI－3C－1508	CO－31－PHI－1A－1501	AI－22－IND－2A－1503
TE－17－CHA－1B－1501	JE－17－KOR－1C－1506	JE－18－IND－1C－1504
NA－05－CHA－3A－1411	SE－18－KOR－1A－1503	CO－20－KOR－1C－1502
AI－07－KOR－2A－1501	TE－12－IND－1A－1511	AI－19－IND－1A－1503
SE－17－KOR－1B－1502	CO－09－CHA－3C－1504	CH－28－KOR－1C－1308
TE－18－IND－1C－1510	JE－19－PHI－2B－1407	SE－16－KOR－2C－1505
CO－19－CHA－3A－1509	NA－06－KOR－2A－1401	AI－10－KOR－1A－1509

〈코드 부여 방식〉

[제품 종류]－[모델 번호]－[생산 국가]－[공장과 라인]－[제조연월]

〈예시〉

TE－13－CHA－2C－1501

2015년 1월에 중국 2공장 C라인에서 생산된 텔레비전 13번 모델

제품 종류 코드	제품 종류	생산 국가 코드	생산 국가
SE	세탁기	CHA	중국
TE	텔레비전	KOR	한국
CO	컴퓨터	IND	인도네시아
NA	냉장고	PHI	필리핀
AI	에어컨		
JE	전자레인지		
GA	가습기		
CH	청소기		

33 위의 코드 부여 방식을 참고할 때 옳지 않은 내용은?

① 창고에 있는 기기 중 세탁기는 모두 한국에서 제조된 것들이다.

② 창고에 있는 기기 중 컴퓨터는 모두 2015년에 제조된 것들이다.

③ 창고에 있는 기기 중 청소기는 있지만 가습기는 없다.

④ 창고에 있는 기기 중 2013년에 제조된 것은 청소기 뿐이다.

34 J회사에 다니는 Y씨는 가전제품 코드 목록을 파일로 불러와 검색을 하고자 한다. 검색의 결과로 옳지 않은 것은?

① 창고에 있는 세탁기가 몇 개인지 알기 위해 'SE'를 검색한 결과 7개임을 알았다.

② 창고에 있는 기기 중 인도네시아에서 제조된 제품이 몇 개인지 알기 위해 'IND'를 검색한 결과 10개임을 알았다.

③ 모델 번호가 19번인 제품을 알기 위해 '19'를 검색한 결과 4개임을 알았다.

④ 1공장 A라인에서 제조된 제품을 알기 위해 '1A'를 검색한 결과 6개임을 알았다.

35 2017년 4월에 한국 1공장 A라인에서 생산된 에어컨 12번 모델의 코드로 옳은 것은?

① AI − 12 − KOR − 2A − 1704

② AI − 12 − KOR − 1A −1704

③ AI − 11 − PHI − 1A − 1704

④ CH − 12 − KOR − 1A − 1704

PART

III

전공시험 맛보기

CHAPTER

01 사무영업

❖ **경영 · 경제/법학 · 행정/회계 · 세무 중 선택 1**

1 경영이론에 대한 설명으로 옳은 것은?

① 테일러(F. Taylor)의 과학적 관리론에서는 고정적 성과급제를 통한 조직관리를 강조하였다.

② 페이욜(H. Fayol)은 중요한 관리활동으로 계획수립, 조직화, 지휘, 조정, 통제 등을 제시하였다.

③ 바나드(C. Barnard)의 학습조직이론에서는 인간을 제한된 합리성을 갖는 의사결정자로 보았다.

④ 호손실험을 계기로 활발하게 전개된 인간관계론은 공식적 작업집단만이 작업자의 생산성에 큰 영향을 미친다고 주장하였다.

2 포드가 주창한 경영관리의 합리화 방식에 해당하지 않는 것은?

① 노동조합 육성
② 이동조립법(컨베이어벨트 시스템) 도입
③ 제품 표준화
④ 부품 규격화

3 다음 BCG(Boston Consulting Group) 매트릭스에 대한 설명으로 옳은 것으로만 묶은 것은?

> ㉠ 시장성장률이 높다는 것은 그 시장에 속한 사업부의 매력도가 높다는 것을 의미한다.
> ㉡ 매트릭스 상에서 원의 크기는 전체 시장규모를 의미한다.
> ㉢ 유망한 신규사업에 대한 투자재원으로 활용되는 사업부는 현금젖소(Cash Cow) 사업으로 분류된다.
> ㉣ 상대적 시장점유율은 시장리더기업의 경우 항상 1.0이 넘으며 나머지 기업은 1.0이 되지 않는다.

① ㉠, ㉡
② ㉠, ㉢
③ ㉡, ㉣
④ ㉢, ㉣

4 한국상사㈜의 주식은 현재 5만 원이다. 이 주식은 1년 후 5만 원에 매입할 수 있는 콜옵션의 가격이 1만 원이고, 5만 원에 매도할 수 있는 풋옵션의 가격이 5천 원이다. 만기 시(1년 후) 한국상사㈜의 주가가 7만 원이라고 할 경우, 다음 중 옳은 것은? (단, 화폐의 시간가치는 무시한다)

① 이 콜옵션의 매입자는 만기 시 1만 원 손실을 입는다.
② 이 콜옵션의 매도자는 만기 시 1만 원 손실을 입는다.
③ 이 풋옵션의 매입자는 만기 시 5천 원 이익을 얻는다.
④ 이 풋옵션의 매도자는 만기 시 5천 원 손실을 입는다.

5 다음 표는 甲국 경제에서 부존자원과 생산 기술을 이용하여 생산할 수 있는 자전거와 오토바이의 최대 생산량 조합을 나타낸 것이다. 이에 대한 설명으로 가장 옳은 것은?

(단위 : 대)

최대 생산량 조합	A	B	C	D	E
자전거	100	80	60	35	10
오토바이	1	2	3	4	5

① 오토바이 3대와 자전거 50대 생산은 불가능하다.
② B에서 C로 이동할 때, 오토바이 1대의 추가 생산에 따른 기회비용은 자전거 60대이다.
③ 자전거의 생산량을 늘려감에 따라, 자전거 생산의 기회비용은 점차 감소한다.
④ 생산량 조합이 B에서 C보다 C에서 D로 변할 때, 오토바이 생산의 기회비용은 증가한다.

6 국회의 권한에 대한 설명으로 옳은 것은?

① 국회는 헌법 또는 법률에 특별한 규정이 없는 한 재적의원 3분의 1 이상의 출석과 출석의원 과반수의 찬성으로 의결한다.
② 국회는 국가 기관 구성과 관련하여 헌법재판소장 임명권 및 중앙선거관리위원회 위원장 선출권을 가진다.
③ 국회는 정부의 동의 없이 정부가 제출한 지출예산 각 항의 금액을 증가하거나 새 비목을 설치할 수 있다.
④ 국회는 국정을 감사하거나 특정한 국정사안에 대하여 조사할 수 있으며, 이에 필요한 서류의 제출 또는 증인의 출석과 증언이나 의견의 진술을 요구할 수 있다.

7 정책네트워크에 대한 설명으로 옳지 않은 것은?

① 정책네트워크의 참여자는 정부뿐만 아니라 민간부문까지 포함한다.

② 정책공동체(policy community)에 비해서 이슈네트워크(issue network)는 제한된 행위자들이 정책 과정에 참여하며 경계의 개방성이 낮은 특성이 있다.

③ 헤클로(Heclo)는 하위정부모형을 비판적으로 검토하면서 정책이슈를 중심으로 유동적이며 개방적인 참여자들 간의 상호작용 현상을 묘사하기 위한 대안적 모형을 제안하였다.

④ 하위정부(sub-government)는 선출직 의원, 정부관료, 그리고 이익집단의 역할에 초점을 맞춘다.

8 동기이론에 대한 설명으로 옳지 않은 것은?

① 매슬로우(Maslow)는 충족된 욕구는 동기부여의 역할이 약화되고 그 다음 단계의 욕구가 새로운 동기 요인이 된다고 하였다.

② 앨더퍼(Alderfer)는 매슬로우의 5단계 욕구이론을 수정해서 인간의 욕구를 3단계로 나누었다.

③ 허즈버그(Herzberg)는 불만요인(위생요인)을 없앤다고 해서 적극적으로 만족감을 느끼는 것은 아니라고 했다.

④ 브룸(Vroom)의 기대이론에서 수단성(instrumentality)은 특정한 결과에 대한 선호의 강도를 의미한다.

9 ㈜한국은 20×1년 1월 1일 임대수익과 시세차익을 목적으로 건물을 ₩100,000,000(내용연수 10년, 잔존가치 ₩0, 정액법)에 구입하고, 해당 건물에 대해서 공정가치모형을 적용하기로 하였다. 20×1년 말 해당 건물의 공정가치가 ₩80,000,000일 경우 ㈜한국이 인식해야 할 평가손실은?

① 기타포괄손실 ₩10,000,000

② 당기손실 ₩10,000,000

③ 기타포괄손실 ₩20,000,000

④ 당기손실 ₩20,000,000

10 「부가가치세법」상 사업자등록에 대한 설명으로 옳지 않은 것은?

① 신규로 사업을 시작하려는 자는 사업 개시일 이전이라도 사업자등록을 신청할 수 있다.

② 사업장이 하나이나 추가로 사업장을 개설하려는 사업자는 사업자 단위로 해당 사업자의 본점 또는 주사무소 관할 세무서장에게 등록을 신청할 수 있다.

③ 사업장 관할 세무서장이 사업자가 사업 개시일 이전에 사업자등록신청을 하고 사실상 사업을 시작하지 아니하는 것을 알게 된 경우 해당 세무서장은 20일 이내에 사업자등록을 말소하여야 한다.

④ 사업장 단위로 등록한 사업자가 사업자 단위 과세 사업자로 변경하려면 사업자 단위 과세 사업자로 적용받으려는 과세기간 개시 20일 전까지 사업자의 본점 또는 주사무소 관할 세무서장에게 변경등록을 신청하여야 한다.

CHAPTER 02

N/W · 보안 · 개인정보 · IT(S/W)

❖ **컴퓨터일반**

1 유닉스 운영체제에 대한 설명으로 옳지 않은 것은?

① 계층적 파일시스템과 다중 사용자를 지원하는 운영체제이다.

② BSD 유닉스의 모든 코드는 어셈블리 언어로 작성되었다.

③ CPU 이용률을 높일 수 있는 다중 프로그래밍 기법을 사용한다.

④ 사용자 프로그램은 시스템 호출을 통해 커널 기능을 사용할 수 있다.

2 다음에서 설명하는 해킹 공격 방법은?

> 공격자는 사용자의 합법적 도메인을 탈취하거나 도메인 네임 시스템(DNS) 또는 프락시 서버의 주소를 변조하여, 사용자가 진짜 사이트로 오인하여 접속하도록 유도한 후 개인정보를 훔친다.

① 스니핑(Sniffing)

② 파밍(Pharming)

③ 트로이 목마(Trojan Horse)

④ 하이재킹(Hijacking)

3 다음 SQL 명령어에서 DDL(Data Definition Language) 명령어만을 모두 고른 것은?

> ㉠ ALTER ㉡ DROP
> ㉢ INSERT ㉣ UPDATE

① ㉠, ㉡ ② ㉡, ㉢
③ ㉡, ㉣ ④ ㉢, ㉣

4 네트워크 기술에 대한 설명으로 옳지 않은 것은?

① IPv6는 인터넷 주소 크기가 128비트이고 호스트 자동 설정기능을 제공한다.
② 광대역통합망은 응용 서비스별로 약속된 서비스 레벨 보증(Service Level Agreement) 품질수준을 보장해줄 수 있다.
③ 모바일 와이맥스(WiMAX)는 휴대형 단말기를 이용해 고속 인터넷 접속 서비스를 제공하는 무선망 기술이다.
④ SMTP(Simple Mail Transfer Protocol)는 사용자 인터페이스 구성방법을 지정하는 전송 계층 프로토콜이다.

5 스레싱(Thrashing)에 대한 설명으로 옳지 않은 것은?

① 프로세스의 작업 집합(Working Set)이 새로운 작업 집합으로 전이 시 페이지 부재율이 높아질 수 있다.
② 작업 집합 기법과 페이지 부재 빈도(Page Fault Frequency) 기법은 한 프로세스를 중단(Suspend)시킴으로써 다른 프로세스들의 스레싱을 감소시킬 수 있다.
③ 각 프로세스에 설정된 작업 집합 크기와 페이지 프레임 수가 매우 큰 경우 다중 프로그래밍 정도(Degree of Multiprogramming)를 증가시킨다.
④ 페이지 부재 빈도 기법은 프로세스의 할당받은 현재 페이지 프레임 수가 설정한 페이지 부재율의 하한보다 낮아지면 보유한 프레임 수를 감소시킨다.

6 다음 이진 트리의 노드를 전위 순회(preorder traversal)할 경우의 방문 순서는?

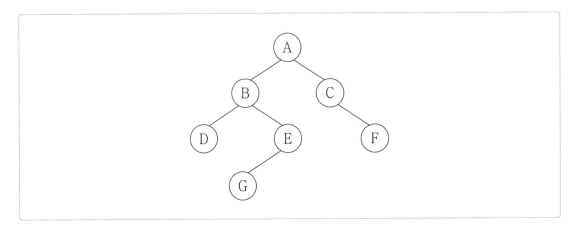

① A − B − C − D − E − F − G − H

② A − B − D − E − G − C − F − H

③ D − B − G − E − A − F − H − C

④ D − G − E − B − H − F − C − A

7 전자메일의 송신 또는 수신을 목적으로 하는 응용 계층 프로토콜에 해당하지 않는 것은?

① IMAP   ② POP3

③ SMTP   ④ SNMP

8 모바일 기기에 특화된 운영체제에 해당하지 않는 것은?

① iOS   ② Android

③ Symbian   ④ Solaris

9 정책 수립에 있어 중요성이 커지고 있는 빅데이터에 대한 설명으로 가장 옳지 않은 것은?

① 디지털 환경에서 생성되는 데이터로 규모가 방대하고, 생성 주기가 길며, 형태가 다양하다.

② 하둡(Hadoop)과 같은 오픈 소스 소프트웨어 시스템을 빅데이터 처리에 이용하는 것이 가능하다.

③ 보건, 금융과 같은 분야의 빅데이터는 사회적으로 유용한 정보이나 데이터 활용 측면에서 프라이버시 침해에 대한 대비가 필요하다.

④ 구글 및 페이스북, 아마존의 경우 이용자의 성향과 검색패턴, 구매패턴을 분석해 맞춤형 광고를 제공하는 등 빅데이터의 활용을 증대시키고 있다.

10 다음에서 설명하는 네트워크 구조는?

- 구축 비용이 저렴하고 새로운 노드를 추가하기 쉽다.
- 네트워크의 시작과 끝에는 터미네이터(Terminator)가 붙는다.
- 연결된 노드가 많거나 트래픽이 증가하면 네트워크 성능이 크게 저하된다.

① 링(Ring)형
② 망(Mesh)형
③ 버스(Bus)형
④ 성(Star)형

CHAPTER

03 승무 · 기계설비 · 차량

❖ **전기일반 · 기계일반**

1 정전계 내의 도체에 대한 설명으로 옳지 않은 것은?

① 도체표면은 등전위면이다.

② 도체내부의 정전계 세기는 영이다.

③ 등전위면의 간격이 좁을수록 정전계 세기가 크게 된다.

④ 도체표면상에서 정전계 세기는 모든 점에서 표면의 접선방향으로 향한다.

2 커패시터만의 교류회로에 대한 설명으로 옳지 않은 것은?

① 전압과 전류는 동일 주파수이다.

② 전류는 전압보다 위상이 $\dfrac{\pi}{2}$ 앞선다.

③ 전압과 전류의 실횻값의 비는 1이다.

④ 정전기에서 커패시터에 축적된 전하는 전압에 비례한다.

3 4[μF]과 6[μF]의 정전용량을 가진 두 콘덴서를 직렬로 연결하고 이 회로에 100[V]의 전압을 인가할 때 6[μF]의 양단에 걸리는 전압[V]은?

① 40

② 60

③ 80

④ 100

4 그림과 같은 회로에서 a, b에 나타나는 전압[V]값은?

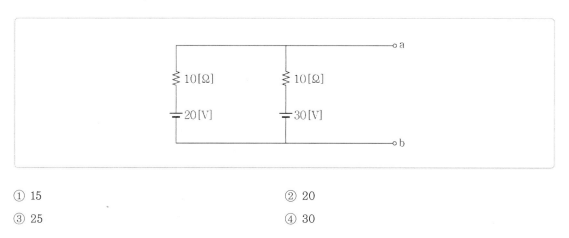

① 15   ② 20

③ 25   ④ 30

5 평형 3상회로에 대한 설명 중 옳은 것을 모두 고르면? (단, 전압, 전류는 페이저로 표현되었다고 가정한다.)

> ㈎ Y결선 평형 3상회로에서 상전압은 선간전압에 비해 크기가 $1/\sqrt{3}$ 배이다.
> ㈏ Y결선 평형 3상회로에서 상전류는 선전류에 비해 크기가 $\sqrt{3}$ 배이다.
> ㈐ △결선 평형 3상회로에서 상전압은 선간전압에 비해 크기가 $\sqrt{3}$ 배이다.
> ㈑ △결선 평형 3상회로에서 상전류는 선전류에 비해 크기가 $1/\sqrt{3}$ 배이다.

① ㈎, ㈏   ② ㈎, ㈑

③ ㈏, ㈑   ④ ㈐, ㈑

6 냉간가공과 열간가공에 대한 설명으로 옳지 않은 것은?

① 냉간가공을 하면 가공면이 깨끗하고 정확한 치수 가공이 가능하다.

② 재결정온도 이상에서의 가공을 열간가공이라 한다.

③ 열간가공은 소재의 변형저항이 적어 소성가공이 용이하다.

④ 냉간가공은 열간가공보다 표면산화물의 발생이 많다.

7 재료의 절삭성(machinability)에 대한 설명 중 옳은 것은?

① 일반적으로 철강의 탄소함유량이 증가하면 절삭성이 향상된다.

② 일반적으로 열경화성 플라스틱의 절삭성은 온도구배에 둔감하다.

③ 일반적으로 철강은 냉간가공을 하면 절삭성이 저하된다.

④ 일반적으로 철강에 황이 첨가되면 절삭성이 향상된다.

8 1줄 겹치기 리벳이음을 한 두께 10mm인 판재가 있다. 리벳 구멍지름 20mm, 리벳이음 피치 50mm 일 때, 인장력을 받고 있는 판재의 효율[%]은?

① 20   ② 40

③ 60   ④ 80

9 동력전달 요소들에 대한 설명으로 옳지 않은 것은?

① 웜과 웜기어는 작은 공간에서 큰 감속비를 얻을 수 있다.

② 마찰차는 미끄럼이 발생하기 때문에 정확한 속도비를 전달할 수 없다.

③ 동력을 전달하는 두 축 사이의 거리가 먼 경우에는 벨트나 체인을 사용한다.

④ V벨트는 평벨트에 비해 접촉 면적이 좁아 큰 장력으로 작은 동력을 전달한다.

10 스프링의 종류 중, 봉재를 비틀어 스프링으로 사용하는 것으로, 큰 에너지를 축적할 수 있고 경량이며 간단한 형상을 갖는 것은?

① 코일 스프링

② 판 스프링

③ 공기 스프링

④ 토션 바

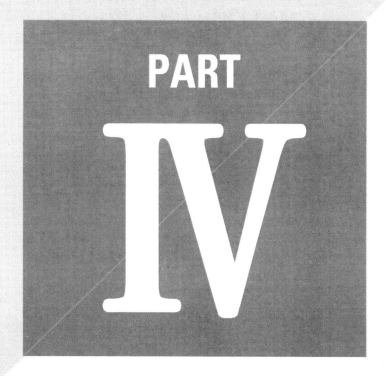

PART

IV

인성검사

인성검사의 개요

01 인성(성격)검사의 개념과 목적

인성이란 개인을 특징짓는 평범하고 일상적인 사회적 이미지, 즉 지속적이고 일관된 공적 성격 (Public – personality)이며, 환경에 대응함으로써 선천적·후천적 요소의 상호작용으로 결정화된 심리적·사회적 특성 및 경향을 의미한다.

인성검사는 직무능력검사를 실시하는 대부분의 기관에서 병행하여 실시하고 있으며, 인성검사만 독자적으로 실시하는 기관도 있다.

채용기관에서는 인성검사를 통하여 각 개인이 어떠한 성격 특성이 발달되어 있고, 어떤 특성이 얼마나 부족한지, 그것이 해당 직무의 특성 및 조직문화와 얼마나 맞는지를 알아보고 이에 적합한 인재를 선발하고자 한다. 또한 개인의 성격에 적합한 직무 배분과 부족한 부분을 교육을 통해 보완하도록 할 수 있다.

인성검사의 측정요소는 검사방법에 따라 차이가 있다. 또한 각 기관들이 사용하고 있는 인성검사는 기존에 개발된 인성검사 방법에 각 기관의 인재상을 적용하여 자신들에게 적합하게 재개발하여 사용하는 경우가 많다. 그러므로 기관에서 요구하는 인재상을 파악하여 그에 따른 대비책을 준비하는 것이 바람직하다. 본서에서 제시된 인성검사는 크게 '특성'과 '유형'의 측면에서 측정하게 된다.

02 성격의 특성

(1) 정서적 측면

정서적 측면은 평소 마음의 당연시하는 자세나 정신상태가 얼마나 안정되어 있는지 또는 불안정한지를 측정한다.

정서의 상태는 직무수행이나 대인관계와 관련하여 태도나 행동으로 드러난다. 그러므로 정서적 측면을 측정하는 것에 의해, 장래 조직 내의 인간관계에 어느 정도 잘 적응할 수 있을까(또는 적응하지 못할까)를 예측하는 것이 가능하다.

그렇기 때문에, 정서적 측면의 결과는 채용 시에 상당히 중시된다. 아무리 능력이 좋아도 장기적으로 조직 내의 인간관계에 잘 적응할 수 없다고 판단되는 인재는 기본적으로는 채용되지 않는다.

일반적으로 인성검사는 채용과는 관계없다고 생각하나 정서적으로 조직에 적응하지 못하는 인재는 채용단계에서 가려내지는 것을 유의하여야 한다.

① 민감성(신경도) … 꼼꼼함, 섬세함, 성실함 등의 요소를 통해 일반적으로 신경질적인지 또는 자신의 존재를 위협받는다는 불안을 갖기 쉬운지를 측정한다.

질문	전혀 그렇지 않다	그렇지 않다	그렇다	매우 그렇다
• 배려적이라고 생각한다.				
• 어지러진 방에 있으면 불안하다.				
• 실패 후에는 불안하다.				
• 세세한 것까지 신경쓴다.				
• 이유 없이 불안할 때가 있다.				

▶측정결과

㉠ '그렇다'가 많은 경우(상처받기 쉬운 유형) : 사소한 일에 신경 쓰고 다른 사람의 사소한 한마디 말에 상처를 받기 쉽다.
  • 면접관의 심리 : '동료들과 잘 지낼 수 있을까?', '실패할 때마다 위축되지 않을까?'
  • 면접대책 : 다소 신경질적이라도 능력을 발휘할 수 있다는 평가를 얻도록 한다. 주변과 충분한 의사소통이 가능하고, 결정한 것을 실행할 수 있다는 것을 보여주어야 한다.
㉡ '그렇지 않다'가 많은 경우(정신적으로 안정적인 유형) : 사소한 일에 신경 쓰지 않고 금방 해결하며, 주위 사람의 말에 과민하게 반응하지 않는다.
  • 면접관의 심리 : '계약할 때 필요한 유형이고, 사고 발생에도 유연하게 대처할 수 있다.'
  • 면접대책 : 일반적으로 '민감성'의 측정치가 낮으면 플러스 평가를 받으므로 더욱 자신감 있는 모습을 보여준다.

② 자책성(과민도) … 자신을 비난하거나 책망하는 정도를 측정한다.

질문	전혀 그렇지 않다	그렇지 않다	그렇다	매우 그렇다
• 후회하는 일이 많다. • 자신이 하찮은 존재라 생각된다. • 문제가 발생하면 자기의 탓이라고 생각한다. • 무슨 일이든지 끙끙대며 진행하는 경향이 있다. • 온순한 편이다.				

▶측정결과

㉠ '그렇다'가 많은 경우(자책하는 유형) : 비관적이고 후회하는 유형이다.
 • 면접관의 심리 : '끙끙대며 괴로워하고, 일을 진행하지 못할 것 같다.'
 • 면접대책 : 기분이 저조해도 항상 의욕을 가지고 생활하는 것과 책임감이 강하다는 것을 보여준다.

㉡ '그렇지 않다'가 많은 경우(낙천적인 유형) : 기분이 항상 밝은 편이다.
 • 면접관의 심리 : '안정된 대인관계를 맺을 수 있고, 외부의 압력에도 흔들리지 않는다.'
 • 면접대책 : 일반적으로 '자책성'의 측정치가 낮아야 좋은 평가를 받는다.

③ 기분성(불안도) … 기분의 굴곡이나 감정적인 면의 미숙함이 어느 정도인지를 측정하는 것이다.

질문	전혀 그렇지 않다	그렇지 않다	그렇다	매우 그렇다
• 다른 사람의 의견에 자신의 결정이 흔들리는 경우가 많다. • 기분이 쉽게 변한다. • 종종 후회한다. • 다른 사람보다 의지가 약한 편이라고 생각한다. • 금방 싫증을 내는 성격이라는 말을 자주 듣는다.				

▶측정결과

㉠ '그렇다'가 많은 경우(감정의 기복이 많은 유형) : 의지력보다 기분에 따라 행동하기 쉽다.
 • 면접관의 심리 : '감정적인 것에 약하며, 상황에 따라 생산성이 떨어지지 않을까?'
 • 면접대책 : 주변 사람들과 항상 협조한다는 것을 강조하고 한결같은 상태로 일할 수 있다는 평가를 받도록 한다.

㉡ '그렇지 않다'가 많은 경우(감정의 기복이 적은 유형) : 감정의 기복이 없고, 안정적이다.
 • 면접관의 심리 : '안정적으로 업무에 임할 수 있다.'
 • 면접대책 : 기분성의 측정치가 낮으면 플러스 평가를 받으므로 자신감을 가지고 면접에 임한다.

④ 독자성(개인도) ··· 주변에 대한 견해나 관심, 자신의 견해나 생각에 어느 정도의 속박감을 가지고 있는지를 측정한다.

질문	전혀 그렇지 않다	그렇지 않다	그렇다	매우 그렇다
• 창의적 사고방식을 가지고 있다. • 융통성이 있는 편이다. • 혼자 있는 편이 많은 사람과 있는 것보다 편하다. • 개성적이라는 말을 듣는다. • 교제는 번거로운 것이라고 생각하는 경우가 많다.				

▶측정결과

㉠ '그렇다'가 많은 경우 : 자기의 관점을 중요하게 생각하는 유형으로, 주위의 상황보다 자신의 느낌과 생각을 중시한다.
 • 면접관의 심리 : '제멋대로 행동하지 않을까?'
 • 면접대책 : 주위 사람과 협조하여 일을 진행할 수 있다는 것과 상식에 얽매이지 않는다는 인상을 심어준다.

㉡ '그렇지 않다'가 많은 경우 : 상식적으로 행동하고 주변 사람의 시선에 신경을 쓴다.
 • 면접관의 심리 : '다른 직원들과 협조하여 업무를 진행할 수 있겠다.'
 • 면접대책 : 협조성이 요구되는 기업체에서는 플러스 평가를 받을 수 있다.

⑤ 자신감(자존심도) ··· 자기 자신에 대해 얼마나 긍정적으로 평가하는지를 측정한다.

질문	전혀 그렇지 않다	그렇지 않다	그렇다	매우 그렇다
• 다른 사람보다 능력이 뛰어나다고 생각한다. • 다소 반대의견이 있어도 나만의 생각으로 행동할 수 있다. • 나는 다른 사람보다 기가 센 편이다. • 동료가 나를 모욕해도 무시할 수 있다. • 대개의 일을 목적한 대로 헤쳐나갈 수 있다고 생각한다.				

▶측정결과

㉠ '그렇다'가 많은 경우 : 자기 능력이나 외모 등에 자신감이 있고, 비판당하는 것을 좋아하지 않는다.
 • 면접관의 심리 : '자만하여 지시에 잘 따를 수 있을까?'
 • 면접대책 : 다른 사람의 조언을 잘 받아들이고, 겸허하게 반성하는 면이 있다는 것을 보여주고, 동료들과 잘 지내며 리더의 자질이 있다는 것을 강조한다.

㉡ '그렇지 않다'가 많은 경우 : 자신감이 없고 다른 사람의 비판에 약하다.
 • 면접관의 심리 : '패기가 부족하지 않을까?', '쉽게 좌절하지 않을까?'
 • 면접대책 : 극도의 자신감 부족으로 평가되지는 않는다. 그러나 마음이 약한 면은 있지만 의욕적으로 일을 하겠다는 마음가짐을 보여준다.

⑥ 고양성(분위기에 들뜨는 정도) ··· 자유분방함, 명랑함과 같이 감정(기분)의 높고 낮음의 정도를 측정한다.

질문	전혀 그렇지 않다	그렇지 않다	그렇다	매우 그렇다
• 침착하지 못한 편이다. • 다른 사람보다 쉽게 우쭐해진다. • 모든 사람이 아는 유명인사가 되고 싶다. • 모임이나 집단에서 분위기를 이끄는 편이다. • 취미 등이 오랫동안 지속되지 않는 편이다.				

▶측정결과

㉠ '그렇다'가 많은 경우 : 자극이나 변화가 있는 일상을 원하고 기분을 들뜨게 하는 사람과 친밀하게 지내는 경향이 강하다.
- 면접관의 심리 : '일을 진행하는 데 변덕스럽지 않을까?'
- 면접대책 : 밝은 태도는 플러스 평가를 받을 수 있지만, 착실한 업무능력이 요구되는 직종에서는 마이너스 평가가 될 수 있다. 따라서 자기조절이 가능하다는 것을 보여준다.

㉡ '그렇지 않다'가 많은 경우 : 감정이 항상 일정하고, 속을 드러내 보이지 않는다.
- 면접관의 심리 : '안정적인 업무 태도를 기대할 수 있겠다.'
- 면접대책 : '고양성'의 낮음은 대체로 플러스 평가를 받을 수 있다. 그러나 '무엇을 생각하고 있는지 모르겠다' 등의 평을 듣지 않도록 주의한다.

⑦ 허위성(진위성) … 필요 이상으로 자기를 좋게 보이려 하거나 기업체가 원하는 '이상형'에 맞춘 대답을 하고 있는지, 없는지를 측정한다.

질문	전혀 그렇지 않다	그렇지 않다	그렇다	매우 그렇다
• 약속을 깨뜨린 적이 한 번도 없다. • 다른 사람을 부럽다고 생각해 본 적이 없다. • 꾸지람을 들은 적이 없다. • 사람을 미워한 적이 없다. • 화를 낸 적이 한 번도 없다.				

▶측정결과

㉠ '그렇다'가 많은 경우 : 실제의 자기와는 다른, 말하자면 원칙으로 해답할 가능성이 있다.
- 면접관의 심리 : '거짓을 말하고 있다.'
- 면접대책 : 조금이라도 좋게 보이려고 하는 '거짓말쟁이'로 평가될 수 있다. '거짓을 말하고 있다.'는 마음 따위가 전혀 없다 해도 결과적으로는 정직하게 답하지 않는다는 것이 되어 버린다. '허위성'의 측정 질문은 구분되지 않고 다른 질문 중에 섞여 있다. 그러므로 모든 질문에 솔직하게 답하여야 한다. 또한 자기 자신과 너무 동떨어진 이미지로 답하면 좋은 결과를 얻지 못한다. 그리고 면접에서 '허위성'을 기본으로 한 질문을 받게 되므로 당황하거나 또다른 모순된 답변을 하게 된다. 겉치레를 하거나 무리한 욕심을 부리지 말고 '이런 사회인이 되고 싶다.'는 현재의 자신보다, 조금 성장한 자신을 표현하는 정도가 적당하다.

㉡ '그렇지 않다'가 많은 경우 : 냉정하고 정직하며, 외부의 압력과 스트레스에 강한 유형이다. '대쪽 같음'의 이미지가 굳어지지 않도록 주의한다.

(2) 행동적인 측면

행동적 측면은 인격 중에 특히 행동으로 드러나기 쉬운 측면을 측정한다. 사람의 행동 특징 자체에는 선도 악도 없으나, 일반적으로는 일의 내용에 의해 원하는 행동이 있다. 때문에 행동적 측면은 주로 직종과 깊은 관계가 있는데 자신의 행동 특성을 살려 적합한 직종을 선택한다면 플러스가 될 수 있다.

행동 특성에서 보여 지는 특징은 면접장면에서도 드러나기 쉬운데 본서의 모의 TEST의 결과를 참고하여 자신의 태도, 행동이 면접관의 시선에 어떻게 비치는지를 점검하도록 한다.

① 사회적 내향성 … 대인관계에서 나타나는 행동경향으로 '낯가림'을 측정한다.

질문	선택
A : 파티에서는 사람을 소개받은 편이다. B : 파티에서는 사람을 소개하는 편이다.	
A : 처음 보는 사람과는 어색하게 시간을 보내는 편이다. B : 처음 보는 사람과는 즐거운 시간을 보내는 편이다.	
A : 친구가 적은 편이다. B : 친구가 많은 편이다.	
A : 자신의 의견을 말하는 경우가 적다. B : 자신의 의견을 말하는 경우가 많다.	
A : 사교적인 모임에 참석하는 것을 좋아하지 않는다. B : 사교적인 모임에 항상 참석한다.	

▶측정결과

㉠ 'A'가 많은 경우 : 내성적이고 사람들과 접하는 것에 소극적이다. 자신의 의견을 말하지 않고 조심스러운 편이다.
  • 면접관의 심리 : '소극적인데 동료와 잘 지낼 수 있을까?'
  • 면접대책 : 대인관계를 맺는 것을 싫어하지 않고 의욕적으로 일을 할 수 있다는 것을 보여준다.

㉡ 'B'가 많은 경우 : 사교적이고 자기의 생각을 명확하게 전달할 수 있다.
  • 면접관의 심리 : '사교적이고 활동적인 것은 좋지만, 자기주장이 너무 강하지 않을까?'
  • 면접대책 : 협조성을 보여주고, 자기주장이 너무 강하다는 인상을 주지 않도록 주의한다.

② 내성성(침착도) … 자신의 행동과 일에 대해 침착하게 생각하는 정도를 측정한다.

질문	선택
A : 시간이 걸려도 침착하게 생각하는 경우가 많다. B : 짧은 시간에 결정을 하는 경우가 많다.	
A : 실패의 원인을 찾고 반성하는 편이다. B : 실패를 해도 그다지(별로) 개의치 않는다.	
A : 결론이 도출되어도 몇 번 정도 생각을 바꾼다. B : 결론이 도출되면 신속하게 행동으로 옮긴다.	
A : 여러 가지 생각하는 것이 능숙하다. B : 여러 가지 일을 재빨리 능숙하게 처리하는 데 익숙하다.	
A : 여러 가지 측면에서 사물을 검토한다. B : 행동한 후 생각을 한다.	

▶측정결과

㉠ 'A'가 많은 경우 : 행동하기 보다는 생각하는 것을 좋아하고 신중하게 계획을 세워 실행한다.
• 면접관의 심리 : '행동으로 실천하지 못하고, 대응이 늦은 경향이 있지 않을까?'
• 면접대책 : 발로 뛰는 것을 좋아하고, 일을 더디게 한다는 인상을 주지 않도록 한다.

㉡ 'B'가 많은 경우 : 차분하게 생각하는 것보다 우선 행동하는 유형이다.
• 면접관의 심리 : '생각하는 것을 싫어하고 경솔한 행동을 하지 않을까?'
• 면접대책 : 계획을 세우고 행동할 수 있는 것을 보여주고 '사려깊다'라는 인상을 남기도록 한다.

③ 신체활동성 … 몸을 움직이는 것을 좋아하는가를 측정한다.

질문	선택
A : 민첩하게 활동하는 편이다. B : 준비행동이 없는 편이다.	
A : 일을 척척 해치우는 편이다. B : 일을 더디게 처리하는 편이다.	
A : 활발하다는 말을 듣는다. B : 얌전하다는 말을 듣는다.	
A : 몸을 움직이는 것을 좋아한다. B : 가만히 있는 것을 좋아한다.	
A : 스포츠를 하는 것을 즐긴다. B : 스포츠를 보는 것을 좋아한다.	

▶측정결과

㉠ 'A'가 많은 경우 : 활동적이고, 몸을 움직이게 하는 것이 컨디션이 좋다.
• 면접관의 심리 : '활동적으로 활동력이 좋아 보인다.'
• 면접대책 : 활동하고 얻은 성과 등과 주어진 상황의 대응능력을 보여준다.
㉡ 'B'가 많은 경우 : 침착한 인상으로, 차분하게 있는 타입이다.
• 면접관의 심리 : '좀처럼 행동하려 하지 않아 보이고, 일을 빠르게 처리할 수 있을까?'

④ 지속성(노력성) … 무슨 일이든 포기하지 않고 끈기 있게 하려는 정도를 측정한다.

질문	선택
A : 일단 시작한 일은 시간이 걸려도 끝까지 마무리한다. B : 일을 하다 어려움에 부딪히면 단념한다.	
A : 끈질긴 편이다. B : 바로 단념하는 편이다.	
A : 인내가 강하다는 말을 듣는다. B : 금방 싫증을 낸다는 말을 듣는다.	
A : 집념이 깊은 편이다. B : 담백한 편이다.	
A : 한 가지 일에 구애되는 것이 좋다고 생각한다. B : 간단하게 체념하는 것이 좋다고 생각한다.	

▶측정결과

㉠ 'A'가 많은 경우 : 시작한 것은 어려움이 있어도 포기하지 않고 인내심이 높다.
- 면접관의 심리 : '한 가지의 일에 너무 구애되고, 업무의 진행이 원활할까?'
- 면접대책 : 인내력이 있는 것은 플러스 평가를 받을 수 있지만 집착이 강해 보이기도 한다.

㉡ 'B'가 많은 경우 : 뒤끝이 없고 조그만 실패로 일을 포기하기 쉽다.
- 면접관의 심리 : '질리는 경향이 있고, 일을 정확히 끝낼 수 있을까?'
- 면접대책 : 지속적인 노력으로 성공했던 사례를 준비하도록 한다.

⑤ 신중성(주의성) … 자신이 처한 주변상황을 즉시 파악하고 자신의 행동이 어떤 영향을 미치는지를 측정한다.

질문	선택
A : 여러 가지로 생각하면서 완벽하게 준비하는 편이다. B : 행동할 때부터 임기응변적인 대응을 하는 편이다.	
A : 신중해서 타이밍을 놓치는 편이다. B : 준비 부족으로 실패하는 편이다.	
A : 자신은 어떤 일에도 신중히 대응하는 편이다. B : 순간적인 충동으로 활동하는 편이다.	
A : 시험을 볼 때 끝날 때까지 재검토하는 편이다. B : 시험을 볼 때 한 번에 모든 것을 마치는 편이다.	
A : 일에 대해 계획표를 만들어 실행한다. B : 일에 대한 계획표 없이 진행한다.	

▶측정결과

㉠ 'A'가 많은 경우 : 주변 상황에 민감하고, 예측하여 계획 있게 일을 진행한다.
- 면접관의 심리 : '너무 신중해서 적절한 판단을 할 수 있을까?', '앞으로의 상황에 불안을 느끼지 않을까?'
- 면접대책 : 예측을 하고 실행을 하는 것은 플러스 평가가 되지만, 너무 신중하면 일의 진행이 정체될 가능성을 보이므로 추진력이 있다는 강한 의욕을 보여준다.

㉡ 'B'가 많은 경우 : 주변 상황을 살펴보지 않고 착실한 계획 없이 일을 진행시킨다.
- 면접관의 심리 : '사려 깊지 않고, 실패하는 일이 많지 않을까?', '판단이 빠르고 유연한 사고를 할 수 있을까?'
- 면접대책 : 사전준비를 중요하게 생각하고 있다는 것 등을 보여주고, 경솔한 인상을 주지 않도록 한다. 또한 판단력이 빠르거나 유연한 사고 덕분에 일 처리를 잘 할 수 있다는 것을 강조한다.

(3) 의욕적인 측면

　의욕적인 측면은 의욕의 정도, 활동력의 유무 등을 측정한다. 여기서의 의욕이란 우리들이 보통 말하고 사용하는 '하려는 의지'와는 조금 뉘앙스가 다르다. '하려는 의지'란 그 때의 환경이나 기분에 따라 변화하는 것이지만, 여기에서는 조금 더 변화하기 어려운 특징, 말하자면 정신적 에너지의 양으로 측정하는 것이다.

　의욕적 측면은 행동적 측면과는 다르고, 전반적으로 어느 정도 점수가 높은 쪽을 선호한다. 모의검사의 의욕적 측면의 결과가 낮다면, 평소 일에 몰두할 때 조금 의욕 있는 자세를 가지고 서서히 개선하도록 노력해야 한다.

① 달성의욕 … 목적의식을 가지고 높은 이상을 가지고 있는지를 측정한다.

질문	선택
A : 경쟁심이 강한 편이다. B : 경쟁심이 약한 편이다.	
A : 어떤 한 분야에서 제1인자가 되고 싶다고 생각한다. B : 어느 분야에서든 성실하게 임무를 진행하고 싶다고 생각한다.	
A : 규모가 큰 일을 해보고 싶다. B : 맡은 일에 충실히 임하고 싶다.	
A : 아무리 노력해도 실패한 것은 아무런 도움이 되지 않는다. B : 가령 실패했을 지라도 나름대로의 노력이 있었으므로 괜찮다.	
A : 높은 목표를 설정하여 수행하는 것이 의욕적이다. B : 실현 가능한 정도의 목표를 설정하는 것이 의욕적이다.	

▶측정결과

㉠ 'A'가 많은 경우 : 큰 목표와 높은 이상을 가지고 승부욕이 강한 편이다.

• 면접관의 심리 : '열심히 일을 해줄 것 같은 유형이다.'

• 면접대책 : 달성의욕이 높다는 것은 어떤 직종이라도 플러스 평가가 된다.

㉡ 'B'가 많은 경우 : 현재의 생활을 소중하게 여기고 비약적인 발전을 위하여 기를 쓰지 않는다.

• 면접관의 심리 : '외부의 압력에 약하고, 기획입안 등을 하기 어려울 것이다.'

• 면접대책 : 일을 통하여 하고 싶은 것들을 구체적으로 어필한다.

② 활동의욕 … 자신에게 잠재된 에너지의 크기로, 정신적인 측면의 활동력이라 할 수 있다.

질문	선택
A : 하고 싶은 일을 실행으로 옮기는 편이다. B : 하고 싶은 일을 좀처럼 실행할 수 없는 편이다.	
A : 어려운 문제를 해결해 가는 것이 좋다. B : 어려운 문제를 해결하는 것을 잘하지 못한다.	
A : 일반적으로 결단이 빠른 편이다. B : 일반적으로 결단이 느린 편이다.	
A : 곤란한 상황에도 도전하는 편이다. B : 사물의 본질을 깊게 관찰하는 편이다.	
A : 시원시원하다는 말을 잘 듣는다. B : 꼼꼼하다는 말을 잘 듣는다.	

▶측정결과

㉠ 'A'가 많은 경우 : 꾸물거리는 것을 싫어하고 재빠르게 결단해서 행동하는 타입이다.
- 면접관의 심리 : '일을 처리하는 솜씨가 좋고, 일을 척척 진행할 수 있을 것 같다.'
- 면접대책 : 활동의욕이 높은 것은 플러스 평가가 된다. 사교성이나 활동성이 강하다는 인상을 준다.

㉡ 'B'가 많은 경우 : 안전하고 확실한 방법을 모색하고 차분하게 시간을 아껴서 일에 임하는 타입이다.
- 면접관의 심리 : '재빨리 행동을 못하고, 일의 처리속도가 느린 것이 아닐까?'
- 면접대책 : 활동성이 있는 것을 좋아하고 움직임이 더디다는 인상을 주지 않도록 한다.

03 성격의 유형

(1) 인성검사 유형의 4가지 척도

정서적인 측면, 행동적인 측면, 의욕적인 측면의 요소들은 성격 특성이라는 관점에서 제시된 것들로 각 개인의 장·단점을 파악하는 데 유용하다. 그러나 전체적인 개인의 인성을 이해하는 데는 한계가 있다.

성격의 유형은 개인의 '성격적인 특색'을 가리키는 것으로, 사회인으로서 적합한지, 아닌지를 말하는 관점과는 관계가 없다. 따라서 채용의 합격 여부에는 사용되지 않는 경우가 많으며, 입사 후의 적정 부서 배치의 자료가 되는 편이라 생각하면 된다. 그러나 채용과 관계가 없다고 해서 아무런 준비도 필요없는 것은 아니다. 자신을 아는 것은 면접 대책의 밑거름이 되므로 모의검사 결과를 충분히 활용하도록 하여야 한다.

본서에서는 4개의 척도를 사용하여 기본적으로 16개의 패턴으로 성격의 유형을 분류하고 있다. 각 개인의 성격이 어떤 유형인지 재빨리 파악하기 위해 사용되며, '적성'에 맞는지, 맞지 않는지의 관점에 활용된다.

- 흥미 · 관심의 방향 : 내향형 ←————→ 외향형
- 사물에 대한 견해 : 직관형 ←————→ 감각형
- 판단하는 방법 : 감정형 ←————→ 사고형
- 환경에 대한 접근방법 : 지각형 ←————→ 판단형

(2) 성격유형

① 흥미 · 관심의 방향(내향 ↩ 외향) … 흥미 · 관심의 방향이 자신의 내면에 있는지, 주위환경 등 외면에 향하는 지를 가리키는 척도이다.

질문	선택
A : 내성적인 성격인 편이다. B : 개방적인 성격인 편이다.	
A : 항상 신중하게 생각을 하는 편이다. B : 바로 행동에 착수하는 편이다.	
A : 수수하고 조심스러운 편이다. B : 자기 표현력이 강한 편이다.	
A : 다른 사람과 함께 있으면 침착하지 않다. B : 혼자서 있으면 침착하지 않다.	

▶측정결과
ⓐ 'A'가 많은 경우(내향) : 관심의 방향이 자기 내면에 있으며, 조용하고 낯을 가리는 유형이다. 행동력은 부족하나 집중력이 뛰어나고 신중하고 꼼꼼하다.
ⓑ 'B'가 많은 경우(외향) : 관심의 방향이 외부환경에 있으며, 사교적이고 활동적인 유형이다. 꼼꼼함이 부족하여 대충하는 경향이 있으나 행동력이 있다.

② 일(사물)을 보는 방법(직감 ⇆ 감각) … 일(사물)을 보는 법이 직감적으로 형식에 얽매이는지, 감각적으로 상식적인지를 가리키는 척도이다.

질문	선택
A : 현실주의적인 편이다. B : 상상력이 풍부한 편이다. A : 정형적인 방법으로 일을 처리하는 것을 좋아한다. B : 만들어진 방법에 변화가 있는 것을 좋아한다. A : 경험에서 가장 적합한 방법으로 선택한다. B : 지금까지 없었던 새로운 방법을 개척하는 것을 좋아한다. A : 성실하다는 말을 듣는다. B : 호기심이 강하다는 말을 듣는다.	

▶측정결과
㉠ 'A'가 **많은 경우**(감각) : 현실적이고 경험주의적이며 보수적인 유형이다.
㉡ 'B'가 **많은 경우**(직관) : 새로운 주제를 좋아하며, 독자적인 시각을 가진 유형이다.

③ 판단하는 방법(감정 ⇆ 사고) … 일을 감정적으로 판단하는지, 논리적으로 판단하는지를 가리키는 척도이다.

질문	선택
A : 인간관계를 중시하는 편이다. B : 일의 내용을 중시하는 편이다. A : 결론을 자기의 신념과 감정에서 이끌어내는 편이다. B : 결론을 논리적 사고에 의거하여 내리는 편이다. A : 다른 사람보다 동정적이고 눈물이 많은 편이다. B : 다른 사람보다 이성적이고 냉정하게 대응하는 편이다. A : 남의 이야기를 듣고 감정몰입이 빠른 편이다. B : 고민 상담을 받으면 해결책을 제시해주는 편이다.	

▶측정결과
㉠ 'A'가 **많은 경우**(감정) : 일을 판단할 때 마음·감정을 중요하게 여기는 유형이다. 감정이 풍부하고 친절하나 엄격함이 부족하고 우유부단하며, 합리성이 부족하다.
㉡ 'B'가 **많은 경우**(사고) : 일을 판단할 때 논리성을 중요하게 여기는 유형이다. 이성적이고 합리적이나 타인에 대한 배려가 부족하다.

④ 환경에 대한 접근방법 … 주변상황에 어떻게 접근하는지, 그 판단기준을 어디에 두는지를 측정한다.

질문	선택
A : 사전에 계획을 세우지 않고 행동한다. B : 반드시 계획을 세우고 그것에 의거해서 행동한다. A : 자유롭게 행동하는 것을 좋아한다. B : 조직적으로 행동하는 것을 좋아한다. A : 조직성이나 관습에 속박당하지 않는다. B : 조직성이나 관습을 중요하게 여긴다. A : 계획 없이 낭비가 심한 편이다. B : 예산을 세워 물건을 구입하는 편이다.	

▶측정결과

㉠ 'A'가 많은 경우(지각) : 일의 변화에 융통성을 가지고 유연하게 대응하는 유형이다. 낙관적이며 질서보다는 자유를 좋아하나 임기응변식의 대응으로 무계획적인 인상을 줄 수 있다.

㉡ 'B'가 많은 경우(판단) : 일의 진행시 계획을 세워서 실행하는 유형이다. 순차적으로 진행하는 일을 좋아하고 끈기가 있으나 변화에 대해 적절하게 대응하지 못하는 경향이 있다.

04 인성검사의 대책

(1) 미리 알아두어야 할 점

① 출제 문항 수 … 인성검사의 출제 문항 수는 특별히 정해진 것이 아니며 각 기업체의 기준에 따라 달라질 수 있다. 보통 100문항 이상에서 500문항까지 출제된다고 예상하면 된다.

② 출제형식

　㉠ 1Set로 묶인 세 개의 문항 중 자신에게 가장 가까운 것(Most)과 가장 먼 것(Least)을 하나씩 고르는 유형

다음 세 가지 문항 중 자신에게 가장 가까운 것은 Most, 가장 먼 것은 Least에 체크하시오.

질문	Most	Least
① 자신의 생각이나 의견은 좀처럼 변하지 않는다.	✔	
② 구입한 후 끝까지 읽지 않은 책이 많다.		✔
③ 여행가기 전에 계획을 세운다.		

　㉡ '예' 아니면 '아니오'의 유형

다음 문항을 읽고 자신에게 해당되는지 안 되는지를 판단하여 해당될 경우 '예'를, 해당되지 않을 경우 '아니오'를 고르시오.

질문	예	아니오
① 걱정거리가 있어서 잠을 못 잘 때가 있다.	✔	
② 시간에 쫓기는 것이 싫다.		✔

　㉢ 그 외의 유형

다음 문항에 대해서 평소에 자신이 생각하고 있는 것이나 행동하고 있는 것에 체크하시오.

질문	전혀 그렇지 않다	그렇지 않다	그렇다	매우 그렇다
① 머리를 쓰는 것보다 땀을 흘리는 일이 좋다.			✔	
② 자신은 사교적이 아니라고 생각한다.	✔			

(2) 임하는 자세

① 솔직하게 있는 그대로 표현한다 … 인성검사는 평범한 일상생활 내용들을 다룬 짧은 문장과 어떤 대상이나 일에 대한 선로를 선택하는 문장으로 구성되었으므로 평소에 자신이 생각한 바를 너무 골똘히 생각하지 말고 문제를 보는 순간 떠오른 것을 표현한다.

② 모든 문제를 신속하게 대답한다 … 인성검사는 시간 제한이 없는 것이 원칙이지만 기업체들은 일정한 시간 제한을 두고 있다. 인성검사는 개인의 성격과 자질을 알아보기 위한 검사이기 때문에 정답이 없다. 다만, 기업체에서 바람직하게 생각하거나 기대되는 결과가 있을 뿐이다. 따라서 시간에 쫓겨서 대충 대답을 하는 것은 바람직하지 못하다.

③ 일관성 있게 대답한다 … 간혹 반복되는 문제들이 출제되기 때문에 일관성 있게 답하지 않으면 감점될 수 있으므로 유의한다. 실제로 공기업 인사부 직원의 인터뷰에 따르면 일관성이 없게 대답한 응시자들이 감점을 받아 탈락했다고 한다. 거짓된 응답을 하다보면 일관성 없는 결과가 나타날 수 있으므로, 위에서 언급한 대로 신속하고 솔직하게 답해 일관성 있는 응답을 하는 것이 중요하다.

④ 마지막까지 집중해서 검사에 임한다 … 장시간 진행되는 검사에 지치지 않고 마지막까지 집중해서 정확히 답할 수 있도록 해야 한다.

CHAPTER

02 인성검사의 유형

공항철도의 인성검사는 직무수행에 요구되는 기본적인 인성을 측정하며, 참고자료로 활용된다. 답변의 곤란도는 높지 않으며 30분간 250문항에 응답해야 한다.

01 유형 Ⅰ

▌1~25▐ 다음 질문에 대해서 평소 자신이 생각하고 있는 것이나 행동하고 있는 것에 대해 주어진 응답요령에 따라 박스에 답하시오.

응답요령

• 응답 Ⅰ : 제시된 문항들을 읽은 다음 각각의 문항에 대해 자신이 동의하는 정도를 ①(전혀 그렇지 않다)~⑤(매우 그렇다)로 표시하면 된다.
• 응답 Ⅱ : 제시된 문항들을 비교하여 상대적으로 자신의 성격과 가장 가까운 문항 하나와 가장 거리가 먼 문항 하나를 선택하여야 한다(응답 Ⅱ의 응답은 가깝다 1개, 멀다 1개, 무응답 2개이어야 한다).

1

문항	응답 Ⅰ					응답 Ⅱ	
	①	②	③	④	⑤	멀다	가깝다
A. 몸을 움직이는 것을 좋아하지 않는다.							
B. 쉽게 질리는 편이다.							
C. 경솔한 편이라고 생각한다.							
D. 인생의 목표는 손이 닿을 정도면 된다.							

2

문항	응답 I					응답 II	
	①	②	③	④	⑤	멀다	가깝다
A. 무슨 일도 좀처럼 시작하지 못한다.							
B. 초면인 사람과도 바로 친해질 수 있다.							
C. 행동하고 나서 생각하는 편이다.							
D. 쉬는 날은 집에 있는 경우가 많다.							

3

문항	응답 I					응답 II	
	①	②	③	④	⑤	멀다	가깝다
A. 조금이라도 나쁜 소식은 절망의 시작이라고 생각해 버린다.							
B. 언제나 실패가 걱정이 되어 어쩔 줄 모른다.							
C. 다수결의 의견에 따르는 편이다.							
D. 혼자서 술집에 들어가는 것은 전혀 두려운 일이 아니다.							

4

문항	응답 I					응답 II	
	①	②	③	④	⑤	멀다	가깝다
A. 승부근성이 강하다.							
B. 자주 흥분해서 침착하지 못하다.							
C. 지금까지 살면서 타인에게 폐를 끼친 적이 없다.							
D. 소곤소곤 이야기하는 것을 보면 자기에 대해 험담하고 있는 것으로 생각된다.							

5

문항	응답 I					응답 II	
	①	②	③	④	⑤	멀다	가깝다
A. 무엇이든지 자기가 나쁘다고 생각하는 편이다.							
B. 자신을 변덕스러운 사람이라고 생각한다.							
C. 고독을 즐기는 편이다.							
D. 자존심이 강하다고 생각한다.							

6

문항	응답 I					응답 II	
	①	②	③	④	⑤	멀다	가깝다
A. 금방 흥분하는 성격이다.							
B. 거짓말을 한 적이 없다.							
C. 신경질적인 편이다.							
D. 끙끙대며 고민하는 타입이다.							

7

문항	응답 I					응답 II	
	①	②	③	④	⑤	멀다	가깝다
A. 감정적인 사람이라고 생각한다.							
B. 자신만의 신념을 가지고 있다.							
C. 다른 사람을 바보 같다고 생각한 적이 있다.							
D. 금방 말해버리는 편이다.							

8

문항	응답 I					응답 II	
	①	②	③	④	⑤	멀다	가깝다
A. 싫어하는 사람이 없다.							
B. 대재앙이 오지 않을까 항상 걱정을 한다.							
C. 쓸데없는 고생을 하는 일이 많다.							
D. 자주 생각이 바뀌는 편이다.							

9

문항	응답 I					응답 II	
	①	②	③	④	⑤	멀다	가깝다
A. 문제점을 해결하기 위해 여러 사람과 상의한다.							
B. 내 방식대로 일을 한다.							
C. 영화를 보고 운 적이 많다.							
D. 어떤 것에 대해서도 화낸 적이 없다.							

10

문항	응답 I					응답 II	
	①	②	③	④	⑤	멀다	가깝다
A. 사소한 충고에도 걱정을 한다.							
B. 자신은 도움이 안 되는 사람이라고 생각한다.							
C. 금방 싫증을 내는 편이다.							
D. 개성적인 사람이라고 생각한다.							

11

문항	응답 I					응답 II	
	①	②	③	④	⑤	멀다	가깝다
A. 자기주장이 강한 편이다.							
B. 뒤숭숭하다는 말을 들은 적이 있다.							
C. 학교를 쉬고 싶다고 생각한 적이 한 번도 없다.							
D. 사람들과 관계 맺는 것을 보면 잘하지 못한다.							

12

문항	응답 I					응답 II	
	①	②	③	④	⑤	멀다	가깝다
A. 사려 깊은 편이다.							
B. 몸을 움직이는 것을 좋아한다.							
C. 끈기가 있는 편이다.							
D. 신중한 편이라고 생각한다.							

13

문항	응답 I					응답 II	
	①	②	③	④	⑤	멀다	가깝다
A. 인생의 목표는 큰 것이 좋다.							
B. 어떤 일이라도 바로 시작하는 타입이다.							
C. 낯가림을 하는 편이다.							
D. 생각하고 나서 행동하는 편이다.							

14

문항	응답 I					응답 II	
	①	②	③	④	⑤	멀다	가깝다
A. 쉬는 날은 밖으로 나가는 경우가 많다.							
B. 시작한 일은 반드시 완성시킨다.							
C. 면밀한 계획을 세운 여행을 좋아한다.							
D. 야망이 있는 편이라고 생각한다.							

15

문항	응답 I					응답 II	
	①	②	③	④	⑤	멀다	가깝다
A. 활동력이 있는 편이다.							
B. 많은 사람들과 왁자지껄하게 식사하는 것을 좋아하지 않는다.							
C. 돈을 허비한 적이 없다.							
D. 운동회를 아주 좋아하고 기대했다.							

16

문항	응답 I					응답 II	
	①	②	③	④	⑤	멀다	가깝다
A. 하나의 취미에 열중하는 타입이다.							
B. 모임에서 회장에 어울린다고 생각한다.							
C. 입신출세의 성공이야기를 좋아한다.							
D. 어떠한 일도 의욕을 가지고 임하는 편이다.							

17

문항	응답 I					응답 II	
	①	②	③	④	⑤	멀다	가깝다
A. 학급에서는 존재가 희미했다.							
B. 항상 무언가를 생각하고 있다.							
C. 스포츠는 보는 것보다 하는 게 좋다.							
D. 잘한다라는 말을 자주 듣는다.							

18

문항	응답 I					응답 II	
	①	②	③	④	⑤	멀다	가깝다
A. 흐린 날은 반드시 우산을 가지고 간다.							
B. 주연상을 받을 수 있는 배우를 좋아한다.							
C. 공격하는 타입이라고 생각한다.							
D. 리드를 받는 편이다.							

19

문항	응답 I					응답 II	
	①	②	③	④	⑤	멀다	가깝다
A. 너무 신중해서 기회를 놓친 적이 있다.							
B. 시원시원하게 움직이는 타입이다.							
C. 야근을 해서라도 업무를 끝낸다.							
D. 누군가를 방문할 때는 반드시 사전에 확인한다.							

20

문항	응답 I					응답 II	
	①	②	③	④	⑤	멀다	가깝다
A. 노력해도 결과가 따르지 않으면 의미가 없다.							
B. 무조건 행동해야 한다.							
C. 유행에 둔감하다고 생각한다.							
D. 정해진 대로 움직이는 것은 시시하다.							

21

문항	응답 I					응답 II	
	①	②	③	④	⑤	멀다	가깝다
A. 꿈을 계속 가지고 있고 싶다.							
B. 질서보다 자유를 중요시하는 편이다.							
C. 혼자서 취미에 몰두하는 것을 좋아한다.							
D. 직관적으로 판단하는 편이다.							

22

문항	응답 I					응답 II	
	①	②	③	④	⑤	멀다	가깝다
A. 영화나 드라마를 보면 등장인물의 감정에 이입된다.							
B. 시대의 흐름에 역행해서라도 자신을 관철하고 싶다.							
C. 다른 사람의 소문에 관심이 없다.							
D. 창조적인 편이다.							

23

문항	응답 I					응답 II	
	①	②	③	④	⑤	멀다	가깝다
A. 비교적 눈물이 많은 편이다.							
B. 융통성이 있다고 생각한다.							
C. 친구의 휴대전화 번호를 잘 모른다.							
D. 스스로 고안하는 것을 좋아한다.							

24

문항	응답 I					응답 II	
	①	②	③	④	⑤	멀다	가깝다
A. 정이 두터운 사람으로 남고 싶다.							
B. 조직의 일원으로 별로 안 어울린다.							
C. 세상의 일에 별로 관심이 없다.							
D. 변화를 추구하는 편이다.							

25

문항	응답 I					응답 II	
	①	②	③	④	⑤	멀다	가깝다
A. 업무는 인간관계로 선택한다.							
B. 환경이 변하는 것에 구애되지 않는다.							
C. 불안감이 강한 편이다.							
D. 인생은 살 가치가 없다고 생각한다.							

02 유형 II

┃1~30┃ 다음 각 문제에서 제시된 4개의 질문 중 자신의 생각과 일치하거나 자신을 가장 잘 나타내는 질문과 가장 거리가 먼 질문을 각각 하나씩 고르시오.

	질문	가깝다	멀다
1	나는 계획적으로 일을 하는 것을 좋아한다.		
	나는 꼼꼼하게 일을 마무리 하는 편이다.		
	나는 새로운 방법으로 문제를 해결하는 것을 좋아한다.		
	나는 빠르고 신속하게 일을 처리해야 마음이 편하다.		
2	나는 문제를 해결하기 위해 여러 사람과 상의한다.		
	나는 어떠한 결정을 내릴 때 신중한 편이다.		
	나는 시작한 일은 반드시 완성시킨다.		
	나는 문제를 현실적이고 객관적으로 해결한다.		
3	나는 글보다 말로 표현하는 것이 편하다.		
	나는 논리적인 원칙에 따라 행동하는 것이 좋다.		
	나는 집중력이 강하고 매사에 철저하다.		
	나는 자기능력을 뽐내지 않고 겸손하다.		
4	나는 융통성 있게 업무를 처리한다.		
	나는 질문을 받으면 충분히 생각하고 나서 대답한다.		
	나는 긍정적이고 낙천적인 사고방식을 갖고 있다.		
	나는 매사에 적극적인 편이다.		
5	나는 기발한 아이디어를 많이 낸다.		
	나는 새로운 일을 하는 것이 좋다.		
	나는 타인의 견해를 잘 고려한다.		
	나는 사람들을 잘 설득시킨다.		
6	나는 종종 화가 날 때가 있다.		
	나는 화를 잘 참지 못한다.		
	나는 단호하고 통솔력이 있다.		
	나는 집단을 이끌어가는 능력이 있다.		
7	나는 조용하고 성실하다.		
	나는 책임감이 강하다.		
	나는 독창적이며 창의적이다.		
	나는 복잡한 문제도 간단하게 해결한다.		

	질문	가깝다	멀다
8	나는 관심 있는 분야에 몰두하는 것이 즐겁다.		
	나는 목표를 달성하는 것을 중요하게 생각한다.		
	나는 상황에 따라 일정을 조율하는 융통성이 있다.		
	나는 의사결정에 신속함이 있다.		
9	나는 정리 정돈과 계획에 능하다.		
	나는 사람들의 관심을 받는 것이 기분 좋다.		
	나는 때로는 고집스러울 때도 있다.		
	나는 원리원칙을 중시하는 편이다.		
10	나는 맡은 일에 헌신적이다.		
	나는 타인의 감정에 민감하다.		
	나는 목적과 방향은 변화할 수 있다고 생각한다.		
	나는 다른 사람과 의견의 충돌은 피하고 싶다.		
11	나는 구체적인 사실을 잘 기억하는 편이다.		
	나는 새로운 일을 시도하는 것이 즐겁다.		
	나는 겸손하다.		
	나는 다른 사람과 별다른 마찰이 없다.		
12	나는 나이에 비해 성숙한 편이다.		
	나는 유머감각이 있다.		
	나는 다른 사람의 생각이나 의견을 중요시 생각한다.		
	나는 솔직하고 단호한 편이다.		
13	나는 낙천적이고 긍정적이다.		
	나는 집단을 이끌어가는 능력이 있다.		
	나는 사람들에게 인기가 많다.		
	나는 활동을 조직하고 주도해나가는데 능하다.		
14	나는 사람들에게 칭찬을 잘 한다.		
	나는 사교성이 풍부한 편이다.		
	나는 동정심이 많다.		
	나는 정보에 밝고 지식에 대한 욕구가 높다.		
15	나는 호기심이 많다.		
	나는 다수결의 의견에 쉽게 따른다.		
	나는 승부근성이 강하다.		
	나는 자존심이 강한 편이다.		
16	나는 한번 생각한 것은 자주 바꾸지 않는다.		
	나는 개성 있다는 말을 자주 듣는다.		
	나는 나만의 방식으로 업무를 풀어나가는데 능하다.		
	나는 신중한 편이라고 생각한다.		

	질문	가깝다	멀다
17	나는 문제를 해결하기 위해 많은 사람의 의견을 참고한다.		
	나는 몸을 움직이는 것을 좋아한다.		
	나는 시작한 일은 반드시 완성시킨다.		
	나는 문제 상황을 객관적으로 대처하는데 자신이 있다.		
18	나는 목표를 향해 계속 도전하는 편이다.		
	나는 실패하는 것이 두렵지 않다.		
	나는 친구들이 많은 편이다.		
	나는 다른 사람의 시선을 고려하여 행동한다.		
19	나는 추상적인 이론을 잘 기억하는 편이다.		
	나는 적극적으로 행동하는 편이다.		
	나는 말하는 것을 좋아한다.		
	나는 꾸준히 노력하는 타입이다.		
20	나는 실행력이 있는 편이다.		
	나는 조직 내 분위기 메이커이다.		
	나는 세심하지 못한 편이다.		
	나는 모임에서 지원자 역할을 맡는 것이 좋다.		
21	나는 현실적이고 실용적인 것을 추구한다.		
	나는 계획을 세우고 실행하는 것이 재미있다.		
	나는 꾸준한 취미를 갖고 있다.		
	나는 성급하게 결정하지 않는다.		
22	나는 싫어하는 사람과도 아무렇지 않게 이야기 할 수 있다.		
	내 책상은 항상 깔끔히 정돈되어 있다.		
	나는 실패보다 성공을 먼저 생각한다.		
	나는 동료와의 경쟁도 즐긴다.		
23	나는 능력을 칭찬받는 경우가 많다.		
	나는 논리정연하게 말을 하는 편이다.		
	나는 사물의 근원과 배경에 대해 관심이 많다.		
	나는 문제에 부딪히면 스스로 해결하는 편이다.		
24	나는 부지런한 편이다.		
	나는 일을 하는 속도가 빠르다.		
	나는 독특하고 창의적인 생각을 잘한다.		
	나는 약속한 일은 어기지 않는다.		
25	나는 환경의 변화에도 쉽게 적응할 수 있다.		
	나는 망설이는 것보다 도전하는 편이다.		
	나는 완벽주의자이다.		
	나는 팀을 짜서 일을 하는 것이 재미있다.		

	질문	가깝다	멀다
26	나는 조직을 위해서 내 이익을 포기할 수 있다.		
	나는 상상력이 풍부하다.		
	나는 여러 가지 각도로 사물을 분석하는 것이 좋다.		
	나는 인간관계를 중시하는 편이다.		
27	나는 경험한 방법 중 가장 적합한 방법으로 일을 해결한다.		
	나는 독자적인 시각을 갖고 있다.		
	나는 시간이 걸려도 침착하게 생각하는 경우가 많다.		
	나는 높은 목표를 설정하고 이루기 위해 노력하는 편이다.		
28	나는 성격이 시원시원하다는 말을 자주 듣는다.		
	나는 자기 표현력이 강한 편이다.		
	나는 일의 내용을 중요시 여긴다.		
	나는 다른 사람보다 동정심이 많은 편이다.		
29	나는 하기 싫은 일을 맡아도 표시내지 않고 마무리 한다.		
	나는 누가 시키지 않아도 일을 계획적으로 진행한다.		
	나는 한 가지 일에 집중을 잘 하는 편이다.		
	나는 남을 설득하고 이해시키는데 자신이 있다.		
30	나는 비합리적이거나 불의를 보면 쉽게 지나치지 못한다.		
	나는 무엇이던 시작하면 이루어야 직성이 풀린다.		
	나는 사람을 가리지 않고 쉽게 사귄다.		
	나는 어렵고 힘든 일에 도전하는 것에 쾌감을 느낀다.		

| 1~200 | 다음 (   ) 안에 당신에게 해당사항이 있으면 'YES', 그렇지 않다면 'NO'를 선택하시오.

YES NO

1. 사람들이 붐비는 도시보다 한적한 시골이 좋다. ……………………………………………( )( )

2. 전자기기를 잘 다루지 못하는 편이다. ………………………………………………………( )( )

3. 인생에 대해 깊이 생각해 본 적이 없다. ……………………………………………………( )( )

4. 혼자서 식당에 들어가는 것은 전혀 두려운 일이 아니다. …………………………………( )( )

5. 남녀 사이의 연애에서 중요한 것은 돈이다. …………………………………………………( )( )

6. 걸음걸이가 빠른 편이다. ………………………………………………………………………( )( )

7. 육류보다 채소류를 더 좋아한다. ……………………………………………………………( )( )

8. 소곤소곤 이야기하는 것을 보면 자기에 대해 험담하고 있는 것으로 생각된다. ………( )( )

9. 여럿이 어울리는 자리에서 이야기를 주도하는 편이다. ……………………………………( )( )

10. 집에 머무는 시간보다 밖에서 활동하는 시간이 더 많은 편이다. ………………………( )( )

11. 무엇인가 창조해내는 작업을 좋아한다. ……………………………………………………( )( )

12. 자존심이 강하다고 생각한다. ………………………………………………………………( )( )

13. 금방 흥분하는 성격이다. ……………………………………………………………………( )( )

14. 거짓말을 한 적이 많다. ………………………………………………………………………( )( )

15. 신경질적인 편이다. ……………………………………………………………………………( )( )

16. 끙끙대며 고민하는 타입이다. ………………………………………………………………( )( )

17. 자신이 맡은 일에 반드시 책임을 지는 편이다. ……………………………………………( )( )

18. 누군가와 마주하는 것보다 통화로 이야기하는 것이 더 편하다. …………………………( )( )

19. 운동신경이 뛰어난 편이다. …………………………………………………………………( )( )

20. 생각나는 대로 말해버리는 편이다. …………………………………………………………( )( )

21. 싫어하는 사람이 없다. ………………………………………………………………………( )( )

22. 학창시절 국·영·수보다는 예체능 과목을 더 좋아했다. …………………………………( )( )

23. 쓸데없는 고생을 하는 일이 많다. …………………………………………………………( )( )

24. 자주 생각이 바뀌는 편이다. …………………………………………………………………( )( )

25. 갈등은 대화로 해결한다. ··(   )(   )

26. 내 방식대로 일을 한다. ··(   )(   )

27. 영화를 보고 운 적이 많다. ··(   )(   )

28. 어떤 것에 대해서도 화낸 적이 없다. ···································(   )(   )

29. 좀처럼 아픈 적이 없다. ··(   )(   )

30. 자신은 도움이 안 되는 사람이라고 생각한다. ·······················(   )(   )

31. 어떤 일이든 쉽게 싫증을 내는 편이다. ·······························(   )(   )

32. 개성적인 사람이라고 생각한다. ··(   )(   )

33. 자기주장이 강한 편이다. ··(   )(   )

34. 뒤숭숭하다는 말을 들은 적이 있다. ·····································(   )(   )

35. 인터넷 사용이 아주 능숙하다. ··(   )(   )

36. 사람들과 관계 맺는 것을 보면 잘하지 못한다. ·····················(   )(   )

37. 사고방식이 독특하다. ··(   )(   )

38. 대중교통보다는 걷는 것을 더 선호한다. ·······························(   )(   )

39. 끈기가 있는 편이다. ··(   )(   )

40. 신중한 편이라고 생각한다. ··(   )(   )

41. 인생의 목표는 큰 것이 좋다. ··(   )(   )

42. 어떤 일이라도 바로 시작하는 타입이다. ·······························(   )(   )

43. 낯가림을 하는 편이다. ···(   )(   )

44. 생각하고 나서 행동하는 편이다. ··(   )(   )

45. 쉬는 날은 밖으로 나가는 경우가 많다. ·······························(   )(   )

46. 시작한 일은 반드시 완성시킨다. ··(   )(   )

47. 면밀한 계획을 세운 여행을 좋아한다. ···································(   )(   )

48. 야망이 있는 편이라고 생각한다. ··(   )(   )

49. 활동력이 있는 편이다. ···(   )(   )

50. 많은 사람들과 왁자지껄하게 식사하는 것을 좋아하지 않는다. ···(   )(   )

51. 장기적인 계획을 세우는 것을 꺼려한다. ································(　)(　)

52. 자기 일이 아닌 이상 무심한 편이다. ································(　)(　)

53. 하나의 취미에 열중하는 타입이다. ································(　)(　)

54. 스스로 모임에서 회장에 어울린다고 생각한다. ················(　)(　)

55. 입신출세의 성공이야기를 좋아한다. ································(　)(　)

56. 어떠한 일도 의욕을 가지고 임하는 편이다. ····················(　)(　)

57. 학급에서는 존재가 희미했다. ··(　)(　)

58. 항상 무언가를 생각하고 있다. ······································(　)(　)

59. 스포츠는 보는 것보다 하는 게 좋다. ····························(　)(　)

60. 문제 상황을 바르게 인식하고 현실적이고 객관적으로 대처한다. ···(　)(　)

61. 흐린 날은 반드시 우산을 가지고 간다. ························(　)(　)

62. 여러 명보다 1 : 1로 대화하는 것을 선호한다. ··················(　)(　)

63. 공격하는 타입이라고 생각한다. ····································(　)(　)

64. 리드를 받는 편이다. ··(　)(　)

65. 너무 신중해서 기회를 놓친 적이 있다. ························(　)(　)

66. 시원시원하게 움직이는 타입이다. ································(　)(　)

67. 야근을 해서라도 업무를 끝낸다. ··································(　)(　)

68. 누군가를 방문할 때는 반드시 사전에 확인한다. ············(　)(　)

69. 아무리 노력해도 결과가 따르지 않는다면 의미가 없다. ·····(　)(　)

70. 솔직하고 타인에 대해 개방적이다. ······························(　)(　)

71. 유행에 둔감하다고 생각한다. ······································(　)(　)

72. 정해진 대로 움직이는 것은 시시하다. ························(　)(　)

73. 꿈을 계속 가지고 있고 싶다. ······································(　)(　)

74. 질서보다 자유를 중요시하는 편이다. ··························(　)(　)

75. 혼자서 취미에 몰두하는 것을 좋아한다. ······················(　)(　)

76. 직관적으로 판단하는 편이다. ······································(　)(　)

77. 영화나 드라마를 보며 등장인물의 감정에 이입된다. ·····················( )( )

78. 시대의 흐름에 역행해서라도 자신을 관철하고 싶다. ·················( )( )

79. 다른 사람의 소문에 관심이 없다. ···( )( )

80. 창조적인 편이다. ··( )( )

81. 비교적 눈물이 많은 편이다. ··( )( )

82. 융통성이 있다고 생각한다. ··( )( )

83. 친구의 휴대전화 번호를 잘 모른다. ··( )( )

84. 스스로 고안하는 것을 좋아한다. ··( )( )

85. 정이 두터운 사람으로 남고 싶다. ··( )( )

86. 새로 나온 전자제품의 사용방법을 익히는 데 오래 걸린다. ············( )( )

87. 세상의 일에 별로 관심이 없다. ···( )( )

88. 변화를 추구하는 편이다. ···( )( )

89. 업무는 인간관계로 선택한다. ··( )( )

90. 환경이 변하는 것에 구애되지 않는다. ······································( )( )

91. 다른 사람들에게 첫인상이 좋다는 이야기를 자주 듣는다. ·············( )( )

92. 인생은 살 가치가 없다고 생각한다. ··( )( )

93. 의지가 약한 편이다. ··( )( )

94. 다른 사람이 하는 일에 별로 관심이 없다. ································( )( )

95. 자주 넘어지거나 다치는 편이다. ··( )( )

96. 심심한 것을 못 참는다. ···( )( )

97. 다른 사람을 욕한 적이 한 번도 없다. ······································( )( )

98. 몸이 아프더라도 병원에 잘 가지 않는 편이다. ··························( )( )

99. 금방 낙심하는 편이다. ···( )( )

100. 평소 말이 빠른 편이다. ··( )( )

101. 어려운 일은 되도록 피하는 게 좋다. ······································( )( )

102. 다른 사람이 내 의견에 간섭하는 것이 싫다. ····························( )( )

103. 낙천적인 편이다. ···( )( )

104. 남을 돕다가 오해를 산 적이 있다. ·································( )( )

105. 모든 일에 준비성이 철저한 편이다. ·····························( )( )

106. 상냥하다는 말을 들은 적이 있다. ·································( )( )

107. 맑은 날보다 흐린 날을 더 좋아한다. ·························( )( )

108. 많은 친구들을 만나는 것보다 단 둘이 만나는 것이 더 좋다. ·······( )( )

109. 평소에 불평불만이 많은 편이다. ·································( )( )

110. 가끔 나도 모르게 엉뚱한 행동을 하는 때가 있다. ·····( )( )

111. 생리현상을 잘 참지 못하는 편이다. ·························( )( )

112. 다른 사람을 기다리는 경우가 많다. ·························( )( )

113. 술자리나 모임에 억지로 참여하는 경우가 많다. ·······( )( )

114. 결혼과 연애는 별개라고 생각한다. ·····························( )( )

115. 노후에 대해 걱정이 될 때가 많다. ·····························( )( )

116. 잃어버린 물건은 쉽게 찾는 편이다. ·························( )( )

117. 비교적 쉽게 감격하는 편이다. ·································( )( )

118. 어떤 것에 대해서는 불만을 가진 적이 없다. ·············( )( )

119. 걱정으로 밤에 못 잘 때가 많다. ·································( )( )

120. 자주 후회하는 편이다. ···( )( )

121. 쉽게 학습하지만 쉽게 잊어버린다. ·····························( )( )

122. 낮보다 밤에 일하는 것이 좋다. ·································( )( )

123. 많은 사람 앞에서도 긴장하지 않는다. ·······················( )( )

124. 상대방에게 감정 표현을 하기가 어렵게 느껴진다. ·······( )( )

125. 인생을 포기하는 마음을 가진 적이 한 번도 없다. ·······( )( )

126. 규칙에 대해 드러나게 반발하기보다 속으로 반발한다. ·····( )( )

127. 자신의 언행에 대해 자주 반성한다. ·························( )( )

128. 활동범위가 좁아 늘 가던 곳만 고집한다. ···················( )( )

129. 나는 끈기가 다소 부족하다. ··( )( )

130. 좋다고 생각하더라도 좀 더 검토하고 나서 실행한다. ················( )( )

131. 위대한 인물이 되고 싶다. ··( )( )

132. 한 번에 많은 일을 떠맡아도 힘들지 않다. ····························( )( )

133. 사람과 약속은 부담스럽다. ··( )( )

134. 질문을 받으면 충분히 생각하고 나서 대답하는 편이다. ············( )( )

135. 머리를 쓰는 것보다 땀을 흘리는 일이 좋다. ························( )( )

136. 결정한 것에는 철저히 구속받는다. ······································( )( )

137. 아무리 바쁘더라도 자기관리를 위한 운동을 꼭 한다. ··············( )( )

138. 이왕 할 거라면 일등이 되고 싶다. ····································( )( )

139. 과감하게 도전하는 타입이다. ··( )( )

140. 자신은 사교적이 아니라고 생각한다. ··································( )( )

141. 무심코 도리에 대해서 말하고 싶어진다. ······························( )( )

142. 목소리가 큰 편이다. ··( )( )

143. 단념하기보다 실패하는 것이 낫다고 생각한다. ······················( )( )

144. 예상하지 못한 일은 하고 싶지 않다. ··································( )( )

145. 파란만장하더라도 성공하는 인생을 살고 싶다. ······················( )( )

146. 활기찬 편이라고 생각한다. ··( )( )

147. 자신의 성격으로 고민한 적이 있다. ····································( )( )

148. 무심코 사람들을 평가 한다. ··( )( )

149. 때때로 성급하다고 생각한다. ··( )( )

150. 자신은 꾸준히 노력하는 타입이라고 생각한다. ······················( )( )

151. 터무니없는 생각이라도 메모한다. ······································( )( )

152. 리더십이 있는 사람이 되고 싶다. ······································( )( )

153. 열정적인 사람이라고 생각한다. ··( )( )

154. 다른 사람 앞에서 이야기를 하는 것이 조심스럽다. ················( )( )

155. 세심하기보다 통찰력이 있는 편이다. ································( )( )

156. 엉덩이가 가벼운 편이다. ································( )( )

157. 여러 가지로 구애받는 것을 견디지 못한다. ································( )( )

158. 돌다리도 두들겨 보고 건너는 쪽이 좋다. ································( )( )

159. 자신에게는 권력욕이 있다. ································( )( )

160. 자신의 능력보다 과중한 업무를 할당받으면 기쁘다. ································( )( )

161. 사색적인 사람이라고 생각한다. ································( )( )

162. 비교적 개혁적이다. ································( )( )

163. 좋고 싫음으로 정할 때가 많다. ································( )( )

164. 전통에 얽매인 습관은 버리는 것이 적절하다. ································( )( )

165. 교제 범위가 좁은 편이다. ································( )( )

166. 발상의 전환을 할 수 있는 타입이라고 생각한다. ································( )( )

167. 주관적인 판단으로 실수한 적이 있다. ································( )( )

168. 현실적이고 실용적인 면을 추구한다. ································( )( )

169. 타고난 능력에 의존하는 편이다. ································( )( )

170. 다른 사람을 의식하여 외모에 신경을 쓴다. ································( )( )

171. 마음이 담겨 있으면 선물은 아무 것이나 좋다. ································( )( )

172. 여행은 내 마음대로 하는 것이 좋다. ································( )( )

173. 추상적인 일에 관심이 있는 편이다. ································( )( )

174. 큰일을 먼저 결정하고 세세한 일을 나중에 결정하는 편이다. ································( )( )

175. 괴로워하는 사람을 보면 답답하다. ································( )( )

176. 자신의 가치기준을 알아주는 사람은 아무도 없다. ································( )( )

177. 인간성이 없는 사람과는 함께 일할 수 없다. ································( )( )

178. 상상력이 풍부한 편이라고 생각한다. ································( )( )

179. 의리, 인정이 두터운 상사를 만나고 싶다. ································( )( )

180. 인생은 앞날을 알 수 없어 재미있다. ································( )( )

181. 조직에서 분위기 메이커다. ··( )( )

182. 반성하는 시간에 차라리 실수를 만회할 방법을 구상한다. ····················( )( )

183. 늘 하던 방식대로 일을 처리해야 마음이 편하다. ······························( )( )

184. 쉽게 이룰 수 있는 일에는 흥미를 느끼지 못한다. ····························( )( )

185. 좋다고 생각하면 바로 행동한다. ···( )( )

186. 후배들은 무섭게 가르쳐야 따라온다. ··( )( )

187. 한 번에 많은 일을 떠맡는 것이 부담스럽다. ···································( )( )

188. 능력 없는 상사라도 진급을 위해 아부할 수 있다. ···························( )( )

189. 질문을 받으면 그때의 느낌으로 대답하는 편이다. ···························( )( )

190. 땀을 흘리는 것보다 머리를 쓰는 일이 좋다. ···································( )( )

191. 단체 규칙에 그다지 구속받지 않는다. ··( )( )

192. 물건을 자주 잃어버리는 편이다. ···( )( )

193. 불만이 생기면 즉시 말해야 한다. ··( )( )

194. 안전한 방법을 고르는 타입이다. ···( )( )

195. 사교성이 많은 사람을 보면 부럽다. ···( )( )

196. 성격이 급한 편이다. ···( )( )

197. 갑자기 중요한 프로젝트가 생기면 혼자서라도 야근할 수 있다. ············( )( )

198. 내 인생에 절대로 포기하는 경우는 없다. ·······································( )( )

199. 예상하지 못한 일도 해보고 싶다. ··( )( )

200. 평범하고 평온하게 행복한 인생을 살고 싶다. ·································( )( )

PART

V

면접

CHAPTER 01 면접의 기본

01 면접준비

(1) 면접의 기본 원칙

① 면접의 의미 … 다양한 면접기법을 활용하여 지원한 직무에 필요한 능력을 지원자가 보유하고 있는 지를 확인하는 절차라고 할 수 있다. 즉, 지원자의 입장에서는 채용 직무수행에 필요한 요건들과 관련하여 자신의 환경, 경험, 관심사, 성취 등에 대해 기업에 직접 어필할 수 있는 기회를 제공받는 것이며, 기업의 입장에서는 서류전형만으로 알 수 없는 지원자에 대한 정보를 직접적으로 수집하고 평가하는 것이다.

② 면접의 특징 … 면접은 기업의 입장에서 서류전형이나 필기전형에서 드러나지 않는 지원자의 능력이나 성향을 볼 수 있는 기회로, 면대면으로 이루어지며 즉흥적인 질문들이 포함될 수 있기 때문에 지원자가 완벽하게 준비하기 어려운 부분이 있다. 하지만 지원자 입장에서도 서류전형이나 필기전형에서 모두 보여주지 못한 자신의 능력 등을 기업의 인사담당자에게 어필할 수 있는 추가적인 기회가 될 수도 있다.

[서류 · 필기전형과 차별화되는 면접의 특징]

- 직무수행과 관련된 다양한 지원자 행동에 대한 관찰이 가능하다.
- 면접관이 알고자 하는 정보를 심층적으로 파악할 수 있다.
- 서류상의 미비한 사항과 의심스러운 부분을 확인할 수 있다.
- 커뮤니케이션 능력, 대인관계 능력 등 행동·언어적 정보도 얻을 수 있다.

③ 면접의 유형

㉠ 구조화 면접 : 사전에 계획을 세워 질문의 내용과 방법, 지원자의 답변 유형에 따른 추가 질문과 그에 대한 평가 역량이 정해져 있는 면접 방식으로 표준화 면접이라고도 한다.
- 표준화된 질문이나 평가요소가 면접 전 확정되며, 지원자는 편성된 조나 면접관에 영향을 받지 않고 동일한 질문과 시간을 부여받을 수 있다.
- 조직 또는 직무별로 주요하게 도출된 역량을 기반으로 평가요소가 구성되어, 조직 또는 직무에서 필요한 역량을 가진 지원자를 선발할 수 있다.
- 표준화된 형식을 사용하는 특성 때문에 비구조화 면접에 비해 신뢰성과 타당성, 객관성이 높다.

ⓛ 비구조화 면접 : 면접 계획을 세울 때 면접 목적만을 명시하고 내용이나 방법은 면접관에게 전적으로 일임하는 방식으로 비표준화 면접이라고도 한다.

- 표준화된 질문이나 평가요소 없이 면접이 진행되며, 편성된 조나 면접관에 따라 지원자에게 주어지는 질문이나 시간이 다르다.
- 면접관의 주관적인 판단에 따라 평가가 이루어져 평가 오류가 빈번히 일어난다.
- 상황 대처나 언변이 뛰어난 지원자에게 유리한 면접이 될 수 있다.

④ 경쟁력 있는 면접 요령

㉠ 면접 전에 준비하고 유념할 사항

- 예상 질문과 답변을 미리 작성한다.
- 작성한 내용을 문장으로 외우지 않고 키워드로 기억한다.
- 지원한 회사의 최근 기사를 검색하여 기억한다.
- 지원한 회사가 속한 산업군의 최근 기사를 검색하여 기억한다.
- 면접 전 1주일간 이슈가 되는 뉴스를 기억하고 자신의 생각을 반영하여 정리한다.
- 찬반토론에 대비한 주제를 목록으로 정리하여 자신의 논리를 내세운 예상답변을 작성한다.

㉡ 면접장에서 유념할 사항

- 질문의 의도 파악 : 답변을 할 때에는 질문 의도를 파악하고 그에 충실한 답변이 될 수 있도록 질문사항을 유념해야 한다. 많은 지원자가 하는 실수 중 하나로 답변을 하는 도중 자기 말에 심취되어 질문의 의도와 다른 답변을 하거나 자신이 알고 있는 지식만을 나열하는 경우가 있는데, 이럴 경우 의사소통능력이 부족한 사람으로 인식될 수 있으므로 주의하도록 한다.
- 답변은 두괄식 : 답변을 할 때에는 두괄식으로 결론을 먼저 말하고 그 이유를 설명하는 것이 좋다. 미괄식으로 답변을 할 경우 용두사미의 답변이 될 가능성이 높으며, 결론을 이끌어 내는 과정에서 논리성이 결여될 우려가 있다. 또한 면접관이 결론을 듣기 전에 말을 끊고 다른 질문을 추가하는 예상치 못한 상황이 발생될 수 있으므로 답변은 자신이 전달하고자 하는 바를 먼저 밝히고 그에 대한 설명을 하는 것이 좋다.
- 지원한 회사의 기업정신과 인재상을 기억 : 답변을 할 때에는 회사가 원하는 인재라는 인상을 심어주기 위해 지원한 회사의 기업정신과 인재상 등을 염두에 두고 답변을 하는 것이 좋다. 모든 회사에 해당되는 두루뭉술한 답변보다는 지원한 회사에 맞는 맞춤형 답변을 하는 것이 좋다.
- 나보다는 회사와 사회적 관점에서 답변 : 답변을 할 때에는 자기중심적인 관점을 피하고 좀 더 넓은 시각으로 회사와 국가, 사회적 입장까지 고려하는 인재임을 어필하는 것이 좋다. 자기중심적 시각을 바탕으로 자신의 출세만을 위해 회사에 입사하려는 인상을 심어줄 경우 면접에서 불이익을 받을 가능성이 높다.
- 난처한 질문은 정직한 답변 : 난처한 질문에 답변을 해야 할 때에는 피하기보다는 정면 돌파로 정직하고 솔직하게 답변하는 것이 좋다. 난처한 부분을 감추고 드러내지 않으려 회피하는 지원자의 모습은 인사담당자에게 입사 후에도 비슷한 상황에 처했을 때 회피할 수도 있다는 우려를 심어줄 수 있다. 따라서 직장생활에 있어 중요한 덕목 중 하나인 정직을 바탕으로 솔직하게 답변을 하도록 한다.

(2) 면접의 종류 및 준비 전략

① 인성면접

㉠ 면접 방식 및 판단기준

- 면접 방식 : 인성면접은 면접관이 가지고 있는 개인적 면접 노하우나 관심사에 의해 질문을 실시한다. 주로 입사지원서나 자기소개서의 내용을 토대로 지원동기, 과거의 경험, 미래 포부 등을 이야기하도록 하는 방식이다.
- 판단기준 : 면접관의 개인적 가치관과 경험, 해당 역량의 수준, 경험의 구체성·진실성 등

㉡ 특징 : 인성면접은 그 방식으로 인해 역량과 무관한 질문들이 많고 지원자에게 주어지는 면접질문, 시간 등이 다를 수 있다. 또한 입사지원서나 자기소개서의 내용을 토대로 하기 때문에 지원자별 질문이 달라질 수 있다.

㉢ 예시 문항 및 준비전략

- 예시 문항

> - 3분 동안 자기소개를 해 보십시오.
> - 자신의 장점과 단점을 말해 보십시오.
> - 학점이 좋지 않은데 그 이유가 무엇입니까?
> - 최근에 인상 깊게 읽은 책은 무엇입니까?
> - 회사를 선택할 때 중요시하는 것은 무엇입니까?
> - 일과 개인생활 중 어느 쪽을 중시합니까?
> - 10년 후 자신은 어떤 모습일 것이라고 생각합니까?
> - 휴학 기간 동안에는 무엇을 했습니까?

- 준비전략 : 인성면접은 입사지원서나 자기소개서의 내용을 바탕으로 하는 경우가 많으므로 자신이 작성한 입사지원서와 자기소개서의 내용을 충분히 숙지하도록 한다. 또한 최근 사회적으로 이슈가 되고 있는 뉴스에 대한 견해를 묻거나 시사상식 등에 대한 질문을 받을 수 있으므로 이에 대한 대비도 필요하다. 자칫 부담스러워 보이지 않는 질문으로 가볍게 대답하지 않도록 주의하고 모든 질문에 입사 의지를 담아 성실하게 답변하는 것이 중요하다.

② 발표면접

㉠ 면접 방식 및 판단기준

- 면접 방식 : 지원자가 특정 주제와 관련된 자료를 검토하고 그에 대한 자신의 생각을 면접관 앞에서 주어진 시간 동안 발표하고 추가 질의를 받는 방식으로 진행된다.
- 판단기준 : 지원자의 사고력, 논리력, 문제해결력 등

㉡ 특징 : 발표면접은 지원자에게 과제를 부여한 후, 과제를 수행하는 과정과 결과를 관찰·평가한다. 따라서 과제수행 결과뿐 아니라 수행과정에서의 행동을 모두 평가할 수 있다.

ⓒ 예시 문항 및 준비전략

• 예시 문항

[신입사원 조기 이직 문제]

※ 지원자는 아래에 제시된 자료를 검토한 뒤, 신입사원 조기 이직의 원인을 크게 3가지로 정리하고 이에 대한 구체적인 개선안을 도출하여 발표해 주시기 바랍니다.

※ 본 과제에 정해진 정답은 없으나 논리적 근거를 들어 개선안을 작성해 주십시오.

• A기업은 동종업계 유사기업들과 비교해 볼 때, 비교적 높은 재무안정성을 유지하고 있으며 업무강도가 그리 높지 않은 것으로 외부에 알려져 있음.

• 최근 조사결과, 동종업계 유사기업들과 연봉을 비교해 보았을 때 연봉 수준도 그리 나쁘지 않은 편이라는 것이 확인되었음.

• 그러나 지난 3년간 1~2년차 직원들의 이직률이 계속해서 증가하고 있는 추세이며, 경영진 회의에서 최우선 해결과제 중 하나로 거론되었음.

• 이에 따라 인사팀에서 현재 1~2년차 사원들을 대상으로 개선되어야 하는 A기업의 조직문화에 대한 설문조사를 실시한 결과, '상명하복식의 의사소통'이 36.7%로 1위를 차지했음.

• 이러한 설문조사와 함께, 신입사원 조기 이직에 대한 원인을 분석한 결과 파랑새 증후군, 셀프홀릭 증후군, 피터팬 증후군 등 3가지로 분류할 수 있었음.

〈동종업계 유사기업들과의 연봉 비교〉

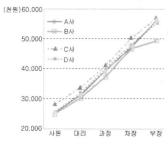

〈우리 회사 조직문화 중 개선되었으면 하는 것〉

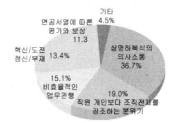

〈신입사원 조기 이직의 원인〉

• 파랑새 증후군
- 현재의 직장보다 더 좋은 직장이 있을 것이라는 막연한 기대감으로 끊임없이 새로운 직장을 탐색함.
- 학력 수준과 맞지 않는 '하향지원', 전공과 적성을 고려하지 않고 일단 취업하고 보자는 '묻지마 지원'이 파랑새 증후군을 초래함.

• 셀프홀릭 증후군
- 본인의 역량에 비해 가치가 낮은 일을 주로 하면서 갈등을 느낌.

• 피터팬 증후군
- 기성세대의 문화를 무조건 수용하기보다는 자유로움과 변화를 추구함.
- 상명하복, 엄격한 규율 등 기성세대가 당연시하는 관행에 거부감을 가지며 직장에 답답함을 느낌.

- 준비전략 : 발표면접의 시작은 과제 안내문과 과제 상황, 과제 자료 등을 정확하게 이해하는 것에서 출발한다. 과제 안내문을 침착하게 읽고 제시된 주제 및 문제와 관련된 상황의 맥락을 파악한 후 과제를 검토한다. 제시된 기사나 그래프 등을 충분히 활용하여 주어진 문제를 해결할 수 있는 해결책이나 대안을 제시하며, 발표를 할 때에는 명확하고 자신 있는 태도로 전달할 수 있도록 한다.

③ 토론면접

  ㉠ 면접 방식 및 판단기준

- 면접 방식 : 상호갈등적 요소를 가진 과제 또는 공통의 과제를 해결하는 내용의 토론 과제를 제시하고, 그 과정에서 개인 간의 상호작용 행동을 관찰하는 방식으로 면접이 진행된다.
- 판단기준 : 팀워크, 적극성, 갈등 조정, 의사소통능력, 문제해결능력 등

  ㉡ 특징 : 토론을 통해 도출해 낸 최종안의 타당성도 중요하지만, 결론을 도출해 내는 과정에서의 의사소통능력이나 갈등상황에서 의견을 조정하는 능력 등이 중요하게 평가되는 특징이 있다.

  ㉢ 예시 문항 및 준비전략

- 예시 문항

> - 군 가산점제 부활에 대한 찬반토론
> - 담뱃값 인상에 대한 찬반토론
> - 비정규직 철폐에 대한 찬반토론
> - 대학의 영어 강의 확대 찬반토론
> - 워크숍 장소 선정을 위한 토론

- 준비전략 : 토론면접은 무엇보다 팀워크와 적극성이 강조된다. 따라서 토론과정에 적극적으로 참여하며 자신의 의사를 분명하게 전달하며, 갈등상황에서 자신의 의견만 내세울 것이 아니라 다른 지원자의 의견을 경청하고 배려하는 모습도 중요하다. 갈등상황을 일목요연하게 정리하여 조정하는 등의 의사소통능력을 발휘하는 것도 좋은 전략이 될 수 있다.

④ 상황면접

  ㉠ 면접 방식 및 판단기준

- 면접 방식 : 상황면접은 직무 수행 시 접할 수 있는 상황들을 제시하고, 그러한 상황에서 어떻게 행동할 것인지를 이야기하는 방식으로 진행된다.
- 판단기준 : 해당 상황에 적절한 역량의 구현과 구체적 행동지표

  ㉡ 특징 : 실제 직무 수행 시 접할 수 있는 상황들을 제시하므로 입사 이후 지원자의 업무수행능력을 평가하는 데 적절한 면접 방식이다. 또한 지원자의 가치관, 태도, 사고방식 등의 요소를 통합적으로 평가하는 데 용이하다.

ⓒ 예시 문항 및 준비전략

• 예시 문항

> 당신은 생산관리팀의 팀원으로, 생산팀이 기한에 맞춰 효율적으로 제품을 생산할 수 있도록 관리하는 역할을 맡고 있습니다. 3개월 뒤에 제품A를 정상적으로 출시하기 위해 생산팀의 생산 계획을 수립한 상황입니다. 그러나 원가가 곧 실적으로 이어지는 구매팀에서는 최대한 원가를 줄여 전반적 단가를 낮추려고 원가절감을 위한 제안을 하였으나, 연구개발팀에서는 구매팀이 제안한 방식으로 제품을 생산할 경우 대부분이 구매팀의 실적으로 산정될 것이므로 제대로 확인도 해보지 않은 채 적합하지 않은 방식이라고 판단하고 있습니다. 당신은 어떻게 하겠습니까?

• 준비전략 : 상황면접은 먼저 주어진 상황에서 핵심이 되는 문제가 무엇인지를 파악하는 것에서 시작한다. 주질문과 세부질문을 통하여 질문의 의도를 파악하였다면, 그에 대한 구체적인 행동이나 생각 등에 대해 응답할수록 높은 점수를 얻을 수 있다.

⑤ 역할면접

㉠ 면접 방식 및 판단기준

• 면접 방식 : 역할면접 또는 역할연기 면접은 기업 내 발생 가능한 상황에서 부딪히게 되는 문제와 역할을 가상적으로 설정하여 특정 역할을 맡은 사람과 상호작용하고 문제를 해결해 나가도록 하는 방식으로 진행된다. 역할연기 면접에서는 면접관이 직접 역할연기를 하면서 지원자를 관찰하기도 하지만, 역할연기 수행만 전문적으로 하는 사람을 투입할 수도 있다.

• 판단기준 : 대처능력, 대인관계능력, 의사소통능력 등

㉡ 특징 : 역할면접은 실제 상황과 유사한 가상 상황에서의 행동을 관찰함으로서 지원자의 성격이나 대처 행동 등을 관찰할 수 있다.

㉢ 예시 문항 및 준비전략

• 예시 문항

> **[금융권 역할면접의 예]**
> 당신은 ○○은행의 신입 텔러이다. 사람이 많은 월말 오전 한 할아버지(면접관 또는 역할담당자)께서 ○○은행을 사칭한 보이스피싱으로 인해 500만 원을 피해 보았다며 소란을 일으키고 있다. 실제 업무상황이라고 생각하고 상황에 대처해 보시오.

• 준비전략 : 역할연기 면접에서 측정하는 역량은 주로 갈등의 원인이 되는 문제를 해결 하고 제시된 해결방안을 상대방에게 설득하는 것이다. 따라서 갈등해결, 문제해결, 조정·통합, 설득력과 같은 역량이 중요시된다. 또한 갈등을 해결하기 위해서 상대방에 대한 이해도 필수적인 요소이므로 고객 지향을 염두에 두고 상황에 맞게 대처해야 한다.

역할면접에서는 변별력을 높이기 위해 면접관이 압박적인 분위기를 조성하는 경우가 많기 때문에 스트레스 상황에서 불안해하지 않고 유연하게 대처할 수 있도록 시간과 노력을 들여 충분히 연습하는 것이 좋다.

02 면접 이미지 메이킹

(1) 성공적인 이미지 메이킹 포인트

① 복장 및 스타일

　㉠ 남성

• 양복 : 양복은 단색으로 하며 넥타이나 셔츠로 포인트를 주는 것이 효과적이다. 짙은 회색이나 감청색이 가장 단정하고 품위 있는 인상을 준다.
• 셔츠 : 흰색이 가장 선호되나 자신의 피부색에 맞추는 것이 좋다. 푸른색이나 베이지색은 산뜻한 느낌을 줄 수 있다. 양복과의 배색도 고려하도록 한다.
• 넥타이 : 의상에 포인트를 줄 수 있는 아이템이지만 너무 화려한 것은 피한다. 지원자의 피부색은 물론, 정장과 셔츠의 색을 고려하며, 체격에 따라 넥타이 폭을 조절하는 것이 좋다.
• 구두 & 양말 : 구두는 검정색이나 짙은 갈색이 어느 양복에나 무난하게 어울리며 깔끔하게 닦아 준비한다. 양말은 정장과 동일한 색상이나 검정색을 착용한다.
• 헤어스타일 : 머리스타일은 단정한 느낌을 주는 짧은 헤어스타일이 좋으며 앞머리가 있다면 이마나 눈썹을 가리지 않는 선에서 정리하는 것이 좋다.

ⓛ 여성

- 의상 : 단정한 스커트 투피스 정장이나 슬랙스 슈트가 무난하다. 블랙이나 그레이, 네이비, 브라운 등 차분해 보이는 색상을 선택하는 것이 좋다.
- 소품 : 구두, 핸드백 등은 같은 계열로 코디하는 것이 좋으며 구두는 너무 화려한 디자인이나 굽이 높은 것을 피한다. 스타킹은 의상과 구두에 맞춰 단정한 것으로 선택한다.
- 액세서리 : 액세서리는 너무 크거나 화려한 것은 좋지 않으며 과하게 많이 하는 것도 좋은 인상을 주지 못한다. 착용하지 않거나 작고 깔끔한 디자인으로 포인트를 주는 정도가 적당하다.
- 메이크업 : 화장은 자연스럽고 밝은 이미지를 표현하는 것이 좋으며 진한 색조는 인상이 강해 보일 수 있으므로 피한다.
- 헤어스타일 : 커트나 단발처럼 짧은 머리는 활동적이면서도 단정한 이미지를 줄 수 있도록 정리한다. 긴 머리의 경우 하나로 묶거나 단정한 머리망으로 정리하는 것이 좋으며, 짙은 염색이나 화려한 웨이브는 피한다.

② 인사

㉠ 인사의 의미 : 인사는 예의범절의 기본이며 상대방의 마음을 여는 기본적인 행동이라고 할 수 있다. 인사는 처음 만나는 면접관에게 호감을 살 수 있는 가장 쉬운 방법이 될 수 있기도 하지만 제대로 예의를 지키지 않으면 지원자의 인성 전반에 대한 평가로 이어질 수 있으므로 각별히 주의해야 한다.

㉡ 인사의 핵심 포인트

- 인사말 : 인사말을 할 때에는 밝고 친근감 있는 목소리로 하며, 자신의 이름과 수험번호 등을 간략하게 소개한다.
- 시선 : 인사는 상대방의 눈을 보며 하는 것이 중요하며 너무 빤히 쳐다본다는 느낌이 들지 않도록 주의한다.
- 표정 : 인사는 마음에서 우러나오는 존경이나 반가움을 표현하고 예의를 차리는 것이므로 살짝 미소를 지으며 하는 것이 좋다.
- 자세 : 인사를 할 때에는 가볍게 목만 숙인다거나 흐트러진 상태에서 인사를 하지 않도록 주의하며 절도 있고 확실하게 하는 것이 좋다.

③ 시선처리와 표정, 목소리

　㉠ 시선처리와 표정 : 표정은 면접에서 지원자의 첫인상을 결정하는 중요한 요소이다. 얼굴표정은 사람의 감정을 가장 잘 표현할 수 있는 의사소통 도구로 표정 하나로 상대방에게 호감을 주거나, 비호감을 사기도 한다. 호감이 가는 인상의 특징은 부드러운 눈썹, 자연스러운 미간, 적당히 볼록한 광대, 올라간 입 꼬리 등으로 가볍게 미소를 지을 때의 표정과 일치한다. 따라서 면접 중에는 밝은 표정으로 미소를 지어 호감을 형성할 수 있도록 한다. 시선은 면접관과 고르게 맞추되 생기 있는 눈빛을 띄도록 하며, 너무 빤히 쳐다본다는 인상을 주지 않도록 한다.

　㉡ 목소리 : 면접은 주로 면접관과 지원자의 대화로 이루어지므로 목소리가 미치는 영향이 상당하다. 답변을 할 때에는 부드러우면서도 활기차고 생동감 있는 목소리로 하는 것이 면접관에게 호감을 줄 수 있으며 적당한 제스처가 더해진다면 상승효과를 얻을 수 있다. 그러나 적절한 답변을 하였음에도 불구하고 콧소리나 날카로운 목소리, 자신감 없는 작은 목소리는 답변의 신뢰성을 떨어뜨릴 수 있으므로 주의하도록 한다.

④ 자세

　㉠ 걷는 자세

　　• 면접장에 입실할 때에는 상체를 곧게 유지하고 발끝은 평행이 되게 하며 무릎을 스치듯 11자로 걷는다.
　　• 시선은 정면을 향하고 턱은 가볍게 당기며 어깨나 엉덩이가 흔들리지 않도록 주의한다.
　　• 발바닥 전체가 닿는 느낌으로 안정감 있게 걸으며 발소리가 나지 않도록 주의한다.
　　• 보폭은 어깨넓이만큼이 적당하지만, 스커트를 착용했을 경우 보폭을 줄인다.
　　• 걸을 때도 미소를 유지한다.

　㉡ 서있는 자세

　　• 몸 전체를 곧게 펴고 가슴을 자연스럽게 내민 후 등과 어깨에 힘을 주지 않는다.
　　• 정면을 바라본 상태에서 턱을 약간 당기고 아랫배에 힘을 주어 당기며 바르게 선다.
　　• 양 무릎과 발뒤꿈치는 붙이고 발끝은 11자 또는 V형을 취한다.
　　• 남성의 경우 팔을 자연스럽게 내리고 양손을 가볍게 쥐어 바지 옆선에 붙이고, 여성의 경우 공수자세를 유지한다.

ⓒ 앉은 자세

- 남성

  - 의자 깊숙이 앉고 등받이와 등 사이에 주먹 1개 정도의 간격을 두며 기대듯 앉지 않도록 주의한다. (남녀 공통 사항)
  - 무릎 사이에 주먹 2개 정도의 간격을 유지하고 발끝은 11자를 취한다.
  - 시선은 정면을 바라보며 턱은 가볍게 당기고 미소를 짓는다. (남녀 공통 사항)
  - 양손은 가볍게 주먹을 쥐고 무릎 위에 올려놓는다.
  - 앉고 일어날 때에는 자세가 흐트러지지 않도록 주의한다. (남녀 공통 사항)

- 여성

  - 스커트를 입었을 경우 왼손으로 뒤쪽 스커트 자락을 누르고 오른손으로 앞쪽 자락을 누르며 의자에 앉는다.
  - 무릎은 붙이고 발끝을 가지런히 하며, 다리를 왼쪽으로 비스듬히 기울이면 단정해 보이는 효과가 있다.
  - 양손을 모아 무릎 위에 모아 놓으며 스커트를 입었을 경우 스커트 위를 가볍게 누르듯이 올려놓는다.

(2) 면접 예절

① 행동 관련 예절

  ㉠ **지각은 절대금물** : 시간을 지키는 것은 예절의 기본이다. 지각을 할 경우 면접에 응시할 수 없거나, 면접 기회가 주어지더라도 불이익을 받을 가능성이 높아진다. 따라서 면접장소가 결정되면 교통편과 소요시간을 확인하고 가능하다면 사전에 미리 방문해 보는 것도 좋다. 면접 당일에는 서둘러 출발하여 면접 시간 20~30분 전에 도착하여 회사를 둘러보고 환경에 익숙해지는 것도 성공적인 면접을 위한 요령이 될 수 있다.

  ㉡ **면접 대기 시간** : 지원자들은 대부분 면접장에서의 행동과 답변 등으로만 평가를 받는다고 생각하지만 그렇지 않다. 면접관이 아닌 면접진행자 역시 대부분 인사실무자이며 면접관이 면접 후 지원자에 대한 평가에 있어 확신을 위해 면접진행자의 의견을 구한다면 면접진행자의 의견이 당락에 영향을 줄 수 있다. 따라서 면접 대기 시간에도 행동과 말을 조심해야 하며, 면접을 마치고 돌아가는 순간까지도 긴장을 늦춰서는 안 된다. 면접 중 압박적인 질문에 답변을 잘 했지만, 면접장을 나와 흐트러진 모습을 보이거나 욕설을 한다면 면접 탈락의 요인이 될 수 있으므로 주의해야 한다.

ⓒ **입실 후 태도** : 본인의 차례가 되어 호명되면 또렷하게 대답하고 들어간다. 만약 면접장 문이 닫혀 있다면 상대에게 소리가 들릴 수 있을 정도로 노크를 두세 번 한 후 대답을 듣고 나서 들어가야 한다. 문을 여닫을 때에는 소리가 나지 않게 조용히 하며 공손한 자세로 인사한 후 성명과 수험번호를 말하고 면접관의 지시에 따라 자리에 앉는다. 이 경우 착석하라는 말이 없는데 먼저 의자에 앉으면 무례한 사람으로 보일 수 있으므로 주의한다. 의자에 앉을 때에는 끝에 앉지 말고 무릎 위에 양손을 가지런히 얹는 것이 예절이라고 할 수 있다.

ⓒ **옷매무새를 자주 고치지 마라.** : 일부 지원자의 경우 옷매무새 또는 헤어스타일을 자주 고치거나 확인하기도 하는데 이러한 모습은 과도하게 긴장한 것 같아 보이거나 면접에 집중하지 못하는 것으로 보일 수 있다. 남성 지원자의 경우 넥타이를 자꾸 고쳐 맨다거나 정장 상의 끝을 너무 자주 만지작거리지 않는다. 여성 지원자는 머리를 계속 쓸어 올리지 않고, 특히 짧은 치마를 입고서 신경이 쓰여 치마를 끌어 내리는 행동은 좋지 않다.

ⓜ **다리를 떨거나 산만한 시선은 면접 탈락의 지름길** : 자신도 모르게 다리를 떨거나 손가락을 만지는 등의 행동을 하는 지원자가 있는데, 이는 면접관의 주의를 끌 뿐만 아니라 불안하고 산만한 사람이라는 느낌을 주게 된다. 따라서 가능한 한 바른 자세로 앉아 있는 것이 좋다. 또한 면접관과 시선을 맞추지 못하고 여기저기 둘러보는 듯한 산만한 시선은 지원자가 거짓말을 하고 있다고 여겨지거나 신뢰할 수 없는 사람이라고 생각될 수 있다.

② 답변 관련 예절

ⓐ **면접관이나 다른 지원자와 가치 논쟁을 하지 않는다.** : 질문을 받고 답변하는 과정에서 면접관 또는 다른 지원자의 의견과 다른 의견이 있을 수 있다. 특히 평소 지원자가 관심이 많은 문제이거나 잘 알고 있는 문제인 경우 자신과 다른 의견에 대해 이의가 있을 수 있다. 하지만 주의할 것은 면접에서 면접관이나 다른 지원자와 가치 논쟁을 할 필요는 없다는 것이며 오히려 불이익을 당할 수도 있다. 정답이 정해져 있지 않은 경우에는 가치관이나 성장배경에 따라 문제를 받아들이는 태도에서 답변까지 충분히 차이가 있을 수 있으므로 굳이 면접관이나 다른 지원자의 가치관을 지적하고 고치려 드는 것은 좋지 않다.

ⓑ **답변은 항상 정직해야 한다.** : 면접이라는 것이 아무리 지원자의 장점을 부각시키고 단점을 축소시키는 것이라고 해도 절대로 거짓말을 해서는 안 된다. 거짓말을 하게 되면 지원자는 불안하거나 꺼림칙한 마음이 들게 되어 면접에 집중을 하지 못하게 되고 수많은 지원자를 상대하는 면접관은 그것을 놓치지 않는다. 거짓말은 그 지원자에 대한 신뢰성을 떨어뜨리며 이로 인해 다른 스펙이 아무리 훌륭하다고 해도 채용에서 탈락하게 될 수 있음을 명심하도록 한다.

ⓒ 경력직인 경우 전 직장에 대해 험담하지 않는다. : 지원자가 전 직장에서 무슨 업무를 담당했고 어떤 성과를 올렸는지는 면접관이 관심을 둘 사항일 수 있지만, 이전 직장의 기업문화나 상사들이 어땠는지는 그다지 궁금해 하는 사항이 아니다. 전 직장에 대해 험담을 늘어놓는다든가, 동료와 상사에 대한 악담을 하게 된다면 오히려 지원자에 대한 부정적인 이미지만 심어줄 수 있다. 만약 전 직장에 대한 말을 해야 할 경우가 생긴다면 가능한 한 객관적으로 이야기하는 것이 좋다.

ⓔ 자기 자신이나 배경에 대해 자랑하지 않는다. : 자신의 성취나 부모 형제 등 집안사람들이 사회·경제적으로 어떠한 위치에 있는지에 대한 자랑은 면접관으로 하여금 지원자에 대해 오만한 사람이거나 배경에 의존하려는 나약한 사람이라는 이미지를 갖게 할 수 있다. 따라서 자기 자신이나 배경에 대해 자랑하지 않도록 하고, 자신이 한 일에 대해서 너무 자세하게 얘기하지 않도록 주의해야 한다.

03 면접 질문 및 답변 포인트

(1) 가족 및 대인관계에 관한 질문

① 당신의 가정은 어떤 가정입니까?

면접관들은 지원자의 가정환경과 성장과정을 통해 지원자의 성향을 알고 싶어 이와 같은 질문을 한다. 비록 가정 일과 사회의 일이 완전히 일치하는 것은 아니지만 '가화만사성'이라는 말이 있듯이 가정이 화목해야 사회에서도 화목하게 지낼 수 있기 때문이다. 그러므로 답변 시에는 가족사항을 정확하게 설명하고 집안의 분위기와 특징에 대해 이야기하는 것이 좋다.

② 친구 관계에 대해 말해 보십시오.

지원자의 인간성을 판단하는 질문으로 교우관계를 통해 답변자의 성격과 대인관계능력을 파악할 수 있다. 새로운 환경에 적응을 잘하여 새로운 친구들이 많은 것도 좋지만, 깊고 오래 지속되어온 인간관계를 말하는 것이 더욱 바람직하다.

(2) 성격 및 가치관에 관한 질문

① 당신의 PR포인트를 말해 주십시오.

PR포인트를 말할 때에는 지나치게 겸손한 태도는 좋지 않으며 적극적으로 자기를 주장하는 것이 좋다. 앞으로 입사 후 하게 될 업무와 관련된 자기의 특성을 구체적인 일화를 더하여 이야기하도록 한다.

② 당신의 장·단점을 말해 보십시오.

지원자의 구체적인 장·단점을 알고자 하기 보다는 지원자가 자기 자신에 대해 얼마나 알고 있으며 어느 정도의 객관적인 분석을 하고 있나, 그리고 개선의 노력 등을 시도하는지를 파악하고자 하는 것이다. 따라서 장점을 말할 때는 업무와 관련된 장점을 뒷받침할 수 있는 근거와 함께 제시하며, 단점을 이야기할 때에는 극복을 위한 노력을 반드시 포함해야 한다.

③ 가장 존경하는 사람은 누구입니까?

존경하는 사람을 말하기 위해서는 우선 그 인물에 대해 알아야 한다. 잘 모르는 인물에 대해 존경한다고 말하는 것은 면접관에게 바로 지적당할 수 있으므로, 추상적이라도 좋으니 평소에 존경스럽다고 생각했던 사람에 대해 그 사람의 어떤 점이 좋고 존경스러운지 대답하도록 한다. 또한 자신에게 어떤 영향을 미쳤는지도 언급하면 좋다.

(3) 학교생활에 관한 질문

① 지금까지의 학교생활 중 가장 기억에 남는 일은 무엇입니까?

가급적 직장생활에 도움이 되는 경험을 이야기하는 것이 좋다. 또한 경험만을 간단하게 말하지 말고 그 경험을 통해서 얻을 수 있었던 교훈 등을 예시와 함께 이야기하는 것이 좋으나 너무 상투적인 답변이 되지 않도록 주의해야 한다.

② 성적은 좋은 편이었습니까?

면접관은 이미 서류심사를 통해 지원자의 성적을 알고 있다. 그럼에도 불구하고 이 질문을 하는 것은 지원자가 성적에 대해서 어떻게 인식하느냐를 알고자 하는 것이다. 성적이 나빴던 이유에 대해서 변명하려 하지 말고 담백하게 받아들이고 그것에 대한 개선노력을 했음을 밝히는 것이 적절하다.

③ 학창시절에 시위나 집회 등에 참여한 경험이 있습니까?

기업에서는 노사분규를 기업의 사활이 걸린 중대한 문제로 인식하고 거시적인 차원에서 접근한다. 이러한 기업문화를 제대로 인식하지 못하여 학창시절의 시위나 집회 참여 경험을 자랑스럽게 답변할 경우 감점요인이 되거나 심지어는 탈락할 수 있다는 사실에 주의한다. 시위나 집회에 참가한 경험을 말할 때에는 타당성과 정도에 유의하여 답변해야 한다.

(4) 지원동기 및 직업의식에 관한 질문

① 왜 우리 회사를 지원했습니까?

이 질문은 어느 회사나 가장 먼저 물어보고 싶은 것으로 지원자들은 기업의 이념, 대표의 경영능력, 재무구조, 복리후생 등 외적인 부분을 설명하는 경우가 많다. 이러한 답변도 적절하지만 지원 회사의 주력 상품에 관한 소비자의 인지도, 경쟁사 제품과의 시장점유율을 비교하면서 입사동기를 설명한다면 상당히 주목 받을 수 있을 것이다.

② 만약 이번 채용에 불합격하면 어떻게 하겠습니까?

불합격할 것을 가정하고 회사에 응시하는 지원자는 거의 없을 것이다. 이는 지원자를 궁지로 몰아넣고 어떻게 대응하는지를 살펴보며 입사 의지를 알아보려고 하는 것이다. 이 질문은 너무 깊이 들어가지 말고 침착하게 답변하는 것이 좋다.

③ 당신이 생각하는 바람직한 사원상은 무엇입니까?

직장인으로서 또는 조직의 일원으로서의 자세를 묻는 질문으로 지원하는 회사에서 어떤 인재상을 요구하는 가를 알아두는 것이 좋으며, 평소에 자신의 생각을 미리 정리해 두어 당황하지 않도록 한다.

④ 직무상의 적성과 보수의 많음 중 어느 것을 택하겠습니까?

이런 질문에서 회사 측에서 원하는 답변은 당연히 직무상의 적성에 비중을 둔다는 것이다. 그러나 적성만을 너무 강조하다 보면 오히려 솔직하지 못하다는 인상을 줄 수 있으므로 어느 한 쪽을 너무 강조하거나 경시하는 태도는 바람직하지 못하다.

⑤ 상사와 의견이 다를 때 어떻게 하겠습니까?

과거와 다르게 최근에는 상사의 명령에 무조건 따르겠다는 수동적인 자세는 바람직하지 않다. 회사에서는 때에 따라 자신이 판단하고 행동할 수 있는 직원을 원하기 때문이다. 그러나 지나치게 자신의 의견만을 고집한다면 이는 팀원 간의 불화를 야기할 수 있으며 팀 체제에 악영향을 미칠 수 있으므로 선호하지 않는다는 것에 유념하여 답해야 한다.

⑥ 근무지가 지방인데 근무가 가능합니까?

근무지가 지방 중에서도 특정 지역은 되고 다른 지역은 안 된다는 답변은 바람직하지 않다. 직장에서는 순환 근무라는 것이 있으므로 처음에 지방에서 근무를 시작했다고 해서 계속 지방에만 있는 것은 아님을 유의하고 답변하도록 한다.

(5) 지원자를 당황하게 하는 질문

① 성적이 좋지 않은데 이 정도의 성적으로 우리 회사에 입사할 수 있다고 생각합니까?

비록 자신의 성적이 좋지 않더라도 이미 서류심사에 통과하여 면접에 참여하였다면 기업에서는 지원자의 성적보다 성적 이외의 요소, 즉 성격·열정 등을 높이 평가했다는 것이라고 할 수 있다. 그러나 이런 질문을 받게 되면 지원자는 당황할 수 있으나 주눅 들지 말고 침착하게 대처하는 면모를 보인다면 더 좋은 인상을 남길 수 있다.

② 우리 회사 회장님 함자를 알고 있습니까?

회장이나 사장의 이름을 조사하는 것은 면접일을 통고받았을 때 이미 사전 조사되었어야 하는 사항이다. 단답형으로 이름만 말하기보다는 그 기업에 입사를 희망하는 지원자의 입장에서 답변하는 것이 좋다.

③ 당신은 이 회사에 적합하지 않은 것 같군요.

이 질문은 지원자의 입장에서 상당히 곤혹스러울 수밖에 없다. 질문을 듣는 순간 그렇다면 면접은 왜 참가시킨 것인가 하는 생각이 들 수도 있다. 하지만 당황하거나 흥분하지 말고 침착하게 자신의 어떤 면이 회사에 적당하지 않은지 겸손하게 물어보고 지적당한 부분에 대해서 고치겠다는 의지를 보인다면 오히려 자신의 능력을 어필할 수 있는 기회로 사용할 수도 있다.

④ 다시 공부할 계획이 있습니까?

이 질문은 지원자가 합격하여 직장을 다니다가 공부를 더 하기 위해 회사를 그만 두거나 학습에 더 관심을 두어 일에 대한 능률이 저하될 것을 우려하여 묻는 것이다. 이때에는 당연히 학습보다는 일을 강조해야 하며, 업무 수행에 필요한 학습이라면 업무에 지장이 없는 범위에서 야간학교를 다니거나 회사에서 제공하는 연수 프로그램 등을 활용하겠다고 답변하는 것이 적당하다.

⑤ 지원한 분야가 전공한 분야와 다른데 여기 일을 할 수 있겠습니까?

수험생의 입장에서 본다면 지원한 분야와 전공이 다르지만 서류전형과 필기전형에 합격하여 면접을 보게 된 경우라고 할 수 있다. 이는 결국 해당 회사의 채용 방침상 전공에 크게 영향을 받지 않는다는 것이므로 무엇보다 자신이 전공하지는 않았지만 어떤 업무도 적극적으로 임할 수 있다는 자신감과 능동적인 자세를 보여주도록 노력하는 것이 좋다.

CHAPTER

02 면접기출

공항철도 면접기출

공항철도의 면접은 필기전형 합격자 중 AI 직무역량평가에 참여한 사람을 대상으로 진행된다. 평가 항목은 문제해결 및 업무수행능력, 직무전문성, 고객지향, 조직적응 등으로 구성되며, 조별 집단면접(多:多)으로 이루어진다. 과년도 면접기출을 살펴보면, 자기소개서를 기반으로 한 인성 위주의 내용과 전공 및 업무 관련 내용까지 다양한 분야의 질문이 출제되었다.

① 공항철도에 지원한 이유는 무엇인가?

② 당사의 역할에 대해 알고 있는가?

③ 당사 외에 지원한 곳이 있다면? 모두 합격한다면 어디에 입사할 것인가?

④ 지원 분야의 직무에 대해 말해 보시오.

⑤ 지원 분야에서 가장 필요한 역량은 무엇이라고 생각하는가?

⑥ 교대 근무에 대한 자신의 생각은 어떠한가?

⑦ 당사 입사를 위해 특별히 준비한 것이 있다면 무엇인가?

⑧ 다른 지원자보다 이것만은 자신이 최고다 하는 점이 있다면 무엇인가?

⑨ 지원 분야의 직무와 관련된 경험이 있다면 말해 보시오.

⑩ 인생을 살면서 가장 힘들었던 경험에 대해 말해 보시오.

⑪ 음주운전 혈중 알코올 농도는 몇 퍼센트인지 알고 있는가?

⑫ 다른 철도회사와 비교하여 공항철도만의 장점은 무엇이라고 생각하는가?

⑬ '행복한 동행'과 관련된 경험이 있다면 말해 보시오.

⑭ 공항철도 역무원과 도시철도 역무원의 업무적 차이는 무엇이라고 생각하는가?

⑮ 집안에 큰 행사와 회사의 일정이 겹쳤을 때, 어떻게 하겠는가?

⑯ 직장을 선택하는 데 있어 1순위로 고려하는 조건은 무엇인가?

⑰ 팀워크를 발휘했던 경험이 있다면 말해 보시오.

⑱ 성공 또는 실패했던 경험과 그를 통해 배운 점이 있다면 말해 보시오.

⑲ 자신만의 스트레스 해소 방법이 있다면 무엇인가?

⑳ 마지막으로 하고 싶은 말이 있다면 말해 보시오.

02 공기업 면접기출

① 상사가 부정한 일로 자신의 이득을 취하고 있다. 이를 인지하게 되었을 때 자신이라면 어떻게 행동할 것인가?

② 본인이 했던 일 중 가장 창의적이었다고 생각하는 경험에 대해 말해보시오.

③ 직장 생활 중 적성에 맞지 않는다고 느낀다면 다른 일을 찾을 것인가? 아니면 참고 견뎌내겠는가?

④ 자신만의 특별한 취미가 있는가? 그것을 업무에서 활용할 수 있다고 생각하는가?

⑤ 면접을 보러 가는 길인데 신호등이 빨간불이다. 시간이 매우 촉박한 상황인데, 무단횡단을 할 것인가?

⑥ 원하는 직무에 배치 받지 못할 경우 어떻게 행동할 것인가?

⑦ 상사와 종교·정치에 대한 대화를 하던 중 본인의 생각과 크게 다른 경우 어떻게 하겠는가?

⑧ 타인과 차별화 될 수 있는 자신만의 장점 및 역량은 무엇인가?

⑨ 자격증을 한 번에 몰아서 취득했는데 힘들지 않았는가?

⑩ 오늘 경제신문 첫 면의 기사에 대해 브리핑 해보시오.

⑪ 무상급식 전국실시에 대한 본인의 의견을 말하시오.

⑫ 타인과 차별화 될 수 있는 자신만의 장점 및 역량은 무엇인가?

⑬ 외국인 노동자와 비정규직에 대한 자신의 의견을 말해보시오.

⑭ 장래에 자녀를 낳는다면 주말 계획은 자녀와 자신 중 어느 쪽에 맞춰서 할 것인가?

⑮ 공사 진행과 관련하여 민원인과의 마찰이 생기면 어떻게 대응하겠는가?

⑯ 직장 상사가 나보다 다섯 살 이상 어리면 어떤 기분이 들겠는가?

⑰ 현재 심각한 취업난인 반면 중소기업은 인력이 부족하다는데 어떻게 생각하는가?

⑱ 영어 자기소개, 영어 입사동기

⑲ 지방이나 오지 근무에 대해서 어떻게 생각하는가?

⑳ 상사에게 부당한 지시를 받으면 어떻게 행동하겠는가?

㉑ 최근 주의 깊게 본 시사 이슈는 무엇인가?

㉒ 자신만의 스트레스 해소법이 있다면 말해보시오.

㉓ 방사능 유출에 대한 획기적인 대책을 제시해보시오.

㉔ 고준위 폐기물 재처리는 어떻게 하는 것이 바람직하다고 생각하는가?

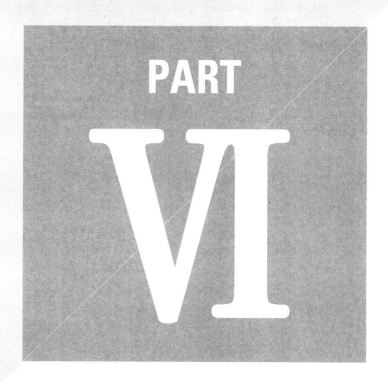

PART

VI

정답 및 해설

NCS 직업기초능력평가 정답해설

01 》》》》 의사소통능력

1	2	3	4	5	6	7	8	9	10	11	12	13	14	15
③	②	①	①	④	②	③	④	④	④	④	③	④	③	④
16	17	18	19	20	21	22	23	24	25	26	27	28	29	30
③	④	③	②	④	④	①	②	③	④	④	③	①	④	②
31	32	33	34	35										
①	③	④	③	①										

1   ③

C 사원은 "채취된 시료 속의 총대장균군의 세균 수와 병원체 수는 비례하여 존재한다"고 본다. 문단에서는 온혈동물의 배설물을 통해서 다수의 세균이 방출되고, 총대장균군에 포함된 세균 수는 병원에의 수에 비례한다고 설명하고 있으므로 C 사원은 바르게 이해하였다.

---

2   ②

제시된 견해를 다음과 같이 분석할 수 있다.

A-1 : 인터넷으로 대표되는 정보통신기술혁명으로 세계는 근본적으로 변화했으므로 국경 없는 세계를 실현하기 위해 강력한 시장 자유화가 필요하다.

B-1 : 지금의 인터넷 혁명보다 과거의 가전제품 발명이 경제적, 사회적 영향이 더 컸다. 그러므로 옛것을 과소평가해서는 안 되고, 새것을 과대평가해서도 안 된다.

A-2 : 인터넷이 초래한 변화는 전 지구적이며 동시적이므로 가전제품의 영향력과 비교될 수 없다.

B-2 : 과거와 비교하여 세계화의 정도를 결정하는 것은 기술력이 아닌 정치이다.

을은 "A-1은 최근의 정보통신기술 혁명으로 말미암아 자본, 노동, 상품이 국경을 넘나드는 것이 보편적 현상이 되었다는 점을 근거로 삼고 있다."고 했는데, 제시된 견해를 바탕으로 가장 적절한 분석이다.

3 ①

갑은 2000년대 초 연준의 금리 인하로 국공채에 투자한 퇴직자의 소득이 줄어들어 금융업으로부터 정부로 부가 이동했다고 보고 있다. 그러나 네 번째 문단을 보면 금리 인하가 실시되면서 노년층에서 정부로, 정부에서 금융업으로 부의 대규모 이동이 이루어졌다. 즉 '금융업으로부터 정부로 부가 이동했다고 보는 것'은 제시문과 역행하는 것이다.

---

4 ①

② 사물이나 일이 생겨남. 또는 그 사물이나 일이 생겨난 바 – 유래
③ 충분히 잘 이용함 – 활용
④ 대상을 필요에 따라 이롭게 씀 – 이용

---

5 ④

제9회 어(語)울림 공모전의 응모문안은 개인 창작 문안으로 한글 30자 이내(띄어쓰기 불포함)다. 담당자가 예시한 문안은 30자를 초과하여 예시로 부적절하다.

---

6 ②

'심지어'는 '더욱 심하다 못하여 나중에는'이라는 의미를 가진다. 보기 중 대체할 수 있는 단어로는 '하물며'가 가장 적절하다.
① 게다가 : '거기에다가'가 줄어든 말
③ 상당히 : 수준이나 실력이 꽤 높이
④ 부단히 : 꾸준하게 잇대어 끊임이 없이

---

7 ③

'연상(聯想)하다'는 '하나의 관념이 다른 관념을 불러일으키다'라는 의미로 문맥상 ⓒ과 바꿔 쓰기에 적절하다.
① '봉합(縫合)하다'는 '수술을 하려고 절단한 자리나 외상으로 갈라진 자리를 꿰매어 붙이다'는 의미다.
② '보증(保證)하다'는 '어떤 사물이나 사람에 대하여 책임지고 틀림이 없음을 증명하다'라는 의미다.
④ '의지(依支)하다'는 '다른 것에 몸을 기대다, 다른 것에 마음을 기대어 도움을 받다'는 의미다.

8 ④

④ 종전 6개 직종에서 산재보험가입 특례가 적용되고 있었다.

① '법적 의무사항인 2년 이상 근무한 비정규직 근로자의 정규직 전환률도 높지 않은 상황이다' 에서 알 수 있다.

② 상시 업무에 정규직 고용관행을 정착시키면 상시 업무에 정규직 직원만 고용되는 것이 아니 라 비정규직 직원들의 정규직 전환 후 계속고용도 늘어나게 된다.

③ 서포터스 활동 결과, 2016년에는 194개 업체와 가이드라인 준수협약을 체결하는 성과를 이루 었다.

---

9 ④

3문단에서 '유학자들은 자신이 먼저 인격자가 될 것을 강조하지만 궁극적으로는 자신뿐 아니라 백성 또한 올바른 행동을 할 수 있도록 이끌어야 한다는 생각을 원칙으로 삼는다.'고 제시되어 있다. 여기서 유학자들에는 주희와 정약용이 포함되며, 인격자와 올바른 행동은 모두 도덕 실천 에 해당한다는 것을 추론할 수 있다. 결론적으로 주희와 정약용은 모두 자신이 인격자가 되는 개인적인 도덕 실천을 백성 또한 올바른 행동을 할 수 있도록 이끌어야 한다고 보는 것이다. 즉 도덕 실천(올바른 행동)이 공동체 차원(백성들)로 확장되어야 한다고 보는 것이다.

① 1문단을 포함한 지문 전체에서 공자를 언급한 부분은 '유학자들은 「대학」의 명명덕과 친민을 공자의 말로 여긴다'는 것뿐이다. 이 내용만으로 공자가 '대학'을 건립했는지는 알 수 없다.

② 2문단에서는 명덕은 사람들이 본래 가지고 있는 밝은 능력인데 기질, 즉 성격 때문에 발휘되 지 못할 때 잘못된 행동을 하게 된다고 제시되어 있다.

③ 3문단의 친민에 대한 해석 부분에서는 주희와 정약용 모두 '친'과 '신'이라는 잘의 정확성을 따 지는 훈고를 언급했다.

---

10 ④

제시된 연구의 핵심은 새끼 쥐의 스트레스에 반응하는 정도가 어미 쥐가 새끼를 핥아주는 성향 에 따라 달라진다는 것이다. 즉, 어미 쥐가 새끼를 많이 핥아줄 경우 새끼의 뇌에서 GR의 수가 더 많았고, 그 수를 좌우하는 GR 유전자의 발현은 NGF 단백질에 의해 촉진된다는 것을 확인할 수 있다. 많이 핥아진 새끼가 그렇지 못한 새끼에 비해 NGF 수치가 더 높다는 결과 또한 알 수 있다. 이 실험은 유전자의 발현에 영향을 미치는 요인으로 '핥기'라는 후천 요소를 지목하고 있음 을 알 수 있다. 그러므로 밑줄 친 ㉠의 물음은 '후천 요소가 유전자 발현에 영향을 미칠 수 있는 가?'가 적절하다.

11 ④

④ 丁은 과학연구가 계속 진행되었을 때, 그것이 인간사회나 생태계에 미칠 영향을 예측하는 것은 만만하지 않고 그래서 인문학, 사회과학, 자연과학 등 다양한 분야의 전문가들이 함께 소통하여야 한다는 입장이다. 그러나 乙은 과학이 초래하는 사회적 문제는 과학과 관련된 윤리적 문제를 전문적으로 연구하는 윤리학자에게 맡겨두어야지 전문가도 아닌 과학자가 개입할 필요가 없다고 말한다.

---

12 ③

③ 셋째 문단 첫 문장에서 '총대장균군에 포함된 세균이 모두 온혈동물의 분변에서 기원한 것은 아니지만, 온혈동물의 배설물을 통해서도 많은 수가 방출되고 그 수는 병원체의 수에 비례한다'고 언급하고 있다.

① 식수가 분변으로 오염되어 있다면 분변에 있는 병원체 수와 비례하여 존재하는 비병원성 세균을 지표생물로 이용한다.

② 염소 소독과 같은 수질 정화과정에서도 병원체와 유사한 저항성을 가진다.

④ 병원체를 직접 검출하는 것은 비싸고 시간이 많이 걸릴 뿐 아니라 숙달된 기술을 요구한다.

---

13 ④

국제사회와 빚고 있는 무역갈등은 자국의 이기주의 또는 보호무역주의에 의한 또 다른 문제로 볼 수 있으며, 제시된 기후변화와 화석에너지 정책의 변화 내용과는 관련이 없는 내용이라고 할 수 있다. 트럼프 행정부의 에너지 정책 추진에 관한 내용과 에너지원 활용 현황, 국제사회와의 협약 이행 여부 관찰 등은 모두 제시글의 말미에서 정리한 서론의 핵심 내용을 설명하기 위해 전개하게 될 사항들이다.

---

14 ③

[출제의도]
주어진 자료에 나타난 단어를 한자로 올바르게 변환시킬 수 있는지를 평가하는 문항이다.
[해설]
① 減少(감소) : 양이나 수치가 줆
② 納品(납품) : 계약한 곳에 주문받은 물품을 가져다 줌
④ 決定(결정) : 행동이나 태도를 분명하게 정함

15 ④

[출제의도]

주어진 대화를 읽고 그 대화에 담긴 정보를 파악하는 능력을 측정하는 문항이다.

[해설]

① 잦은 업체 변경은 오히려 신뢰관계를 무너뜨릴 수 있으니 장기거래와 신규거래의 이점을 비교 분석해서 유리하게 활용하는 것이 필요하다.

② 단순한 주위의 추천보다는 서비스와 가격, 품질을 적절히 비교해서 업체를 선정해야 한다.

③ 한번 선정된 업체라 하더라도 지속적으로 교차점검하여 거래의 유리한 조건으로 활용해야 한다.

---

16 ③

[출제의도]

주어진 문서를 빠르고 정확하게 읽고, 문서의 내용을 정확하게 파악하는 능력을 측정하는 문항이다.

[해설]

① 건강보험공단에서 지원하는 제도이다.

② 임신지원금은 임신 1회당 50만원이나 다태아 임신 시에는 70만원이 지급된다.

④ 지원기간은 신청에 관계없이 이용권 수령일로부터 분만예정일＋60일까지이다.

---

17 ④

모시는 동작의 대상은 '할머니'가 아니라 '어머니'이다. '모시다'라는 특수 어휘를 사용하여 행위가 미치는 대상을 높여 표현하고 있다.

---

18 ③

위 글은 직장 내에서의 의사소통의 부재로 인하여 팀까지 해체된 사례이다. 이는 이 팀장과 직원들 사이의 적절한 의사소통이 있었다면 부하직원들의 사표라는 극단적 처세를 방지할 수 있었을 것이다. 의사소통은 직장생활에서 자신의 업무뿐 아니라 팀의 업무에도 치명적인 영향을 미친다는 것을 보여주는 사례이다.

19 ②

② A-8 구매 고객에게는 50만 원 상당 백화점 상품권 또는 5년 소모품 무상 교체 서비스 혜택을 준다. 5년 소모품 무상 교체 이용권을 증정하는 것은 아니다.

---

20 ④

[출제의도]
주어진 공고를 읽고 그에 대한 상세 정보의 의미를 정확하게 이해, 수집하는 능력을 측정하는 문항이다.
[해설]
기타사항에 3개월 인턴 후 평가(70점 이상)에 따라 정식 고용 여부를 결정한다고 명시되어 있다.

---

21 ④

[출제의도]
기초적인 외국어 구사능력을 평가하는 문항으로, 영어로 된 문서를 토대로 내용을 정확하게 이해했는지를 평가한다.
[해설]
④ 그는 하루 동안 서울에 머무를 예정이다.
① KE 086, OZ 222을 탔다는 내용을 보아 두 편의 항공기를 이용했음을 알 수 있다.
② 4시 30분부터 6시까지 인사동 관광이 예정되어 있다.
③ 12시부터 2시까지 이사와 Seoul Branch에서 오찬약속이 있다.

---

22 ①

① B 대리가 영업부 회의에 참석한 것은 사실이나, 해당 업무보고서만으로 A 출판사 영업부 소속이라고 단정할 수는 없다.

23 ②

[출제의도]
주어진 인터뷰의 내용을 읽고 그에 대한 상세 정보의 의미를 정확하게 파악하는 능력을 측정하는 문항이다.
[해설]
지성준은 사랑의 도시락 배달에 대한 정보를 얻기 위해 김혜진과 면담을 하고 있다. 그러므로 ⓒ은 면담의 목적에 대한 동의를 구하는 질문이 아니라 알고 싶은 정보를 얻기 위한 질문에 해당한다고 할 수 있다.

---

24 ③

[출제의도]
주어진 회의 내용을 읽고 사회자의 역할을 제대로 파악했는지를 평가하는 문항이다.
[해설]
본부장은 첫 번째 발언에서 회의를 하게 된 배경과 의제, 참여자들의 발언 순서를 정하고 있으며 마지막 발언에서 다음 회의 안건에 대한 예고를 하고 있다. 그러나 각 팀의 의견에 대해 보충설명을 하고 있지는 않다.

---

25 ④

[출제의도]
주어진 회의 내용을 분석하여 문제가 되고 있는 상황을 확인하고 그에 대한 해결방안을 올바르게 파악했는지를 평가하는 문항이다.
[해설]
영업팀장은 팀별 자리배치 이동이라는 편집팀장의 의견은 수락하였으나 현실적인 이유를 들어 디자인팀장의 회의실 통화업무는 거절하였다.

---

26 ④

[출제의도]
상황이나 어법에 맞는 의사소통을 구사하는 능력을 측정하는 문항이다.
[해설]
제시된 글들은 모두 상황이나 어법에 맞지 않는 표현을 사용한 것이다. 상황에 따라 존대어, 겸양어를 적절히 사용하고 의미가 분명하게 드러나도록 어법에 맞는 적절한 언어표현이 필요하다.

27 ③

[출제의도]
주어진 대화 내용이 어느 의사소통 유형에 해당하는지를 구분하는 능력을 측정하는 문항이다. 의사소통은 크게 공식적인 것과 비공식적인 것으로 나뉜다.
[해설]
주어진 대화는 소비자센터의 상담원과 반품문의를 물어보는 고객과의 일대일 면담으로 정보전달적 공식적 의사소통이다.

---

28 ①

[출제의도]
주어진 대화의 내용을 통해 상담원이 구사하는 말하기 방식을 정확하게 파악했는지를 평가하는 문항이다.
[해설]
상담원은 반품 문제에 대한 해결방안을 요구하는 고객에게 정확한 정보를 제공하여 전달하고 있다.

---

29 ④

[출제의도]
주어진 자료와 개요를 비교하여 개요를 작성하는 능력을 측정하는 문항이다.
[해설]
ⓔ은 블랙아웃의 해결책이 제시되어야 하므로 '절전에 대한 국민 홍보 강화'로 내용을 수정한다.

---

30 ②

[출제의도]
주어진 자료를 읽고 내용의 맥락을 이해하고 있는가를 측정하는 문항이다. 맥락을 이해하는 것은 문서의 내용을 파악하여 그에 맞는 대응을 하기 위한 필수 능력이다.
[해설]
② 한 사람의 좋지 않은 행동이 집단 전체에 나쁜 영향을 미친다는 뜻으로 일부 사람들의 비윤리적 행태가 게시판 폐쇄라는 결과로 이어진 현 상황에 적절한 속담이라 볼 수 있다.

31 ①

[출제의도]

주어진 자료를 읽고 주장을 뒷받침하는 논거를 파악하는 능력을 측정하는 문항이다.

[해설]

(나)는 게시판을 폐쇄하겠다는 (가)의 의견에 반박하고 있으나 악플러에게도 한 번의 용서의 기회를 주어야 한다는 의견은 찾아 볼 수 없다.

---

32 ③

[출제의도]

주어진 업무일지를 읽고 그에 대한 상세 정보의 의미를 정확하게 이해, 파악하는 능력을 측정하는 문항이다.

[해설]

③ 지난 시즌이라고만 명시했지 구체적으로 언제 발간했는지 밝혀지지 않았다.

---

33 ④

[출제의도]

문제상황과 그에 대한 의견을 종합하여 해결책을 강구하는 능력을 측정하는 문항이다.

[해설]

원만한 협의를 위해서는 서로 갈등을 일으키는 사안에 대해서 충분한 대화와 의견을 조율하는 것이 바람직하다.

---

34 ③

[출제의도]

의견이 대립되는 상황에서 바람직한 협의를 이끌어내는 능력을 측정하는 문항이다.

[해설]

무조건적인 다수결의 방법보다는 협의를 위해서는 양쪽의 의견을 잘 경청해 본 다음 원만한 합의점을 찾는 것이 가장 옳다.

---

35 ①

이 회사는 이러닝(e-learning) 시스템을 통해 교육 서비스를 제공하는 온라인 전문 교육기관으로 면대면 교육 서비스를 제공하는 것은 아니다.

1	2	3	4	5	6	7	8	9	10	11	12	13	14	15
②	③	④	②	①	④	③	④	③	④	③	④	③	③	①
16	17	18	19	20	21	22	23	24	25	26	27	28	29	30
①	①	①	①	④	③	③	④	④	③	②	②	②	①	④
31	32	33	34	35										
①	③	④	②	④										

1 ②

① 페이스북을 이용하거나 태블릿PC를 사용하는 사원은 김하나, 정민지, 박진숙 3명이다.

③ 취미로 SNS를 활용하는 사원인 박진숙, 한아름의 기기구입비는 440,000+580,000=1,020,000원이다.

④ 2013년에 SNS를 가입하거나 블로그를 이용하는 사원은 김하나, 윤동진, 이정미, 한아름 4명이다.

2 ③

③ 각각 8시간으로 동일하다. (○)

① 여름(경부하)이 봄·가을(경부하)보다 전력량 요율이 더 낮다. (×)

② 최소 : 57.6 × 100 = 5,760원,   최대 : 232.5 × 100 = 23,250원이며 차이는 16,000원 이상이다. (×)

④ 22시 30분에 최대부하인 계절은 겨울이다. (×)

3 ④

④ 2015년 친환경인증 농산물 생산량이 전년 대비 가장 많이 증가한 지역은 강원도이다.

4 ②

① 서울 : $\dfrac{1,746-1,938}{1,938}\times100=-9.9\%$

② 부산 : $\dfrac{4,040-6,913}{6,913}\times100=-41.5\%$

③ 울산 : $\dfrac{10,859-13,792}{13,792}\times100=-21.3\%$

④ 충청도 : $\dfrac{159,495-207,753}{207,753}\times100=-23.2\%$

---

5 ①

신용대출이므로 적용요율이 0.8% 적용된다.

500만 원×0.8%×(100/365)=10,958원

원단위 절사하면 10,950원이다.

---

6 ④

④ $\dfrac{392,222}{1,288,847}\times100=30.43\%$

따라서 30%를 초과한다.

---

7 ③

① 2009년 생명보험의 경과보험료는 전년대비 감소하였다.

② 2006년 손해보험의 손해율은 101.3%이다.

④ 손해보험이 생명보험보다 높다.

8 ④

① 2006년 : $\dfrac{35,584 + 10,989}{61,472} \times 100 = 75.8\%$

② 2007년 : $\dfrac{35,146 + 12,084}{66,455} \times 100 = 71.1\%$

③ 2008년 : $\dfrac{44,877 + 13,881}{75,096} \times 100 = 78.2\%$

④ 2009년 : $\dfrac{47,544 + 13,715}{73,561} \times 100 = 83.3\%$

---

9 ③

사고 전 조달원＼사고 후 조달원	수돗물	정수	약수	생수	합계
수돗물	40	30	20	30	120
정수	10	50	10	30	100
약수	20	10	10	40	80
생수	10	10	10	40	70
합계	80	100	50	140	

수돗물 : 120 → 80

정수 : 100 → 100

약수 : 80 → 50

생수 : 70 → 140

따라서 사고 전에 비해 사고 후에 이용 가구 수가 감소한 식수조달원은 수돗물과 약수 2개이다.

---

10 ④

④ I공장의 2016년 전체 판매율 : $\dfrac{702}{794} \times 100 = 88.4\%$

11 ③

현재까지의 판매 이익은 다음과 같다.
- 아메리카노 : $(3,000 - 200) \times 5 = 14,000$
- 카페라떼 : $(3,500 - 500) \times 3 = 9,000$
- 바닐라라떼 : $(4,000 - 600) \times 3 = 10,200$
- 카페모카 : $(4,000 - 650) \times 2 = 6,700$
- 카라멜마끼아또 : $(4,300 - 850) \times 6 = 20,700$

현재까지 60,600원의 판매 이익을 얻었으므로, 3,400원이 더 필요하다. 따라서 바닐라라떼 한 잔을 더 팔면 이익을 채울 수 있다.

---

12 ④

④ 2011년 새꼬리 민태 생산량의 전년대비 증가율 : $\dfrac{12,447 - 10,852}{10,852} \times 100 = 14.7\%$

따라서 10%를 초과한다.

---

13 ③

톤당 생산가격 $= \dfrac{\text{생산금액}}{\text{생산량}}$ 으로 구한다(단위는 생략).

① 가다랑어 : $\dfrac{329,163}{229,588} = 1.43$

② 황다랑어 : $\dfrac{163,068}{63,971} = 2.55$

③ 민대구 : $\dfrac{8,689}{3,162} = 2.75$

④ 새꼬리 민태 : $\dfrac{18,209}{8,681} = 2.10$

---

14 ③

③ 주어진 자료는 우유생산 현황에 대한 자료이므로 우유 수요가 많은지는 알 수 없다.

15 ①

① 경기도 : 감소 − 감소 − 증가   경상남도 : 감소 − 감소 − 감소

② 서울특별시 : 증가 − 증가 − 증가   강원도 : 증가 − 증가 − 증가

③ 광주광역시 : 감소 − 증가 − 증가   전라남도 : 감소 − 증가 − 증가

④ 인천광역시 : 증가 − 감소 − 감소   대구광역시 : 증가 − 감소 − 감소

---

16 ①

시험을 응시한 여자사원의 수를 x라 하고, 여자사원의 총점 + 남자사원의 총점 = 전체 사원의 총점이므로 $76x + 72(100 - x) = 73 \times 100$

식을 간단히 하면 $4x = 100$, $x = 25$

∴ 여자사원은 25명이다.

---

17 ①

식염수의 질량이 줄었어도 농도가 줄어든 것은 아니므로 15% 식염수 200g에 물 100g을 첨가한 것으로 계산하면 된다.

$$\frac{30}{200 + 100} \times 100 = 10\%$$

---

18 ①

세로의 길이를 x라 하면

$(x + 13) \times x \times 7 = 210$

$x^2 + 13x = 30$

$(x + 15)(x - 2) = 0$

∴ $x = 2\,(\text{cm})$

19 ①

6명이 평균 10,000원을 낸 것이 된다면 총 금액은 60,000원이다.

$60,000 = 17,000 + 19,000 + 4x$ 이므로

$\therefore x = 6,000$원

---

20 ④

아들들이 받는 돈의 비율은 $10 : 5 : 3$이다. 막내아들은 90,000원의 $\dfrac{3}{18}$을 받으므로 15,000원을 받는다.

---

21 ③

2배가 되는 시점을 x주라고 하면

$(640 + 240x) + (760 + 300x) = 2(1,100 + 220x)$

$540x - 440x = 2,200 - 1,400$

$100x = 800$

$\therefore x = 8$

---

22 ③

수빈이가 하루 일하는 양 : $\dfrac{1}{16}$

혜림이가 하루 일하는 양 : $\dfrac{1}{12}$

전체 일의 양을 1로 놓고 같이 일을 한 일을 x라 하면

$\dfrac{3}{16} + \left(\dfrac{1}{16} + \dfrac{1}{12}\right)x + \dfrac{1}{12} = 1$

$\dfrac{13 + 7x}{48} = 1$

$\therefore x = 5$일

23 ④

x분 후에 3.4km 이상 떨어진다고 하면
$160x + 180x \geq 3,400$
$\therefore x \geq 10$

---

24 ④

의자의 개수를 x라 하면
$5x + 1 = (x - 11) \times 6 + 3$
$5x + 1 = 6x - 66 + 3$
$x = 64$

---

25 ③

누나의 나이를 x, 엄마의 나이를 y라 하면,
$2(10 + x) = y$
$3(x + 3) = y + 3$
두 식을 연립하여 풀면,
$x = 14$(세)

---

26 ②

전항의 일의 자리 숫자를 전항에 더한 결과 값이 후항의 수가 되는 규칙이다.
$93 + 3 = 96,\ 96 + 6 = 102,\ 102 + 2 = 104,\ 104 + 4 = 108,\ 108 + 8 = 116$

---

27 ②

처음에 앞의 숫자에 $+4$, $\times 4$, -4의 수식이 행해지고 그 다음에는 $+3$, $\times 3$, -3 그 다음은 $+2$, $\times 2$, -2의 수식이 행해진다.

28 ②

홀수 항은 +5, 짝수 항은 −5의 규칙을 가진다.

따라서 12+5=17

---

29 ①

피보나치 수열이다.

앞의 두 항을 더한 것이 다음 항이 된다.

따라서 8+13=21

---

30 ④

+2, −4, +6, −8, +10, −12 규칙을 가진다.

따라서 8−12=−4

---

31 ①

- 앞의 항의 분모에 2^1, 2^2, 2^3, ……을 더한 것이 다음 항의 분모가 된다.
- 앞의 항의 분자에 3^1, 3^2, 3^3, ……을 더한 것이 다음 항의 분자가 된다.

따라서 $\dfrac{121+3^5}{33+2^5} = \dfrac{121+243}{33+32} = \dfrac{364}{65}$

---

32 ③

- 앞의 두 항의 분모를 곱한 것이 다음 항의 분모가 된다.
- 앞의 두 항의 분자를 더한 것이 다음 항의 분자가 된다.

따라서 $\dfrac{2+3}{6 \times 18} = \dfrac{5}{108}$

33 ④

홀수항과 짝수항을 따로 분리해서 생각하도록 한다.

홀수항은 분모 2의 분수형태로 변형시켜 보면 분자에서 -3씩 더해가고 있다.

$$10 = \frac{20}{2} \rightarrow \frac{17}{2} \rightarrow 7 = \frac{14}{2} \rightarrow \frac{11}{2}$$

짝수항 또한 분모 2의 분수형태로 변형시켜 보면 분자에서 $+5$씩 더해가고 있음을 알 수 있다.

$$2 = \frac{4}{2} \rightarrow \frac{9}{2} \rightarrow 7 = \frac{14}{2} \rightarrow \frac{19}{2}$$

---

34 ②

첫 번째 수를 두 번째 수로 나눈 후 그 몫에 1을 더하고 있다.

$20 \div 10 + 1 = 3, \ 30 \div 5 + 1 = 7, \ 40 \div 5 + 1 = 9$

---

35 ④

첫 번째 수를 십의 자릿수로 하고 두 번째 수를 일의 자릿수로 하는 수에 두 번째 수를 더한 값이 세 번째 수가 된다.

$35 + 5 = 40, \ 27 + 7 = 34, \ 19 + 9 = 28$

1	2	3	4	5	6	7	8	9	10	11	12	13	14	15
④	④	④	④	③	③	①	④	④	①	②	③	③	④	④

16	17	18	19	20	21	22	23	24	25	26	27	28	29	30
③	③	①	②	①	①	④	②	④	②	①	②	③	④	①

31	32	33	34	35
④	②	④	①	④

1 ④

제시된 진술을 다음과 같이 정리할 수 있다.

㉮ : 내근 vs 외근(배타적 선언문)

㉯ : 내근 + 미혼→ ~ 과장 이상

㉰ : 외근 + ~ 미혼→과장 이상

㉱ : 외근 + 미혼→연금 저축 가입

㉲ : ~ 미혼→남성

① '㉰'에 의해 과장 이상이 아닌 경우 외근을 하지 않거나 미혼이다. 김 대리가 내근을 한다면 그가 미혼이든 미혼이 아니든 지문의 내용은 참이 된다. 따라서 반드시 참은 아니다.

② '㉱'에 의해 박 대리가 연금 저축에 가입해 있지 않다면 그는 외근을 하지 않거나 미혼이 아니다. 박 대리는 미혼이므로 외근을 하지 않는다. 따라서 반드시 거짓이다.

③ 이 과장이 미혼이 아니라면 '㉯'에 의해 그가 내근을 하지 않는 경우도 성립한다. 따라서 반드시 참은 아니다.

2 ④

④ 두 번째 문단에 따르면 하급심 판결이더라도 당사자들 간에 상소하지 않기로 합의하고 합의서를 제출할 경우 판결은 선고 시인 11월 1일에 확정되므로 장 팀장이 옳은 판단을 내렸다.

① 세 번째 문단에 따르면 상소는 패소한 당사자가 송달받은 날로부터 2주 이내에 해야 한다. 오 주임은 상소를 언급하고 있는데 승소한 乙은 상소하지 않는다.

② 세 번째 문단에 따르면 甲이 패소하였으므로, 상소기한은 甲이 송달받은 10일부터 2주 이내인 24일이다.

③ 3세 번째 문단 마지막에 따르면 상소를 취하한 경우 상소기간 만료 시에 판결이 확정됨을 명시하고 있다.

3 ④

지문에 제시된 진술을 다음과 같이 정리할 수 있다.

대리 1 : A or/and B
팀장 2 : A → C
주임 1 : C + (D, E, F 중 1명)
대리 2 : E → F
주임 2 : not (B + D)

A or/and B이고, 반드시 C를 위촉하므로 다음과 같은 경우의 수가 나온다.

A	B	C	D	E	F
O	O	O			
O	×	O			
×	O	O			

B를 위촉할 경우 D는 위촉할 수 없다.

A	B	C	D	E	F
O	O	O	×		
O	×	O			
×	O	O	×		

E를 위촉할 때 반드시 F를 위촉하면 어떤 경우이든 가능하다. 이를 통해 도출할 수 있는 경우는 다음과 같다.

경우	A	B	C	D	E	F
1	O	O	O	×	O	O
2	O	O	O	×	×	O
3	O	×	O	O	O	O
4	O	×	O	×	O	O
5	O	×	O	×	×	O
6	O	×	O	O	×	×
7	×	O	O	×	O	O
8	×	O	O	×	×	O

정은 "D와 E 중 적어도 한 사람은 위촉해야 한다"고 진술했는데 '경우 2, 5, 8'과 같이 D나 E를 위촉하지 않고 F만 위촉할 수도 있다.

① 갑은 "총 3명만 위촉하는 방법은 모두 3가지"라고 했는데 참이다. (경우 5, 6, 8)
② 을은 "A는 위촉되지 않을 수 있다"고 했는데 참이다. (경우 7, 8)
③ 병은 "B를 위촉하기 위해서는 F도 위촉해야 한다"고 했는데 참이다. (경우 1, 2, 7, 8)
⑤ 무는 "D를 포함하여 최소인원을 위촉하려면 총 3명을 위촉해야 한다"고 했는데 참이다. (경우 6)

4 ④

지문에 제시된 우수사원으로 표창받기 위한 조건을 다음과 같이 정리할 수 있다.

㉮ : 소속 부서에서 가장 높은 근무평점

㉯ : 근무한 날짜가 250일 이상

㉰ : 직원 교육자료 집필에 참여하고 직원 연수교육에 3회 이상 참석

㉱ : 정부출연연구소에서 활동한 사람은 그 활동 보고서가 인사부서 공식자료로 등록

조건과 지문의 진술을 통해 각 조건에 해당하는 후보를 다음과 같이 추론할 수 있다.

조건 ㉮ : 갑, 을, 병이 같은 부서 소속이고 갑의 근무평점이 가장 높다. 이때 세 부서가 근무평점 순으로 추천하므로 정, 무는 나머지 2개 부서 소속이고 각 부서에서 가장 높은 근무평점을 받았음을 알 수 있다. 따라서 조건을 충족하는 후보는 갑, 정, 무다.

조건 ㉯ : 250일 이상을 근무해야 조건이 충족되므로 조건을 충족하는 후보는 을, 병, 정이다.

조건 ㉰ : 250일 이상을 근무한 사람이 있으므로 갑과 무는 모두 직원 교육자료 집필에 참여하였다. 다섯 명의 후보 모두 직원 연수교육에 3회 이상 참석했으므로 조건을 충족하는 후보는 갑, 무다.

조건 ㉱ : 다섯 명의 후보 모두 직원 연수교육에 3회 이상 참석했으므로 이들 모두가 정부출연연구소에서 활동한 적이 있다. 여기서 250일 이상을 근무하여 활동 보고서가 인사부서에 공식 자료로 등록된 사람은 병이므로 조건을 충족하는 후보는 병이다.

이를 다음과 같이 표로 정리할 수 있다.

구분		최고평점	250일	집필＋연수	자료 등록
부서 1	갑	O	×	O	×
	을	×	O		×
	병	×	O		O
부서 2	정	O	O		×
부서 3	무	O	×	O	×

을을 제외한 4명은 두 가지 조건을 충족하므로, 우수 직원으로 반드시 표창받는다.

---

5 ③

- A는 "복어 독의 LD50 값은 0.01mg/kg 이상"이라고 했는데 옳은 평가이다. 보톡스의 LD50 값은 1ng/kg으로 복어 독보다 1만 배 이상 강하다고 했으므로 10,000ng/kg을 mg/kg으로 변환하면 $1ng = 10^{-6}mg$이므로 0.01mg/kg이 된다.

- B는 "일반적으로 독성이 더 강한 물질일수록 LD50 값이 더 작다"고 했는데 옳은 평가다. 반수를 죽음에 이르도록 할 때 필요한 물질의 양이 더 작다면 일반적으로 독성이 더 강하다고 할 수 있다.
- C는 "몸무게가 7kg인 실험 대상 동물의 50%가 즉시 치사하는 카페인 투여량은 1.4g이다."라고 했는데 옳은 평가다. 7kg 동물의 LD50 값은 1,400mg/kg이다. g와 mg는 1,000단위만큼 차이가 나므로, 1.4g/kg이다.
- D는 "몸무게가 60kg인 실험 대상 동물의 50%가 즉시 치사하는 니코틴 투여량은 1개비당 니코틴 함량이 0.1mg인 담배 60개비에 들어있는 니코틴의 양에 상응한다"고 했는데 이는 적절하지 않다. 몸무게와 담배 개비 수가 같으므로, 1kg에 대한 LD50 값이 0.1mg/kg인지 확인하면 된다. 그러나 니코틴의 LD50은 1mg/kg이다.

---

6 ③

박 연구원은 "식용 귀뚜라미와 동일한 양의 쇠고기를 생산하려면 귀뚜라미 생산에 필요한 물보다 500배의 물이 필요하다"고 본다. ② 문단과 ③ 문단을 종합적으로 고려해보면 식용 귀뚜라미 0.45kg을 생산하기 위해 물 3.8ℓ가 필요하다. 그런데 쇠고기의 경우 1,900ℓ의 4배 이상, 즉 7,600ℓ 이상의 물이 필요하다. 즉 쇠고기는 귀뚜라미 생산보다 2,000배 이상의 물이 필요하다.

① ① 문단에 따르면 냉혈동물인 귀뚜라미는 먹이를 많이 소비하지 않는다고 설명한다. 이는 생산에 자원이 덜 들어간다는 것을 의미하므로 김 연구원은 적절히 평가하였다.

② ① 문단에 따르면 곤충의 종류 중 일부가 현재 식재료로 사용되고 있다. 또한, ③ 문단에서는 곤충 사육은 많은 지역에서 이루어지고 있음이 나타난다. 즉 사육은 많은 지역에서 이루어지고 있지만 식용으로 사용되는 곤충의 종류에 일부에 불과하다는 것으로 이 연구원은 적절히 평가하였다.

④ ② 문단에 따르면 동일한 자원으로 식용 귀뚜라미를 더 많이 생산할 수 있으므로 귀뚜라미 생산에 자원이 더 적게 든다는 것을 확인할 수 있다. 또한, ④ 문단에 따르면 식용 귀뚜라미의 판매 가격은 쇠고기의 가격과 큰 차이가 없으므로 정 연구원은 적절히 평가하였다.

⑤ ② 문단에 따르면 귀뚜라미를 사육할 때 발생하는 온실가스의 양은 가축을 사육할 때의 20%이다. 귀뚜라미를 기준으로 한다면 가축을 사육할 때 발생하는 온실가스의 양은 귀뚜라미를 사육할 때의 5배이므로 임 연구원은 적절히 평가하였다.

7 ①

K 직원은 "1960년대 말 @ 키는 타자기 자판에서 사라지면서 사용빈도가 점차 줄었다"고 한다. ③ 문단을 보면 @ 키는 20세기 말까지 사용빈도만 줄어들었을 뿐이지 타자기 자판에서는 사라진 것은 아니다. 따라서 K 직원은 잘못 평가하였다.

② ② 문단에는 @이 6세기부터 사용되었다는 단서가 제시되어 있다. 따라서 1,000년 이상 사용된 것이므로 L 소장은 적절히 평가하였다.

③ ② 문단에 따르면 '토마토 15@3달러'는 토마토 1개당 3달러일 때 토마토 15개의 가격을 나타낸다. 따라서 15×3=45달러인 것으로 P 직원은 적절히 평가하였다.

④ ② 문단에 따르면 @는 전치사, 측정 단위, 단가로 사용되었으며 이메일 기호로도 사용되었음이 나타나 있다. 따라서 H 팀장은 적절히 평가하였다.

⑤ ② 문단에 따르면 스페인의 @는 현재 9.5kg에 해당하며 포르투갈의 @은 현재 12kg에 해당한다. 특정 단위로 사용된 @의 질량은 동일하지 않으므로 Y 직원은 적절히 평가하였다.

---

8 ④

함수율은 목재 내에 함유하고 있는 수분을 백분율로 나타낸 것이다.

$$함수율 = \frac{원종자\ 무게 - 건조\ 종자\ 무게}{원종자\ 무게} \times 100$$

일반적으로 종자저장에 적합한 함수율은 5 ~ 10%로 제시되어 있으므로 이를 활용하여 건조 종자 무게를 확인할 수 있다.

건조 종자 무게를 X로 두는 경우 5(5) < (10 − X)÷10×100 < 10(5)의 식을 만들 수 있다. 이를 통해서 건조 종자 무게는 각각 10 − X = 0.5, 10 − X = 1이므로 건조 종자 무게 X의 범위는 9 < X < 9.5임을 알 수 있다.

---

9 ④

4차 산업혁명 도래에 따른 대응 방안 보고서에는 현 수준에 대한 진단과 이를 통한 SWOT 분석이 제시되어 있다. 이때, 남 주임은 "지출 절감을 통한 시(市) 예산 기여 및 시민만족도 재고를 위해 기존 보유하고 있는 기술의 유지관리가 요구된다."고 하였다. 예산 기여에 대한 타당성은 인정되나, 공단의 SWOT분석을 보면 강점(S)으로 신기술 도입에 대한 경영진의 의지가 있으며 약점(W)으로 시대적 변화에 대응력이 미흡함이 나타난다. 이에 기존 보유하고 있는 기술의 유지관리보다는 공격적 전략(SO)으로 신기술을 통한 사업운영 효율화가 요구된다.

① 박 과장은 "과학기술혁명이 몰고 올 기회와 위협 앞에 조직구조 및 시스템 변화가 시급하며, 전문 인력 채용 및 대비책 마련이 불가피하다."고 했다. 노동집약적인 현재의 구조와 시대적 변화의 대응력 미흡에 대한 대책으로 타당하다.

② 이 대리는 "과학기술과 사회문화적 변화에 따른 제도적 보완으로 시(市) 주무부서와의 협력이 요구된다."고 했다. '협치서울협약 선언' 등으로 협업 환경 조성을 위해 타당성이 인정된다.

③ 허 주임은 "의회 조례개정 등을 통한 제도적 환경개선이 필요하며, 시대적 변화를 준비하기 위해 직원 개개인의 능동적인 동참이 요구된다."고 했다. 이 대리와 마찬가지로 타당성이 인정된다.

---

10 ①

㉠에 따라 A사는 20억 원, B사는 60억 원을 지급받는다. 그리고 ㉡에 따라 추가로 분배받는다.

ㄱ. ㉠에 따른 금액이 결정되어 있으므로, 각자 ㉡에 의해 분배받는 금액을 최대화하고자 한다. A사가 B사에 비해 지출한 비용의 비중이 가장 큰 것은 광고홍보비이며, B사가 A사에 비해 지출한 비용의 비중이 가장 큰 것은 연구개발비이다.

ㄴ. ㉠에 따라 분배받는 비용은 B사가 A사의 3배이다. 또한 연구개발비로 지출한 비용의 비중도 B사가 A사의 3배이다. 따라서 ㉡에 의해 B사가 A사의 3배를 분배받으며, 분배받는 총액 역시 3배가 된다.

ㄷ. A사와 B사의 판매관리비 지출액이 동일하므로 ㉡에 따라서는 동일하게 분배받는다. 그러나 B사는 ㉠에 따라 더 많이 분배받으므로 총액은 B사가 더 많다.

ㄹ. 광고홍보비를 기준으로 ㉡에 따라 지급받는 액수는 A사 : $120 \times 2 \div 3 = 80$(억 원), B사 : $120 \times 1 \div 3 = 40$(억 원)이다. 따라서 ㉠와 ㉡를 모두 고려한 총액은 A사, B사 모두 100억 원이다.

11 ②

[출제의도]

주어진 조건과 메뉴표에서 필요한 정보를 취사·선택하여 올바르게 계산하는 능력을 측정하는 문항이다.

[해설]

㉠ 할인 전 금액 : 2,800원(김부장님)＋3,800원(유과장님)＋3,500원(신대리님)＋4,200원(정대리님)＋3,000원(Y씨)＝17,300원

㉡ 할인된 금액 : 금액이 10,000원 이상이므로 회원카드 제시하고 1,000원 할인하면 16,300원이다. 적립금이 2,000점 이상인 경우 현금처럼 사용가능하다고 했으나, 타 할인 적용 후 최종 금액의 10%까지만 사용가능하다고 했으므로 16,300원의 10%는 1,630원이다. 100원 단위로만 사용가능하므로 16,300원에서 1,600원을 할인 받으면 14,700원을 지불해야 한다.

---

12 ③

[출제의도]

주어진 조건을 활용하여 올바른 지문을 선택하는 능력을 측정하는 문항이다.

[해설]

㉠ 12월 17일에 조기를 먹어야 한다고 했고, 이틀 연속으로 같은 생선을 먹을 수 없으므로 홀수일에 조기를 먹고 짝수일에 갈치나 고등어를 먹으면 되므로 최대로 먹을 수 있는 조기는 16마리이다.

㉡ 매주 화요일에 갈치를 먹을 수 없다고 했으므로 6일 월요일에 갈치를 먹는다고 가정하면 2일, 4일, 6일, 8일, 10일, 12일, 15일, 18일, 20일, 22일, 24일, 26일, 29일, 31일로 먹으면 되므로 14마리이다.

㉢ 6일에 조기를 먹어야 하므로 2일, 4일, 6일, 8일, 10일, 12일, 14일까지 먹으면 17일날 조기를 먹어야 하므로 15일과 16일은 다른 생선을 먹어야 한다. 15일, 16일에 갈치나 고등어를 먹으면 되므로 12월 한달 동안 갈치, 조기, 고등어를 1마리 이상씩 먹게 된다.

---

13 ③

[출제의도]

주어진 조건과 점수표를 바탕으로 문제를 해결하는 능력을 측정하는 문항으로, 기초연산능력을 요구하는 문항이다.

[해설]
5점을 맞힌 화살의 개수가 동일하다고 했으므로 5점의 개수에 따라 점수를 정리하면 다음과 같다.

	1개	2개	3개	4개	5개	6개	7개
박과장	$5+18=23$	$10+15=25$	$15+12=27$	$20+9=29$	$25+6=31$	$30+3=33$	$35+0=35$
김과장	$5+21=26$	$10+18=28$	$15+15=30$	$20+12=32$	$25+9=34$	$30+6=36$	$35+3=38$

---

14 ④

[출제의도]
주어진 여러 조건들을 올바르게 파악하여 모든 조건을 만족시키는 대안을 제시하는 능력을 측정하는 문항이다.

[해설]
주어진 조건을 보면 관리과와 재무과에는 반드시 각각 5급이 1명씩 배정되고, 총무과에는 6급 2명이 배정된다. 인원수를 따져보면 홍보과에는 5급을 배정할 수 없기 때문에 6급이 2명 배정된다. 6급 4명 중에 C와 D는 총무과에 배정되므로 홍보과에 배정되는 사람은 E와 F이다. 각 과별로 배정되는 사람을 정리하면 다음과 같다.

관리과	A
홍보과	E, F
재무과	B
총무과	C, D

---

15 ④

[출제의도]
주어진 평가기준과 자료를 올바르게 파악하여 문제를 해결하는 문항으로 기초연산능력이 요구된다.

[해설]
업체별 평가기준에 따른 점수는 다음과 같으며 D업체가 65점으로 선정된다.

	시장매력도	정보화수준	접근가능성	합계
A	15	0	40	55
B	15	30	0	45
C	0	15	20	35
D	30	15	20	65

16 ③

주어진 규정과 자료를 올바르게 파악하여 주어진 규정에 적합하도록 공공기관을 구분할 수 있는지를 평가하는 문항이다.

[해설]

③ C는 정원이 50명이 넘으므로 기타공공기관이 아니며, 자체수입비율이 55%이므로 자체수입액이 총수입액의 2분의 1 이상이기 때문에 공기업이다. 시장형 공기업 조건에 해당하지 않으므로 C는 준시장형 공기업이다.

---

17 ③

[출제의도]
주어진 조건에 적합하도록 자리 배정하는 문항으로, 논리적 사고력이 요구되는 문항이다.

[해설]

조건에 따라 배정한 결과는 다음과 같으며 1번 자리는 봉숙이가 앉게 된다.

1	2	3	4	5
봉숙	가영	세경	분이	혜진

---

18 ①

[출제의도]
주어진 조건을 올바르게 파악하여 문제 상황에 적합한 답을 도출하는 문항으로 논리적 사고력이 요구되는 문항이다.

[해설]

	소윤	홍미	효진	선정
감기(A)	×	×	×	○
배탈(C)	○	×	×	×
치통(B)	×	○	×	×
위염(D)	×	×	○	×

19 ②

[출제의도]

주어진 문제의 유형을 구분하고, 각 문제 유형의 특징이 무엇인지 묻는 문항이다.

[해설]

문제를 효과적으로 해결하기 위해 문제의 유형을 파악하는 것이 우선시 되어야 한다. 업무수행 과정 중 발생한 문제 유형으로는 발생형 문제(보이는 문제), 탐색형 문제(찾는 문제), 설정 형 문제(미래 문제)가 있는데 ①과 ③은 탐색형 문제이고, ④는 설정형 문제이다.

---

20 ①

[출제의도]

주요 과제를 해결하는데 있어서 가장 먼저 실시되는 것이 환경 분석이다. 분 문항은 3C 분석을 통해 문제가 발생한 환경을 분석할 수 있는 능력을 측정하는 문항이다.

[해설]

새로운 경쟁사들이 시장에 진입할 가능성은 경쟁사(Competitor)분석에 들어가야 할 질문이다.

---

21 ①

[출제의도]

주어진 환경을 파악하고 이를 분석하여 올바른 전략이나 대안을 제시하는 능력을 측정하는 문항이다.

[해설]

② 취업경쟁이 심화되고 있으나 전공이해도가 높은 것은 ST전략에 해당한다.

③ 나이나 학력 등의 스펙을 보지 않는 기업이 많아져 취업 진입장벽이 낮아지는 것은 WO전략에 해당한다.

④ 취업경쟁의 심화 속에서도 긍정적인 마인드로 극복해나가는 것은 ST전략에 해당한다.

---

22 ④

주어진 시간자원 정보를 토대로 시간을 효율적으로 활용할 수 있는지를 평가하는 문항이다.

[해설]

가팀, 다팀을 연결하는 방법은 2가지가 있는데.

㉠ 가팀과 나팀, 나팀과 다팀 연결 : 3+1=4시간

㉡ 가팀과 다팀 연결 : 6시간

즉, 1안이 더 적게 걸리므로 4시간이 답이 된다.

23 ②

[출제의도]
주어진 시간자원 정보를 토대로 시간을 효율적으로 활용할 수 있는지를 평가하는 문항이다.

[해설]
다팀, 마팀을 연결하는 방법은 2가지가 있는데.

㉠ 다팀과 라팀, 라팀과 마팀 연결 : 3+1=4시간

㉡ 다팀과 마팀 연결 : 2시간

즉, 2안이 더 적게 걸리므로 2시간이 답이 된다.

---

24 ④

[출제의도]
주어진 시간자원 정보를 파악하여 실제 업무상황에서 시간자원을 어떻게 활용하고 할당하는지를 평가하는 문항이다.

[해설]
현수막을 제작하기 위해서는 라, 다, 마가 선행되어야 한다. 그렇기 때문에 최소한 6일이 소요된다.

∴ 세미나 기본계획 수립(2일)+세미나 발표자 선정(1일)+세미나 장소 선정(3일)

---

25 ②

[출제의도]
주어진 시간자원 정보를 파악하여 실제 업무상황에서 시간자원을 어떻게 활용하고 할당하는지를 평가하는 문항이다.

[해설]
동시에 작업이 가능한 일도 있지만 최대 시간을 구하라 했으므로 다 더한 값인 11일이 답이 된다.

---

26 ①

문제에 봉착했을 경우, 차분하고 계획적인 접근이 필요하다. 자칫 우리가 흔히 알고 있는 단순한 정보들에 의존하게 되면 문제를 해결하지 못하거나 오류를 범할 수 있다.

문제 해결을 위해 필요한 4가지 기본적 사고는 다음과 같다.

• 분석적 사고를 해야 한다(선택지 ②)

• 발상의 전환을 하라(선택지 ③)

• 내·외부 자원을 효과적으로 활용하라(선택지 ④)

27 ②

'so what?' 기법은 "그래서 무엇이지?"하고 자문자답하는 의미로, 눈앞에 있는 정보로부터 의미를 찾아내어, 가치 있는 정보를 이끌어 내는 사고이다. 주어진 상황을 보고 현재의 알 수 있는 것을 진단하는 사고에 그치는 것은 바람직한 'so what?' 기법의 사고라고 할 수 없으며, 무엇인가 의미 있는 메시지를 이끌어 내는 것이 중요하다. 선택지 ②와 같이 상황을 망라하여 종합적이고 명확한 주장을 펼치는 사고가 'so what?' 기법의 핵심이라 할 수 있다.

---

28 ③

네트워크와 유통망이 다양한 것은 자사의 강점이며 이를 통하여 심화되고 있는 일본 업체와의 경쟁을 우회하여 돌파할 수 있는 전략은 주어진 환경에서 적절한 ST전략이라고 볼 수 있다.
① 세제 혜택(O)을 통하여 환차손 리스크 회피 모색(T)
② 타 해외 조직의 운영 경험(S)을 살려 업무 효율성 벤치마킹(W)
④ 해외 진출 경험으로 축적된 우수 인력(S) 투입으로 업무 누수 방지(W)

---

29 ④

문제해결의 5단계 절차는 문제 인식 → 문제 도출 → 원인 분석 → 해결안 개발 → 실행 및 평가의 과정으로 진행된다.

---

30 ①

제시된 항목들은 다음과 같은 특징을 갖는다.
• 브레인스토밍(창의적 사고) : 브레인스토밍은 집단의 효과를 살려서 아이디어의 연쇄반응을 일으켜 자유분방한 아이디어를 내고자 하는 것으로, 창의적인 사고를 위한 발산 방법 중 가장 흔히 사용되는 방법이다.
• 결단성(비판적 사고) : 모든 필요한 정보가 획득될 때까지 불필요한 논증, 속단을 피하고 모든 결정을 유보하지만, 증거가 타당할 땐 결론을 맺는다.
• 비교 발상법(창의적 사고) : 비교 발상법은 주제와 본질적으로 닮은 것을 힌트로 하여 새로운 아이디어를 얻는 방법이다.
• 지적 호기심(비판적 사고) : 여러 가지 다양한 질문이나 문제에 대한 해답을 탐색하고 사건의 원인과 설명을 구하기 위하여 질문을 제기한다.

- 생각하는 습관(논리적 사고) : 논리적 사고에 있어서 가장 기본이 되는 것은 왜 그런지에 대해서 늘 생각하는 습관을 들이는 것이다.
- 타인에 대한 이해(논리적 사고) : 반론을 하든 찬성을 하든 논의를 함으로써 이해가 깊어지거나 논점이 명확해질 수 있다.
- 다른 관점에 대한 존중(비판적 사고) : 타인의 관점을 경청하고 들은 것에 대하여 정확하게 반응한다.

---

31 ④

주어진 글은 논리적 사고에 대한 글이며, 논리적인 사고를 하기 위해서는 생각하는 습관, 상대 논리의 구조화, 구체적인 생각, 타인에 대한 이해, 설득의 5가지 요소가 필요하다.
논리적인 사고의 핵심은 상대방을 설득할 수 있어야 한다는 것이며, 공감을 통한 설득에 필요한 가장 기본적인 사고력이 논리적 사고인 것이다.

---

32 ②

현재 발생하지 않았지만 장차 발생할지 모르는 문제를 예상하고 대비하는 일, 보다 나은 미래를 위해 새로운 문제를 스스로 설정하여 도전하는 일은 조직과 개인 모두에게 중요한 일이다. 이러한 형태의 문제를 설정형 문제라고 한다. 설정형 문제를 해결하기 위해서는 주변의 발생 가능한 문제들의 움직임을 관심을 가지고 지켜보는 자세가 필요하며, 또한 문제들이 발생했을 때 그것이 어떤 영향을 가져올지에 대한 논리적 추론이 가능해야 한다. 이러한 사고의 프로세스는 논리적 연결고리를 생성시킬 수 있는 추론의 능력이 요구된다고 볼 수 있다.

---

33 ④

주어진 조건에 의해 가능한 날짜와 연회장을 알아보면 다음과 같다.
우선, 백 대리가 원하는 날은 월, 수, 금요일이며 오후 6시~8시까지 사용을 원한다. 또한 인원수로 보아 A, B, C 연회장만 가능하다. 기 예약된 현황과 연회장 측의 직원들 퇴근 시간과 시작 전후 필요한 1시간씩을 감안하여 예약이 가능한 연회장과 날짜를 표시하면 다음과 같다.

일	월	화	수	목	금	토
			1 A, C	2 B 19시 D 18시	3 A, B	4 A 11시 B 12시
5	6 A	7	8 B, C	9 C 15시	10 A, B	11
12	13 A, B	14 A 16시	15 B, C	16	17 A, C	18

따라서 A, B 연회장은 원하는 날짜에 언제든 가능하지 않다.

① 가능한 연회장 중 가장 저렴한 C 연회장은 월요일에 사용이 불가능하다.

② 6일은 가장 비싼 A 연회장만 사용이 가능하다.

③ 인원이 200명을 넘지 않으면 가장 저렴한 C 연회장을 1, 8, 15, 17일에 사용할 수 있다.

---

34 ①

문제처리능력이란 목표와 현상을 분석하고 이 분석결과를 토대로 문제를 도출하여 최적의 해결책을 찾아 실행, 평가 처리해 나가는 일련의 활동을 수행하는 능력이라 할 수 있다. 이러한 문제처리능력은 문제해결절차를 의미하는 것으로, 일반적인 문제해결절차는 문제 인식, 문제 도출, 원인 분석, 해결안 개발, 실행 및 평가의 5단계를 따른다.

주어진 〈보기〉의 (개)~(매)의 내용은 이 5단계의 역순으로 제시되어 있다.

---

35 ④

무항공사의 경우 화물용 가방 2개의 총 무게가 20×2=40kg, 기내 반입용 가방 1개의 최대 허용 무게가 16kg이므로 총 56kg까지 허용되어 무항공사도 이용이 가능하다.

① 기내 반입용 가방의 개수를 2개까지 허용하는 항공사는 갑, 병항공사 밖에 없다.

② 155cm 2개는 화물용으로, 118cm 1개는 기내 반입용으로 운송 가능한 곳은 무항공사이다.

③ 을항공사는 총 허용무게가 23+23+12=58kg이며, 병항공사는 20+12+12=44kg이다.

1	2	3	4	5	6	7	8	9	10	11	12	13	14	15
③	③	②	②	③	②	④	①	③	②	②	③	①	④	②

16	17	18	19	20	21	22	23	24	25	26	27	28	29	30
①	④	②	③	①	②	③	④	③	④	④	③	④	③	①

31	32	33	34	35
②	④	④	②	②

1　③

고객 불만 처리 프로세스
경청 → 감사와 공감표시 → 사과 → 해결약속 → 정보파악 → 신속처리 → 처리확인과 사과 → 피드백

2　③

제시된 사례 속 조직 유형은 효과적인 팀으로서 '자율지도 팀' 또는 '자율설계 팀'에 해당한다. 자율지도 팀은 복잡하고 불분명하거나 모호나 문제 또는 차세대 계획 수립 등의 업무에 이상적이다.

3　②

효과적인 팀의 핵심적인 특징
㉠ 팀의 사명과 목표를 명확하게 기술한다.
㉡ 창조적으로 운영된다.
㉢ 결과에 초점을 맞춘다.
㉣ 역할과 책임을 명료화시킨다.
㉤ 조직화가 잘 되어 있다.
㉥ 개인의 강점을 활용한다.
㉦ 리더십 역량을 공유하며 구성원 상호간에 지원을 아끼지 않는다.
㉧ 팀 풍토를 발전시킨다.
㉨ 의견의 불일치를 건설적으로 해결한다.
㉩ 개방적으로 의사소통한다.
㉪ 객관적인 결정을 내린다.
㉫ 팀 자체의 효과성을 평가한다.

4 ②

A는 수동형, B는 실무형, C는 소외형, D는 순응형에 해당한다.
① 소외형의 특징이다.
③ 수동형의 특징이다.
④ 실무형의 특징이다.

---

5 ③

제시된 사례에서 甲이 팀워크를 촉진하기 위해 활용한 방법은 팀원들의 동참을 이끌어 내어 의사결정에 참여할 수 있도록 하는 방법이다.

---

6 ②

[출제의도]
리더십의 유형에 대한 문제로 각 유형별 리더십의 특징을 이해하고 있어야 한다.
[해설]
② 셀프 리더십 : 자율적 리더십 또는 자기 리더십이라고도 하며 타인이 리더가 아니라 자기 자신 스스로가 자신의 리더가 되어 스스로 통제하고 행동하는 리더십을 말한다.
① 변혁적 리더십 : 부하들에게 스스로 일할 수 있도록 창의력을 길러주고 권한 위임을 부여함으로써 스스로 열심히 일할 수 있도록 이끌어 주는 리더십을 말한다.
③ 카리스마 리더십 : 리더가 강력한 카리스마를 바탕으로 부하들에게 비전 및 목표를 제시하고 이끌어 가는 리더십을 말한다.
④ 서번트 리더십 : 부하에게 목표를 공유하고 부하들의 성장을 도모하면서 리더와 부하간의 신뢰를 형성시켜 궁극적으로 조직성과를 달성하게 하는 리더십을 말한다.

---

7 ④

[출제의도]
고객의 불만유형을 묻는 문제로 각 유형별 특징을 파악하고 있어야 한다.
[해설]
위의 사례에서 고객은 자신의 잘못으로 핸드폰 케이스가 깨졌는데도 불구하고 무상 교체를 해줘야 한다고 트집을 잡고 있으므로 트집형 고객임을 알 수 있다.

8 ①

[출제의도]

불만고객에 대한 응대법을 묻는 문제로 각 불만유형별 고객 대처방법을 파악하고 있어야 한다.

[해설]

위 사례의 여성고객은 거만형에 해당하는 고객이다.

※ 거만형 고객에 대한 응대법

　　㉠ 정중하게 대하는 것이 좋다.

　　㉡ 자신의 과시욕이 채워지도록 뽐내게 내버려 둔다.

　　㉢ 의외로 단순한 면이 있으므로 일단 호감을 얻게 되면 득이 될 경우도 있다.

---

9 ③

[출제의도]

여러 가지 고객서비스들을 이해하고 사례에서 나타난 고객서비스가 어떤 것인지 판단할 수 있어야 한다.

[해설]

노드스트롬은 각각의 직원들이 고객을 최우선으로 여기며 스스로 주인의식을 가지고 자신의 판단 하에 고객이 원하는 방향으로 서비스를 제공한다.

---

10 ②

[출제의도]

평소 직장인으로서 갖추어야 할 기본적인 행동에 대해 이해하고 있어야 풀 수 있는 문제다.

[해설]

② 남성과 여성이 함께 에스컬레이터나 계단을 이용하여 위로 올라갈 때는 남성이 앞에 서고 여성이 뒤에 서도록 한다.

---

11 ②

[출제의도]

팀워크에 대한 올바른 이해와 함께 일상적인 업무 상황에서 이를 적용할 수 있는 능력이 필요하다.

[해설]

팀워크는 팀이 협동하여 행하는 동작이나 또는 그들 상호 간의 연대를 일컫는다. 따라서 아무리 개인적으로 능력이 뛰어나다 하여도 혼자서 일을 처리하는 사람은 팀워크가 좋은 사람이라고 볼 수 없다. 따라서 정답은 ②번이다.

12 ③

[출제의도]
리더십의 유형을 묻는 문제로 사례를 통해 특정 리더십을 파악할 수 있어야 한다.
[해설]
③ 조직구성원들이 신뢰를 가질 수 있는 카리스마와 함께 조직변화의 필요성을 인지하고 그러한 변화를 나타내기 위해 새로운 비전을 제시하는 능력을 갖춘 리더십을 말한다.

---

13 ①

[출제의도]
예상치 못한 상황에서 리더의 적절한 행동에 대해 묻는 문제다. 리더의 입장에서 적절한 행동이 무엇인지 파악해야 한다.
[해설]
T그룹에서 워크숍을 하는 이유는 직원들 간의 단합과 화합을 키우기 위해서이고 또한 각 부서의 장에게 나름대로의 재량권이 주어졌으므로 위 사례에서 장부장이 할 수 있는 행동으로 가장 적절한 것은 ①번이다.

---

14 ④

[출제의도]
평소 리더로서 갖추어야 할 바람직한 행동들에 대해 이해하고 있어야 한다.
[해설]
민수는 각 팀장들에게 프로젝트 성공 시 전원 진급을 약속하였지만 결국 그 약속을 이행시키지 못했으므로 정답은 ④이다.

---

15 ②

[출제의도]
대인관계능력을 구성하는 하위능력에 대해 묻는 문제로 각 하위능력별 특징을 이해하고 있어야 한다.
[해설]
현재 동신과 명섭의 팀에게 가장 필요한 능력은 팀워크능력이다.

16 ①

[출제의도]

협상전략에 대해 묻는 문제로 협상전략의 종류와 각 종류별 적절한 사용 시기를 충분히 이해하고 있어야 한다.

[해설]

① 협상 당사자들 간에 협동과 통합으로 문제를 해결하고자 하는 협력적 문제해결전략이다.

② 무 행동전략으로 협상으로부터 철수하는 철수전략이다. 협상을 피하거나 잠정적으로 중단한다.

③ 경쟁전략으로 자신이 상대방보다 힘에서 우위에 있을 때 자신의 이익을 극대화하기 위한 공격적인 전략이다.

④ 양보전략으로 상대방이 제시하는 것을 일방적으로 수용하여 협상의 가능성을 높이려는 전략이다.

---

17 ④

[출제의도]

올바른 스트레스 관리법에 대한 문제다. 평소 기업현장에서 실제로 실행할 수 있는 스트레스 관리법에 대해 생각해 보는 것도 문제를 푸는 데 도움이 된다.

[해설]

나팀장의 팀원들은 매일 과도한 업무로 인해 스트레스가 쌓인 상태이므로 잠시 일상에서 벗어나 새롭게 기분전환을 할 수 있도록 배려해야 한다. 그러기 위해서는 조용한 숲길을 걷는다든지, 약간의 수면을 취한다든지, 사우나를 하면서 몸을 푸는 것도 좋은 방법이 될 수 있다.

---

18 ②

[출제의도]

리더의 임파워먼트(권한위임)에 대한 문제로 임파워먼트의 특징을 충분히 숙지하고 있어야 한다.

[해설]

위 사례에서 불만고객에 대한 대처가 늦어지고 그로 인해 항의가 잇따르고 있는 이유는 사소한 일조차 상부에 보고해 그 지시를 기다렸다가 해결하는 업무체계에 있다. 따라서 오부장은 어느 정도의 권한과 책임을 매장 직원들에게 위임하여 그들이 현장에서 바로 문제를 해결할 수 있도록 도와주어야 한다.

19 ③

[출제의도]
동기부여와 관련된 문제로 사례에서 어떤 동기부여를 행했는지 파악하는 능력이 중요하다.
[해설]
① 유팀장은 스티커를 이용한 긍정적 강화법을 활용하였다.
② 유팀장은 지금까지 아무도 시도하지 못한 새로운 보안시스템을 개발해 보자고 제안하며 부하직원들에게 새로운 도전의 기회를 부여하였다.
④ 유팀장은 부하직원들에게 자율적으로 출퇴근할 수 있도록 하였고 사내에도 휴식공간을 만들어 자유롭게 이용토록 하는 등 업무환경의 변화를 두려워하지 않았다.

---

20 ①

[출제의도]
임파워먼트의 장애요인에 대한 문제로 각각의 요인에 대해 확실하게 이해하고 있어야 한다.
[해설]
〈사례2〉에서 희진은 자신의 업무에 대해 책임감을 가지고 일을 했지만 〈사례1〉에 나오는 하나는 자신의 업무에 대한 책임감이 결여되어 있다.

---

21 ②

[출제의도]
실제 업무현장에서 맞이하게 되는 변화와 관련하여 이를 효과적으로 대처하기 위한 전략을 묻는 문제다.
[해설]
직업세계에서 맞이하는 변화의 상황들에 대해 효과적으로 대처하기 위한 12가지 전략
㉠ 우리의 생각을 명확히 할 '5가지 행동의 선택'에 관한 질문을 활용한다.
  • 우리가 이 변화를 활용해야 하는 이유는 무엇인가?
  • 이 변화는 언제 일어날 것인가?
  • 어떻게 이 변화를 다룰 것인가?
  • 다른 사람에게 이 변화는 무엇을 의미하는가?
  • 이 변화는 어떤 사람에게 영향을 미치는가?
㉡ 변화에 대처하는 속도를 높인다.
㉢ 신속히 의사결정을 한다.
㉣ 업무를 혁신한다.
㉤ 자기 자신을 책임진다.

ⓗ 상황을 올바르게 파악해 제어할 수 있고 타협할 수 있는 부분을 정한다.

ⓢ 가치를 추구한다.

ⓞ 고객 서비스 기법을 연마한다.

ⓩ 빠른 변화 속에서 자신을 재충전할 시간과 장소를 마련한다.

ⓒ 스트레스를 해소한다.

ⓚ 의사소통을 통해 목표와 역할, 직원에 대한 기대를 명확히 한다.

ⓣ 주변 환경의 변화에 주목한다.

---

22 ③

[출제의도]

변화에 대해 소극적인 직원들을 효과적으로 이끌기 위한 올바른 리더의 행동을 묻는 문제다.

[해설]

변화에 소극적인 직원들을 성공적으로 이끌기 위한 방법

㉠ 개방적인 분위기를 조성한다.

㉡ 객관적인 자세를 유지한다.

㉢ 직원들의 감정을 세심하게 살핀다.

㉣ 변화의 긍정적인 면을 강조한다.

㉤ 변화에 적응할 시간을 준다.

---

23 ④

[출제의도]

갈등을 증폭시키는 원인에 대해 이해하고 있어야 하며 각 원인과 사례를 올바르게 연결시킬 수 있어야 한다.

[해설]

①-㉢, ②-㉠, ③-㉡

---

24 ③

[출제의도]

갈등 과정의 절차를 묻는 문제로 각 절차에 대한 충분한 이해가 필요하다.

[해설]

㉢ 의견불일치-㉠ 대결국면-㉤ 격화국면-㉡ 진정국면-㉣ 갈등의 해소

25 ④

M과 K 사이의 갈등이 있음을 발견하게 되었으므로 즉각적으로 개입하여 중재를 하고 이를 해결하는 것이 리더의 대처방법이다.

---

26 ④

팀장인 K씨는 W씨에게 팀의 생산성에 영향을 미치는 내용을 상세히 설명하고 이 문제와 관련하여 해결책을 스스로 강구하도록 격려하여야 한다.

---

27 ③

리츠칼튼 호텔은 고객이 무언가를 물어보기 전에 고객이 원하는 것에 먼저 다가가는 것을 서비스 정신으로 삼고 있다. 기존 고객의 데이터베이스를 공유하여 고객이 원하는 서비스를 미리 제공할 수 있는 것이다.

---

28 ④

④ 구성원으로 하여금 집단에 머물도록 만들고, 그 집단에 계속 남아 있기를 원하게 만드는 힘은 응집력이다.

---

29 ③

① 독재자 유형 : 통제 없이 방만한 상태, 가시적 성과물이 안 보일 때
② 민주주의 근접 유형 : 혁신적이고 탁월한 구성원들을 거느리고 있을 때
④ 변혁적 유형 : 조직에 있어 획기적 변화가 필요할 때

30 ①

[출제의도]
코칭에 대해 묻는 문제로 코칭을 할 때 주의해야 할 점에 대해 숙지할 필요가 있다.

[해설]
위 상황은 엄팀장이 팀원인 문식에게 코칭을 하고 있는 상황이다. 따라서 코칭을 할 때 주의해야 할 점으로 옳지 않은 것을 고르면 된다.

① 지나치게 많은 정보와 지시로 직원들을 압도해서는 안 된다.

※ 코칭을 할 때 주의해야 할 점
　　㉠ 시간을 명확히 알린다.
　　㉡ 목표를 확실히 밝힌다.
　　㉢ 핵심적인 질문으로 효과를 높인다.
　　㉣ 적극적으로 경청한다.
　　㉤ 반응을 이해하고 인정한다.
　　㉥ 직원 스스로 해결책을 찾도록 유도한다.
　　㉦ 코칭과정을 반복한다.
　　㉧ 인정할 만한 일은 확실히 인정한다.
　　㉨ 결과에 대한 후속 작업에 집중한다.

---

31 ②

[출제의도]
코칭을 함으로써 얻게 되는 장점에 대해 묻는 문제로 조직에서 코칭을 왜 하는지 전반적인 이해가 필요하다.

[해설]
② 직원들이 철저한 책임감을 갖게 된다.

---

32 ④

[출제의도]
협력을 장려하기 위해 어떤 노력이 필요한지 묻는 문제로 각각의 노력들이 협력을 이끌어 내는데 끼치는 영향을 파악할 필요가 있다.

[해설]
④ 상식에서 벗어난 아이디어에 대해서 비판을 하지 말아야 한다.

33 ④

[출제의도]

리더십 유형의 특징에 대한 문제로 해당 사례가 리더십의 유형 중 어떤 유형에 속하는지 파악하는 능력이 중요하다.

[해설]

해당 사례는 파트너십 유형에 대한 사례이다.

①②③ 전형적인 독재자 유형의 특징이다.

※ 파트너십 유형의 특징

　　㉠ 평등

　　㉡ 집단의 비전

　　㉢ 책임 공유

---

34 ②

[출제의도]

상대방을 설득시키기 위한 전략으로는 여러 가지 방법이 있다. 각각의 설득전략에 대한 이해와 함께 사례에 적용할 수 있는 능력이 필요하다.

[해설]

① 사회적 입증 전략

③ 연결 전략

④ 헌신과 일관성 전략

---

35 ②

[출제의도]

고객 불만의 원인을 이해하고 각각의 원인이 실제 사례에 어떻게 적용되는지를 파악해야 풀 수 있는 문제다.

[해설]

①-사례2, ③-사례3, ④-사례1

고객 불만의 원인으로는 서비스 제공자의 불친절한 태도, 고객에 대한 무관심, 고객의 요구 외면 및 무시, 건방떨기, 무표정과 기계적인 서비스, 규정핑계, 고객 뺑뺑이 돌리기 등이 있다.

1	2	3	4	5	6	7	8	9	10	11	12	13	14	15
②	①	①	①	④	③	④	②	③	②	④	④	②	①	③

16	17	18	19	20	21	22	23	24	25	26	27	28	29	30
②	③	①	③	②	③	③	③	④	②	①	③	③	①	④

31	32	33	34	35
③	③	④	②	②

1 ②

대표적인 검색 옵션
㉠ 구문검색 : " " 식의 구문으로 검색하는 방법
㉡ 절단검색 : *, %를 이용해 지정한 검색어를 포함한 문자열 검색
㉢ 자연어검색 : 평상시에 사용하는 문장 형식으로 검색

---

2 ①

② 문서를 작성, 편집, 저장 및 인쇄할 때 사용하는 하드웨어 또는 소프트웨어
③ 여러 가지 도표 형태의 양식으로 계산하는 사무업무를 자동으로 할 수 있는 표 계산 프로그램
④ 청중을 설득시키기 위한 발표 시 사용하는 자료 문서

---

3 ①

Windows의 특징
㉠ 단일 사용자의 다중작업이 가능하다.
㉡ GUI(Graphic User Interface) 환경을 제공한다.
㉢ P&P를 지원하여 주변장치 인식이 용이하다.
㉣ 긴 파일이름을 지원한다.
㉤ OLE(개체 연결 및 포함) 기능을 지원한다.

4 ①

USB를 컴퓨터에 인식시켜 자료를 복사하는 것은 입력기능에 해당한다.

컴퓨터의 5가지 기능

㉠ 입력기능 : 자료를 처리하기 위해서 필요한 자료를 받아들이는 기능이다.

㉡ 기억기능 : 처리대상으로 입력된 자료와 처리결과로 출력된 정보를 기억하는 기능이다.

㉢ 연산기능 : 주기억장치에 저장되어 있는 자료들에 대하여 산술 및 논리연산을 행하는 기능이다.

㉣ 제어기능 : 주기억장치에 저장되어 있는 명령을 해독하여 필요한 장치에 신호를 보내어 자료처리가 이루어지도록 하는 기능이다.

㉤ 출력기능 : 정보를 활용할 수 있도록 나타내 주는 기능이다.

---

5 ④

④ 플래시 메모리는 전원이 끊긴 뒤에도 정보가 계속 남아 있는 반도체로 광디스크에 해당하지 않는다.

---

6 ③

① Binary Digit의 약자로 데이터(정보) 표현의 최소 단위이다.

② 하나의 문자, 숫자, 기호의 단위로 8Bit의 모임이다.

④ 서로 연관된 레코드들의 집합이다.

---

7 ④

① 오류 검출과 교정이 가능한 코드

② 비트의 위치에 따라 고유한 값을 갖는 코드

③ BCD코드의 확장코드로 주로 대형 컴퓨터에서 사용되는 코드

8 ②

컴퓨터의 처리속도 단위(아래로 내려갈수록 처리속도가 **빠름**)

㉠ $ms(milli\,second)$: $10^{-3}\sec(1/1,000)$

㉡ $\mu s(micro\,second)$: $10^{-6}\sec(1/1,000,000)$

㉢ $ns(nano\,second)$: $10^{-9}\sec(1/1,000,000,000)$

㉣ $ps(pico\,second)$: $10^{-12}\sec(1/1,000,000,000,000)$

---

9 ③

③ Alt + 🖦 = 활성창을 클립보드로 복사

🖦 = 화면 전체를 클립보드로 복사

---

10 ②

㉢ net : 네트워크 관련기관(국제 도메인)

㉤ or : 비영리 법인(국내 도메인)

---

11 ④

제시된 상황에서 오류 문자는 'TLENGO'이고, 오류 발생 위치는 'MEONRTD'이다. 두 문자에 사용된 알파벳을 비교했을 때 일치하는 알파벳은 T, E, N, O 4개이다. 판단 기준에 따라 '3 < 일치하는 알파벳의 개수'에 해당하므로 Final code는 Nugre이다.

---

12 ④

'=LARGE(B2:B7,2)'는 범위 안에 있는 값들 중에서 2번째로 큰 값을 찾으라는 수식이므로 800이 답이다.

13 ②

① FinTech : Finance(금융)와 Technology(기술)의 합성어로, 금융과 IT의 융합을 통한 금융서비스 및 산업의 변화를 통칭한다.
③ AI(Artificial Intelligence) : 인간의 두뇌와 같이 컴퓨터 스스로 추론·학습·판단하면서 전문적인 작업을 하거나 인간 고유의 지식 활동을 하는 시스템이다.
④ IoT(Internet of Things) : 사물에 센서를 부착해 실시간으로 데이터를 인터넷으로 주고받는 기술이나 환경을 일컫는다.

---

14 ①

스트리밍(streaming) … 비디오·오디오 자료를 사용자의 PC에 파일 형태로 내려 받지 않고도 실시간으로 볼 수 있는 송출기술을 말한다.

---

15 ③

① #NAME? : 인식할 수 없는 텍스트를 수식에 사용했을 때
② #REF! : 수식이 있는 셀에 셀 참조가 유효하지 않을 때
④ #DIV/0 : 나누는 수가 빈 셀이나 0이 있는 셀을 참조하였을 때

---

16 ②

MOD(숫자, 나눌 값) : 숫자를 나눌 값으로 나누어 나머지가 표시된다. 따라서 7를 6으로 나누면 나머지가 1이 된다.
MODE : 최빈값을 나타내는 함수이다. 위의 시트에서 6이 최빈값이다.

---

17 ③

COUNTBLANK 함수는 비어있는 셀의 개수를 세어준다. COUNT 함수는 숫자가 입력된 셀의 개수를 세어주는 반면 COUNTA 함수는 숫자는 물론 문자가 입력된 셀의 개수를 세어준다. 즉, 비어있지 않은 셀의 개수를 세어주기 때문에 이 문제에서는 COUNTA 함수를 사용해야 한다.

18 ①

"Best fit"은 가장 낭비가 적은 부분에 할당하기 때문에 영역1에 할당한다.

---

19 ③

'차수'는 한 노드에 대한 서브트리의 개수를 말하는데 이 그림에서는 노드 D의 차수가 4로 가장 크다. 따라서 '트리의 차수'는 4이다.

---

20 ②

숫자는 1, 4, 7, 10, 13, 16으로 채워지고 요일은 월, 수, 금, 일, 화, 목으로 채워지고 있다. 따라서 A6값은 16이고 B6값은 목요일이다.

---

21 ③

컴퓨픽, 메타세콰이어, 라이트웨이브, 3D STUDIO MAX, 알씨

---

22 ③

안드로이드 법칙은 마이크로칩의 성능이 매 2년마다 두 배로 증가한다는 '무어의 법칙'에서 따온 말로 스마트폰 시장에서 제품수명주기가 빠르게 짧아지는 것을 이르는 말이다.

---

23 ③

COUNTIFS 함수는 복수의 조건을 만족하는 셀의 개수를 구하는 함수이다. COUNTIFS(조건범위1,조건1,조건범위2,조건2)로 입력한다. 따라서 설문에서는 편집팀 소속이면서 대리의 직급을 가지는 사람의 수를 구하는 것이므로 3이 답이다.

---

24 ④

④ HTML에서 이미지를 삽입하기 위해서는 〈img〉 태그를 사용한다.

25 ②

① 메신저 : 인터넷에서 실시간으로 메시지와 데이터를 주고받을 수 있는 소프트웨어

③ SNS : 온라인 인맥 구축을 목적으로 개설된 커뮤니티형 웹사이트

④ 전자상거래 : 인터넷을 이용해 상품을 사고팔거나, 재화나 용역을 거래하는 사이버 비즈니스

---

26 ①

오른쪽 워크시트는 왼쪽 워크시트를 텍스트 나누기 기능을 통해 열구분선을 기준으로 하여 텍스트를 나눈 결과이다.

---

27 ③

③ 2차 자료

①②④ 1차 자료

※ 정보원

  ㉠ 1차 자료 : 원래의 연구 성과가 기록된 자료로 단행본, 학술지, 연구보고서, 학위논문, 신문·잡지 등이 해당한다.

  ㉡ 2차 자료 : 1차 자료를 압축·정리하여 사용하기 효과적인 형태로 제공하는 자료로 사전, 백과사전, 편람, 연감, 서지데이터베이스 등이 해당한다.

---

28 ③

File system type A에 의해서 대푯값은 37로 선정되며, Correcting value type Y에 의해서 Correcting value는 72×3＝216을 사용한다. Correcting value값이 대푯값보다 크므로 시스템 상태는 경계 수준이며, 2배 이상 차이가 나므로 input code는 vigilant이다.

---

29 ①

File system type A에 의해서 대푯값은 128로 선정되며, Correcting value type X에 의해서 Correcting value는 256÷2＝128을 사용한다. 대푯값과 Correcting value가 같으므로 시스템 상태는 안전 수준이며, input code는 safe이다.

30 ④

File system type B에 의해서 대푯값은 $3 \times 8 \times 5 \times 2 \times 4 = 960$으로 선정되며, Correcting value type X에 의해서 Correcting value는 $999 \div 2 = 499.5 \fallingdotseq 499$를 사용한다. 대푯값이 Correcting value보다 크므로 시스템 상태는 위험 수준이며 input code는 danger이다.

---

31 ③

2011년 10월 생산품이므로 1110의 코드가 부여되며, 일본 '왈러스' 사는 5K, 여성용 02와 블라우스 해당 코드 006, 10,215번째 입고품의 시리얼 넘버 10215가 제품 코드로 사용되므로 1110 − 5K − 02006 − 10215가 된다.

---

32 ③

2008년 10월에 생산되었으며, 멕시코 Fama사의 생산품이다. 또한, 아웃도어용 신발을 의미하며 910번째로 입고된 제품임을 알 수 있다.

---

33 ④

NA−16−IND−1B−1311가 있으므로 2013년에 제조된 냉장고도 창고에 있다.

---

34 ②

② 인도네시아에서 제조된 제품은 9개이다.

---

35 ②

[제품 종류] − [모델 번호] − [생산 국가] − [공장과 라인] − [제조연월]
AI(에어컨) − 12 − KOR − 1A −1704

전공시험 맛보기 정답해설

01 〉〉〉〉 사무영업 _ 경영 · 경제/법학 · 행정/회계 · 세무 중 선택 1

1	2	3	4	5	6	7	8	9	10
②	①	④	②	④	④	②	④	④	③

1 ②

① 테일러는 기준과업의 달성 정도에 따라 임금을 차별하여 지급하는 차별능률급제를 주장하였다.

③ 바나드는 인간은 조직과의 관계에 있어서도 자유의사에 기초한 의사결정력을 가지고 있다고 보았다.

④ 인간관계론은 조직구성원들의 사회적 · 심리적 욕구와 조직 내 비공식집단 등을 중시한다.

---

2 ①

포드시스템은 생산의 표준화와 이동조립법(moving assembly line)을 내용으로 하는 생산 시스템으로, 이를 위해 제품의 표준화, 부품의 규격화(호환성), 전용기계의 이용을 전제로 하였다.

① 포드시스템은 기계에 의해서 인간의 작업을 좌우하며, 단순노동을 증가시켜 인간을 기계의 일부로 만들었다는 비판을 받는다.

---

3 ④

㉠ BCG 매트릭스는 각 사업부의 시장성장률과 상대적 시장점유율을 기준으로 경쟁사 대비 성과를 계산해 4분위면에 표시하는 방법이다. 시장성장률은 사업부가 위치한 산업의 성장이 고성장인지 저성장인지를 가려낸다. BCG 매트릭스의 변형인 GE 매트릭스는 시장성장률과 시장점유율 대신 시장매력도와 기업의 강점을 기준으로 사업부의 경쟁적 위치를 파악한다.

㉡ 매트릭스 상에서 원의 크기는 매출액 규모를 의미한다.

4 ②

② 만기 시 한국상사㈜의 주가가 7만 원인데 콜옵션 매도자는 5만 원에 주식을 매도해야 하므로 2만 원의 손해를 본다. 단, 콜옵션 가격이 1만 원이었으므로 최종적으로 1만 원의 손실을 입는다.

---

5 ④

주어진 표를 생산가능곡선으로 나타내면 아래와 같다. B에서 C로 오토바이 생산을 1대 늘릴 때, 자전거 생산이 20대 줄어든다. C에서 D로 변할 때는 오토바이 1대 생산 증가는 동일하지만 자전거를 25대 더 적게 생산하므로 C→D로 변할 때 기회비용이 더 크다.

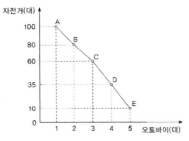

① 오토바이 3대와 자전거 50대 생산은 가능하다.
② B에서 C로 이동할 때, 오토바이 1대당 추가 생산에 따른 기회비용은 자전거 20대이다.
③ 자전거의 생산량을 늘려감에 따라, 자전거 생산의 기회비용은 점차 증가한다.

---

6 ④

국회는 국정을 감사하거나 특정한 국정사안에 대하여 조사할 수 있으며, 이에 필요한 서류의 제출 또는 증인의 출석과 증언이나 의견의 진술을 요구할 수 있다.
① 국회는 헌법 또는 법률에 특별한 규정이 없는 한 재적의원 과반수의 출석과 출석의원 과반수의 찬성으로 의결한다.
② 헌법재판소장은 헌법재판관 중에서 국회의 동의를 얻어 대통령이 임명한다. 중앙선거관리위원회 위원장은 위원 중에서 호선한다.
③ 국회는 정부의 동의 없이 정부가 제출한 지출예산 각 항의 금액을 증가하거나 새 비목을 설치할 수 없다.

7 ②

② 이슈네트워크는 다양한 행위자들이 정책과정에 참여하는 개방적 특성을 보인다. 반면, 정책네트워크는 제한된 행위자들이 정책과정에 참여하며 개방성이 낮은 특성을 보인다.

---

8 ④

④ 브룸의 기대이론은 개인의 동기는 자신의 노력이 어떠한 성과를 가져오리라는 기대와, 그러한 성과가 보상을 가져다주리라는 수단성에 대한 기대감의 복합적 함수에 의해 결정된다고 보는 이론이다. 특정한 결과에 대한 선호의 강도는 유의성이다.

---

9 ④

투자부동산 공정가치모형을 적용하면 감가상각을 하지 않는다.
$\therefore$ ₩80,000,000 - ₩100,000,000 = (-) ₩20,000,000

---

10 ③

③ 사업자는 휴업 또는 폐업을 하거나 등록사항이 변경되면 대통령령으로 정하는 바에 따라 지체 없이 사업장 관할 세무서장에게 신고하여야 한다. 등록을 신청한 자가 사실상 사업을 시작하지 아니하게 되는 경우에도 또한 같다.

1	2	3	4	5	6	7	8	9	10
②	②	①	④	③	②	④	④	①	③

1 ②

㉠ 유닉스 운영체제(UNIX) : 1969년에 미국의 벨 연구소에서 켄 톰슨과 데니스 리치에 의해 개발한 이식성이 있는 다중 작업, 다중 사용자의 계층구조형 운영체제이다. 처음에는 어셈블리어로 개발되었지만 데니스 리치가 1971년에 개발한 C언어로 1973년에 유닉스를 다시 만들어 유닉스는 고급언어로 작성된 최초의 운영체제가 되었다.

㉡ 유닉스의 특징 : 컴퓨터 시스템 자원을 효율적으로 사용하기 위한 운영체제로 PC뿐 아니라 워크스테이션, 서버 및 중대형 컴퓨터 등 다양한 환경에서 동작하며 고급언어로 개발되어 쉽게 이식할 수 있고 필요한 기능을 쉽게 구현할 수 있다.

---

2 ②

① 스니핑(Sniffing) : 가장 많이 사용되는 해킹 수법으로 이더넷 상에서 전달되는 모든 패킷을 분석하여 사용자의 계정과 암호를 알아내는 것

③ 트로이 목마(Trojan Horse) : 컴퓨터 사용자의 정보를 빼가는 악성 프로그램

④ 하이재킹(Hijacking) : 다른 사람의 세션 상태를 훔치거나 도용하여 액세스하는 해킹 기법

---

3 ①

명령어

㉠ 데이터 정의어(DDL) : DB 테이블과 같은 데이터 구조를 정의하는데 사용되는 명령어들로 데이터 구조와 관련된 명령어들을 말한다.
 • CREAT : 테이블, 뷰, 인덱스 등 객체를 생성하는데 사용
 • DROP : 스키마, 도메인, 테이블, 뷰, 인덱스, 트리거를 제거하는 명령문
 • ALTER : 테이블에 대한 정의를 변경

㉡ 데이터 조작어(DML) : DB에 있는 데이터를 검색, 등록, 삭제, 갱신하기 위한 언어
 • SELECT : DB에 있는 데이터를 검색하는 명령어
 • INSERT : DB에 있는 데이터를 삽입하는 명령어
 • UPDATE : DB에 있는 데이터를 갱신하는 명령어
 • DELETE : DB에 있는 데이터를 삭제하는 명령어

ⓒ 데이터 제어어(DCL) : DB에 접근하고 객체들을 사용하도록 권한을 부여, 해제하는 명령어

- GRANT : DB 권한을 부여
- REVOKE : DB 권한을 해제
- COMMIT : 데이터를 DB에 저장하고 트랜잭션을 성공적으로 종료하는 명령어
- ROLLBACK : 데이터의 변경사항을 취소하고 원상태로 복귀한 후 트랜잭션을 종료하는 명령어

---

4 ④

① IPv6 : 인터넷 프로토콜 스택 중 네트워크 계층의 프로토콜로서 버전6 인터넷 프로토콜로 제정된 차세대 인터넷 프로토콜이다. IPv4의 주소공간을 4배 확장한 128비트 인터넷 주소 체계로 인터넷 프로토콜 주소공간을 128비트로 확장하여 주소의 개수를 크게 증가시키고 패킷 처리에 대한 오버헤드를 줄이기 위해 새로운 헤더 포맷을 도입한 것이 특징이다.

② 광대역통합망(BcN) : 음성, 데이터, 유무선 등 통신, 방송, 인터넷이 융합된 품질보장형 광대역 멀티미디어 서비스를 언제 어디서나 끊김 없이 안전하게 이용할 수 있는 차세대 통합 네트워크이다.

③ 모바일 와이맥스(WiMAX) : 시속 120㎞ 이상 고속으로 이동 중인 차량이나 기차 안에서도 유선 인터넷 속도 이상으로 무선 인터넷 서비스를 즐길 수 있는 기술로 와이브로(WiBro)는 국내 서비스 이름이며 모바일 와이맥스가 국제적으로 통용되는 명칭이다.

④ SMTP(Simple Mail Transfer Protocol) : TCP/IP의 상위층 응용 프로토콜의 하나로 컴퓨터 간에 전자 우편을 전송하기 위한 프로토콜이다.

---

5 ③

㉠ 스레싱(Thrashing) : 교체된 페이지가 얼마 지나지 않아 다시 사용되는 반복적인 페이지 발생하는 상황

㉡ 스레싱의 원인

- 운영체제는 CPU의 이용률을 검사해 CPU 이용률이 너무 낮을 경우 새로운 프로세스를 시스템에 더 추가해서 다중 프로그래밍의 정도를 높인다.
- 페이지 교체가 필요하다면 이미 활발하게 사용되는 페이지들로 구성되어 있으므로 어떤 페이지가 교체되든지 바로 다시 페이지 교체를 할 것이며 이런 현상이 일어날 경우 다중 프로그래밍 정도를 낮춰 스레싱을 해결할 수 있다.

㉢ 페이지 부재 빈도 : 페이지 부재 빈도방식은 보다 더 직접적으로 스레싱을 조절할 수 있으며 페이지 부재율의 상한과 하한을 정해놓고 페이지 부재율이 상한을 넘으면 그 프로세스에게 프레임을 더 할당해 주고 하한보다 낮아지면 그 프로세스의 프레임 수를 줄인다.

6 ②

전위순회방법

㉠ 루트노드를 방문

㉡ 왼쪽 서브트리를 전위순회

㉢ 오른쪽 서브트리를 전위순회

따라서 전위순회 방문순서는 A→B→D→E→G→C→F→H가 된다.

※ 전위순회(preorder traversal) … 트리 순회 방법에서 각 노드를 방문하는 순서는 먼저 나 자신(A)인 노드를 방문하고 왼쪽 서브트리, 오른쪽 서브트리 순으로 방문하는 방법

---

7 ④

㉠ TCP/IP 4계층 중 4번째 계층인 응용계층에 속해 있는 프로토콜

• TCP: FTP, POP, SMTP, HTTP, HTTPS

−FTP(TCP포트 : 21) : 파일 전송 프로토콜

−HTTP(TCP포트 : 80) : 웹브라우저 사용을 위한 프로토콜

㉡ 메일 교환을 위해 사용하는 프로토콜

• SMTP(TCP포트 : 25) : 두 메일 서버 간에 이메일을 송수신하는데 사용하는 프로토콜로 이메일을 메일 서버로 보낼 때 SMTP 사용, 메일서버에서 자신의 이메일을 다운로드할 때 IMAP, POP3 사용

• POP3(TCP포트 : 110) : 메일 서버에서 메일을 받아 올 때 사용

• IMAP(TCP포트 : 143) : 메일 서버에서 메일을 받아 올 때 사용

• SNMP(Simple Network Management Protocol, 간이 망관리 프로토콜) : TCP/IP의 망관리 프로토콜로 라우터나 허브 등 망기기의 망관리 정보를 망 관리 시스템에 보내는 데 사용되는 표준 통신 규약

---

8 ④

① iOS : 애플사의 아이폰에 탑재된 모바일 운영체제

② Android : 구글에서 개발한 오픈소스 기반의 모바일 운영체제

③ Symbian : 실시간 처리가 가능한 멀티태스킹 기능을 지원하는 모바일 운영체제

④ Solaris : 선 마이크로시스템즈사의 유닉스 운용체제로 자바프로그램을 실행하는 자바 가상 머신, 유닉스의 그래픽 사용자 인터페이스 규격의 CDE/Desktop과 네트워킹 프로그램을 포함

9 ①

① 빅데이터는 생성 주기가 짧다.

※ 빅데이터 … 기존 데이터보다 너무 방대하여 기존의 방법이나 도구로 수집·저장·분석 등이 어려운 정형 및 비정형 데이터들을 의미한다.

---

10 ③

③ 버스(Bus)형은 일반적으로 많이 사용하는 네트워크 방식으로 네트워크 상의 모든 호스트들이 하나의 케이블에 연결된 형태로 관리가 불편하다.

① 링(Ring)형은 버스 토폴로지형태와 비슷하며 양 종단이 서로 연결되어 링형을 이루며 대기 시간이 길다.

② 망(Mesh)형은 모든 네트워크 또는 컴퓨터들이 네트워크 상이나 개별적으로 네트워크와 연결된 형태로 비용이 많이 든다.

④ 성(Star)형은 중앙의 시스템과 개별 호스트는 점대 점 방식으로 연결되어 있으며 중앙 집중 관리가 쉽다.

1	2	3	4	5	6	7	8	9	10
④	③	①	③	②	④	④	③	④	④

1 ④

④ 도체표면상에서 정전계 세기는 모든 점에서 표면의 법선방향으로 향한다. (등전위면과 전기력선은 항상 수직이다.)

2 ③

③ 전압과 전류의 비는 1로 정해진 것이 아니라, 용량리엑턴스의 값에 따라 결정된다.

3 ①

두 개의 콘덴서를 직렬로 연결하고 이 회로에 100[V]의 전압을 가하면 4[μF]콘덴서에는 60[V], 6[μF]콘덴서에는 40[V]가 걸리게 된다. (콘덴서의 직렬연결인 경우, 콘덴서에 걸리는 전압의 크기와 정전용량은 서로 반비례 관계를 갖는다.)

4 ③

밀만의 정리에 따르면, $V_{ab} = \dfrac{\dfrac{V_1}{R_1} + \dfrac{V_2}{R_2}}{\dfrac{1}{R_1} + \dfrac{1}{R_2}} = \dfrac{\dfrac{20}{10} + \dfrac{30}{10}}{\dfrac{1}{10} + \dfrac{1}{10}} = 25$

5 ②

㈏ Y결선 평형 상회로에서 상전류는 선전류와 동일하다.
㈐ ∆결선 평형 상회로에서 상전압은 선간전압과 동일하다.

6 ④

열간가공은 산화작용으로 표면이 깨끗하지 못하며 냉간가공에 비해서 표면산화물의 발생이 많다.

※ 열간가공과 냉간가공의 특징

    ㉠ 열간가공의 특징

- 재질의 균일화가 이루어진다.
- 가공도가 커서 가공에 적합하다.
- 가열에 의해 산화되기 쉬워 정밀가공이 어렵다.

    ㉡ 냉간가공의 특징

- 가공경화로 인해 강도가 증가하고 연신율이 감소한다.
- 큰 변형응력을 요구한다.
- 제품의 치수를 정확히 할 수 있다.
- 가공면이 아름답다.
- 가공방향으로 섬유조직이 되어 방향에 따라 강도가 달라진다.

---

7 ④

① 일반적으로 철강의 탄소함유량이 증가하면 절삭성이 감소된다.
② 일반적으로 열경화성 플라스틱의 절삭성은 온도구배에 민감하다.
③ 일반적으로 철강은 냉간가공을 하면 절삭성이 향상된다.

---

8 ③

$$\eta_t = \frac{1\text{피치 내에 구멍이 있는 경우 강판의 인장강도}}{1\text{피치 내에 구멍이 없는 경우 강판의 인장강도}} = \frac{\sigma_t (p-d)t}{\sigma_t pt} = \frac{p-d}{p} = 1 - \frac{d}{p}$$

(여기서 d는 리벳구멍지름, p는 리벳의 피치이다.)

판재의 효율은 $1 - \dfrac{20}{50} = \dfrac{30}{50} = 0.6$ 이므로 판재의 효율은 60%이다.

---

9 ④

④ 평벨트에 비해 V벨트는 풀리와의 접촉 면적이 크다. V벨트는 큰 속도비로 운전이 가능하고, 작은 인장력으로 큰 회전력을 전달하며, 마찰력이 크고, 미끄럼이 적어 조용하며, 벨트가 벗겨질 염려가 적다.

10 ④

토션 바에 관한 설명이다. 토션 바는 긴 봉의 한쪽 끝을 고정한 상태로 다른 쪽 끝을 비트는데 이때 발생되는 비틀림 변위를 이용한 스프링이다.

수험서 전문출판사 서원각

목표를 위해 나아가는 수험생 여러분을 성심껏 돕기 위해서 서원각에서는 최고의 수험서 개발에 심혈을 기울이고 있습니다. 희망찬 미래를 위해서 노력하는 모든 수험생 여러분을 응원합니다.

공무원 대비서   취업 대비서   군 관련 시리즈   자격증 시리즈   동영상 강의

2021 공무원 시험에 대비하는
서원각 공무원 시리즈

파워특강 │ 5/7/10개년 기출문제 │ 전과목 총정리

파워특강 시리즈
공시가 처음인 수험생이라면!

· 기출문제와 연계해 체계적으로 정리한 핵심이론
· 출제예상문제 + 최신 기출문제로 충분한 문제풀이 가능!

5/7/10개년 기출문제 시리즈
시험 출제경향이 궁금하다면!

· 최신 기출문제부터 과년도 기출문제까지~
· 5/7/10개년으로 다양하게 구성! 원하는 도서를 PICK!

전과목 총정리 시리즈
전과목을 한 번에 정리하고 싶다면!

· 필수 5과목이 단 한 권에~
· 전과목을 빠르게 정리해 보고 싶다면 추천!